教育服务网络中信任生成模式

刘迎春 著

清华大学出版社
北京

内 容 简 介

在以教育服务交互为目标的网络虚拟世界里，信任和信誉在形成教育服务契约、教育服务协同等方面发挥了重要的作用。与其他服务网络和社交网络不同，教育服务网络有其特有的需求和特点，有不同的信任生成证据、方式和模式，产生不同的教育服务应用效果。本书分析了教育服务网络的特征和应用情况、网络信任的影响因素、教育服务网络的信息交互，针对典型的教育服务网络系统分别提出基于评价、社会化网络关系、融合社会化信息、用户行为的信任生成模式，对信任生成的证据、计算模型、生成策略、应用效果等进行了详述，完成从信任证据到信任生成，再到信任应用的完整信任研究和应用的闭环。信任生成和应用对教育服务网络的良性、可持续发展起着重要作用。

本书可供高等院校教育技术学专业、计算机应用专业、心理学专业师生及教育服务应用、信任和信誉研究爱好者阅读，适合作为相关网络教育平台或系统的设计、开发与管理人员及网络教育行业相关工作者等开展网络信任研究或应用工作的参考资料。

图书在版编目(CIP)数据

教育服务网络中信任生成模式/刘迎春著. —北京：清华大学出版社，2021.11
ISBN 978-7-302-59234-1

Ⅰ.①教… Ⅱ.①刘… Ⅲ.①教育网－网站建设－研究 Ⅳ.①G513.1

中国版本图书馆 CIP 数据核字(2021)第 192364 号

责任编辑：袁勤勇
封面设计：傅瑞学
责任校对：刘玉霞
责任印制：曹婉颖

出版发行：清华大学出版社
网　　址：http://www.tup.com.cn，http://www.wqbook.com
地　　址：北京清华大学学研大厦 A 座　　**邮　　编**：100084
社 总 机：010-62770175　　**邮　　购**：010-83470235
投稿与读者服务：010-62776969，c-service@tup.tsinghua.edu.cn
质量反馈：010-62772015，zhiliang@tup.tsinghua.edu.cn
课件下载：http://www.tup.com.cn，010-83470236
印 装 者：三河市铭诚印务有限公司
经　　销：全国新华书店
开　　本：185mm×260mm　　**印　　张**：14　　**字　　数**：324 千字
版　　次：2021 年 12 月第 1 版　　**印　　次**：2021 年 12 月第 1 次印刷
定　　价：59.00 元

产品编号：090624-01

前　　言

随着网络教育的普及，教育服务应用越来越广泛，教育服务网络平台或系统得到了前所未有的发展。在教育服务应用相关的网络虚拟世界，信任是简化网络社会复杂性的重要机制，通过信任可以实施可信、公平、安全的教育服务交互和交易，是教育服务网络良性发展的保证。

教育服务网络兼具服务网络和社交网络的特征，充斥着大量的网络教育服务及其用户。教育服务网络中时刻进行着人与服务的交互以及人与人的交互，产生大量社会化信息，形成多种社会化关系。其中，信任既是一种社会化信息，也是一种社会化关系。基于完备、明确证据生成的各种信任和信任关系，是教育服务网络形成稳定、可持续社会结构的重要基石。

本书源于网络环境下信任计算过程中对信任证据和来源的探究。现实世界的关于信任产生机制的研究论断很难迁移到动态、复杂的网络世界，即很难从大量语义模糊、界限不清、数据稀疏的海量网络信息中得到信息完备、语义明晰的产生信任的证据，进而影响信任建模和计算的可靠性。因此，有必要对特定网络环境下产生信任的因素或证据进行梳理，通过显式或隐式的数据挖掘方式，获取可用的生成信任的证据，在一定的信任生成模式下，对网络环境的信任进行刻画和建模，用于网络系统的分析、决策和治理。

本书首先分析了教育服务网络的特征和需求，梳理了教育服务网络平台或系统的应用场景；然后，对网络环境下信任的影响因素进行了元分析，得出影响信任的主要影响因素；接着，对教育服务网络中的交互以及由交互产生的服务交互信息以及社会化关系信息进行了梳理、实证和分析，厘清在教育服务交互过程中可能蕴含的生成信任的证据；最后，本书对四种典型的教育服务网络应用系统进行具体的信任生成模式构建以及信任应用的实证。

四种典型教育服务网络应用系统因不同结构和服务交互特点，有不同的信任生成模式及不同的信任应用。具体而言，在具有多维评价数据的集中管理教育服务网络平台中，由教育服务质量评测数据得到的教育服务质量信息和提供者信誉信息，是生成使用者对教育服务的服务信任的主要证据，由此构建了能感知使用者个性化质量需求的服务信任生成模式，并用于可信教育服务发现。在具有社会化网络关系的“去中心化”教育服务网络平台中，用户与服务之间进行服务交互形成服务网络，用户之间进行服务推荐形成社交网络，进而由这些社会化网络生成服务信任和推荐信任，进一步借助网络的连通性，生成间接信任，为用户发现更多具有服务信任的教育服务或伙伴。在社会化问答系统中，用户之间的问答交互行为产生多种社会化信息，如相似性、权威性、信誉等，这些社会化信息可以产生一定认知语义的元信任，或通过多个社会化信息的融合，生成具有更多语义内涵的融合信任。基于融合社会化信息的信任可以为信息决策提供多样化的选择，产生更优化的决策效果。在虚拟学习社区的应用场景下，构建用户行为与影响信任的因素之间的对应关系，再由这些加权的因素生成对知识贡献者的信任（信誉），进而为虚拟学习社区用户发现可信可靠的知识贡献者。

本书的大部分内容来自作者的科研成果，部分内容来自作者指导的研究生的科研成果，例如，第 2 章是研究生李瑞、王倩、高瑱涛开展的研究工作成果，研究生谢年春、章震参与了第 3 章的研究工作，第 7 章是研究生马欢欢、谢年春的研究工作成果。另外，浙江工业大学教育科学与技术学院的李佳、陈乐、朱旭等研究生参与了本书部分章节的资料整理等工作。感谢他们的辛勤劳动和付出。

本书基于国家社会科学基金一般项目“社交媒体中基于群体深度交互的信任生成研究”（17BTQ067）的研究成果，得到了浙江工业大学人文社科研究能力提升计划资助。清华大学出版社对本书出版给予了支持和帮助，出版社编辑老师对书稿修改、校正、出版付出了辛勤劳动；本书引用了大量学术文献资料，在此一并表示感谢。

由于作者学识水平有限，书中不妥之处在所难免，恳请同行专家和读者批评指正！

刘迎春

2021 年 3 月

目　录

第1章　教育服务网络及其发展状况

20世纪90年代以来，网络技术的持续发展推动着人类社会向互联互通的信息社会逐步转变。在教育教学领域，教育信息化进一步向纵深发展，网络作为一种新的手段和平台，实现教育教学内容从教育者向学习者更便捷、更高效地传递。借助网络的实时交互特点，任何学习者（anyone）都能在任何时间（anytime）、任何地点（anywhere）学习任何课程（any course）的任何章节（any chapter）[1-2]。这种随时、随地、随意的网络学习，给传统教育带来深刻的模式变革，同时也产生出更多网络教育形式、形态、结构和模式。

本章从网络平台、教育服务、服务网络等的发展状况入手，对教育服务网络的概念、结构、组成和应用进行详述，对教育服务网络系统的用户和网络行为进行分析，对教育服务网络系统的主要需求和挑战进行梳理。在互联网教育不断发展的当下，教育服务网络及其应用平台存在或多或少的共性或特有的问题，信任、可信、可靠等作为共性的安全问题，在教育服务网络中有特有的表现和不同的解决之道。本章通过对教育服务网络的梳理和分析，阐明信任生成模式研究所基于的应用场景的特点、问题和挑战。

1.1　网络平台概述

1.1.1　网络平台及其发展

数字经济时代，信息被看作当前社会经济发展的重要驱动力之一，大量承载信息的网络平台快速发展，成为社会经济发展的一项重要标志。以互联网为技术支撑的网络平台正时刻为人们提供各种便捷的网络服务支持与活动，网络平台呈现形式多样、功能各异，研究者从不同角度定义网络平台：有研究者认为网络平台是由不同客户端点所组成的一种交互空间[1]；另有研究者认为网络平台是一种存在于虚拟网络中的交易空间或场所，其主要作用是引导或促成双方或多方客户之间的交易[2]；还有一部分研究者认为网络平台是建立在海量端点和通用介质基础上的交互空间，它通过一定的规则和机制促进海量端点之间的协作与交互[3]。在网络平台的发展实践中，网络平台的设计、开发、管理等大多是由各大互联网企业实施的，而在具体的表现形式上主要体现为各种网站和应用程序。

网络平台的发展与互联网的发展相辅相成。与互联网发展阶段相对应，网络平台也呈现出不同的发展阶段和阶段特征，如表1-1所示。在20世纪90年代开始的互联网发展第一阶段中，网络平台以搜狐、网易、新浪等为代表的传统网站当道，此时的网络平台以“内容为主、服务为辅”为主要形态，其内容提供方式更多是通过静态网站来实现信息块的展示。此阶段的网络平台，用户和平台是分割的，无论是用户找内容还是内容找用户都非常困难。这直接促成了搜索引擎的出现，用户通过搜索引擎所实现的内容聚合浏览互联网上的海量内容，使得搜索引擎成为用户与内容的中间商。

表 1-1 各阶段网络平台的特征

特 征 项	第 一 阶 段	第 二 阶 段	第 三 阶 段
	Web 1.0	Web 2.0	Web 3.0
知识生成机制	平台提供	用户主导生成	用户主导生成
主要作用	展示产品信息	承载内容、组织交互	内容驱动
平台作用机制	网络→人	人↔人	人↔网络↔人
平台属性	反应迅速 低互动性 公司主体	双向互动 用户主体 去中心化	语义网络 人工智能 无处不在

随着 Web 2.0 时代的到来，传统网络平台与内容流型社交网络(Facebook、微博等)呈现并存发展的状态。此时的网络平台依然以内容为主、服务为辅，但其内容与服务提供方式进化为以信息流与信息块并存的状态，使内容与服务可以通过社交网络的统一账号，得以直面用户，为用户与内容提供商提供了持续互动的可能，逐步形成以用户为中心、动态内容主动推送的网络平台发展新方向。但受限于该阶段互联网的移动属性较弱，网络平台难以实现随时高效的服务推送以及用户与服务的无缝交互。

网络平台发展的第三阶段根植于移动互联时代。此时，传统的以内容为主的网站弱化，移动 App 与消息流型社交网络并存，网络平台的内容形式是内容与服务并重。用户借助于各种 App、微信等工具，直面服务，与服务交互，甚至生成内容和服务，丰富网络平台的资源。

未来，得益于移动互联网的发展，网络平台将继续从量变到质变，最终实现内容、服务、用户的超级互联互通，成为互联网统一体。

1.1.2 网络平台的分类

网络平台从内容到技术，呈现形形色色的类型。按照互联网应用来划分，网络平台可以划分为基础应用类平台、商务交易类平台、网络娱乐类平台三大类。其中基础应用类平台包括即时通信、搜索引擎、网络新闻、社交应用、网络支付等。商务交易类平台包括网络购物、网上外卖、旅行预订、网约车、在线教育等。网络娱乐类包括网络文学、网络音乐、网络游戏、网络视频、网络直播等。

按照功能划分，网络平台包括以电子商务平台为代表的资源和服务平台、以虚拟社区为代表的社交性服务平台。由于社交网络的兴起和发展，衍生出了社交化电子商务(简称为社交商务)的形式。社交商务的主要传播路径是社交媒体，通过社交商务平台提供的内容帮助用户做出购买决策。对电子商务平台而言，按照服务对象可以分为 B2C 平台、C2C 平台、CPS 平台、O2O 平台等类型[4]。按照平台是否参与交易可以划分为单一平台与混合类平台[5]。从商品来源及平台所有权结构来划分可以将平台划分为第三方平台、自营平台以及以自营为主的半开放式平台[6]。按照商业模式划分可以分为水平网站、垂直网站、公司网站、专门网站[7]。

从网络平台架构的角度，网络平台可以分为以社区信息为架构来组织的，如豆瓣、知乎等，以及以平台中社交群体为架构组织的，如 QQ、微博、微信、世纪佳缘等。对于主要以信息为平台架构的平台来讲，按照内容的生成方式大致可以分为用户生成型、用户分享型两种。用户生成型网络平台以问答系统为典型代表，例如国外的 Stack Overflow 等专业问答网站，国内的知乎、百度知道、爱问知识人等综合性问答平台。用户分享型的网络平台以知识分享型网站为代表，例如国外比较知名的 Scribd、Yudu Freedom 资料分享网站，国内比较知名的百度文库、爱问共享资料等网站。以平台中的社交群体来看，可以分为以熟人和非熟人为组织架构的平台。以熟人为架构的典型平台，如腾讯 QQ、微信等社交平台，以非熟人为组织架构的典型平台有微博及各种婚恋网站等。

某些网络平台提供的内容和服务是针对特定行业的，可以把此类网络平台称为垂直的行业服务网络平台。按照行业划分，行业服务网络平台可以划分为网络教育平台、金融服务平台、政务服务平台、健康医疗平台、电子商务平台、在线旅游平台、娱乐社交平台等，如图 1-1 所示。其特征和案例如表 1-2 所示。

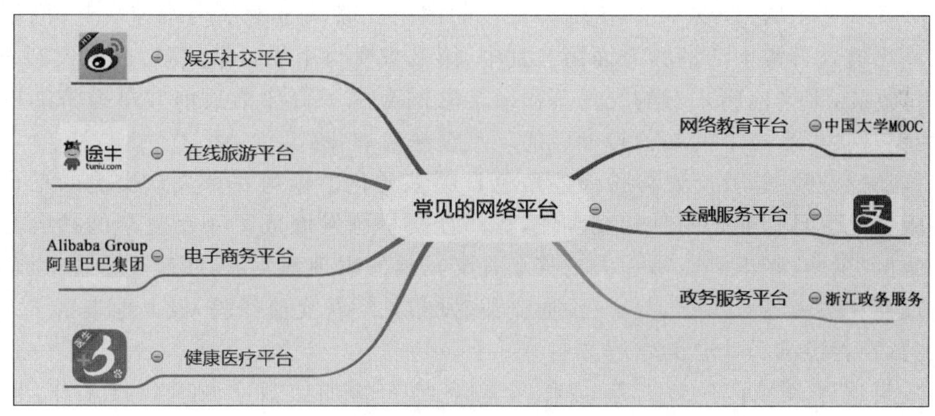

图 1-1　常见的行业网络平台

表 1-2　常见的行业网络平台的特征和案例

分类名称	功能特点	相关案例
网络教育平台	开展网络教育，提供相关学习支持服务	爱课程、中国大学 MOOC、网易云课堂
金融服务平台	用户在线办理理财、消费支付等金融业务；银行信贷风险管理服务等	支付宝、云闪付、“知他”e 融企业信贷营销平台
政务服务平台	在线办理社保、税务等政务	浙江政务服务网、国家政务服务平台、粤商通
健康医疗平台	患者在线问诊、在线挂号等医疗服务	好大夫、互联网医院、平安好医生、拇指医生
电子商务平台	在线撮合商户与消费者达成交易	阿里巴巴、考拉海购、苏宁易购、网易严选、亚马逊
在线旅游平台	提供票务预订、酒店餐饮等服务	携程旅游网、途牛旅行网、艺龙旅行网
娱乐社交平台	分享经验、聊天交友、获取娱乐话题等	微博、微信、朋友印象

在网络教育领域，网络教育平台的出现为各类学习者提供了一种获取信息和知识的重要传播渠道，打破传统教育模式的限制，发展成一种新型的商业模式。截至 2020 年 3 月，我国在线教育用户规模高达 4.23 亿，将近 3 成的中国公民参加过网络教育。各类在线教育平台如雨后春笋般涌现。特别是 2020 年，快速蔓延的新冠肺炎疫情再一次促发网络教育疾速发展。截至 2020 年 4 月 21 日，新冠肺炎疫情造成了空前的教育中断，全球至少 191 个国家和地区采取学校停课的措施，至少 15 亿学生和 6300 万名中小学教师受到影响。中国互联网教学不仅有效抵御了新冠疫情给教育带来的巨大冲击，更充分展现了十年来我们教育信息化取得的巨大成就，为“战疫”大局做出了积极贡献。新冠疫情对我国 2011 年到 2020 年教育信息化的规划与成效进行了一次特殊检阅，中国高等教育和基础教育“停课不停学”远远走在全球前面，网络教育平台在其中扮演了重要的角色。以中国大学 MOOC、猿辅导、VIPKID 等为代表的网络教育平台在线上教育、线上/线下结合的教育教学和教育辅助服务中，发挥了巨大作用，也得到了空前的发展。

在金融服务领域，以支付宝、微信为代表的国内互联网金融平台快速崛起，网络金融服务已经渗透到日常生活的方方面面。其中，第三方支付市场日渐成熟，成为人们必选的金融支付方式，带来前所未有的支付革命。互联网金融平台作为目前共享经济的应用代表，是“互联网＋”影响下的一种转型后的新型金融发展模式。

在移动社交领域，社交媒体扮演的角色日趋多元化。作为一种大众交流的平台或提供各种服务的工具抑或是一种社交媒体，移动社交早已发展成了一个复杂的社会交往生态圈。微信、微博、腾讯 QQ 等一大批移动社交工具的出现和发展，改变了传统交流方式，人们通过社交媒体进行写作、共享、沟通交流、发布见解及交流经验，极大地丰富了人们的生活，也影响着经济和社会的发展方向。

在政府服务领域，自 2019 年以来，全国各地纷纷加快数字政府建设工作，特别是 2019 年 11 月，全国一体化在线政务平台上线试运行，推动了各地区各部门政务服务平台互联互通、数据共享和业务协同，为全面推进政务服务“一网通办”提供了有力支撑。这种政务平台的建设既减轻了政府的负担又大大方便了群众。很多城市推出“最多跑一次”举措，其中，政务平台的服务功不可没。

在医疗健康领域，一大批互联网医疗平台相继出现，如好大夫、微医、快速问医生、平安好医生。以平安好医生平台为例，其日均咨询量高达 72.9 万人次，方便了患者的就医问诊，构建了方便快捷的医患交流通道。不过，目前“互联网＋”医疗服务尚处于起步阶段，未来发展前景十分可观。

1.1.3 网络平台相关概念辨析

网络平台的发展可谓日新月异，已经催生出了各种各样的细分领域，涵盖多个技术、应用和行业范畴。网络平台发展的各个时期或者应用的各个领域，对网络平台有不同的专有称谓，如虚拟社区、社交媒体、社交网络服务等，有必要进行相关的介绍。

1. 虚拟社区

虚拟社区又称为在线社区，1994 年，H. Rheingold 最先提出虚拟社区的定义：虚拟社区是用户聚集在一起长期分享知识进而构成的相对固定的人际网络关系。随后，许多研究者进一步从社会学等多个角度对其进行界定。王欢和郭玉锦将虚拟社区定义为具有相同或相近爱好、兴趣、专业等网上相邻或相互关联的若干社会群体和社会组织构成的网上网民共同体[8]。Plant 认为虚拟社区是具有相同兴趣或者为了解决相同问题，以网络为媒介短暂或者长期地聚集在一起进行沟通而形成的群体和组织[9]。柴晋颖和王飞绒将虚拟社区定义为一个基于信息技术支持的网络空间，核心是参与者的交流和互动，并且在参与者之间将形成一种社会关系[10]。

目前国内虚拟社区的发展可谓如火如荼，其中较为著名的虚拟社区以天涯论坛为代表。天涯论坛经过十几年的发展，已经成为以论坛、博客、微博为基础交流方式，综合提供个人空间、相册、音乐盒子、分类信息、站内消息、虚拟商店、来吧、问答、企业品牌家园等一系列功能服务，以人文情感为核心的综合性虚拟社区和大型网络社交平台。随着网络平台的发展，虚拟社区更多地融入社交功能、内容生成功能，兼具用户生成内容和专业生产内容的信息特征，在现实生活中，成为人们工作、生活中虚实结合的自然部分。

在教育领域，最受欢迎的就是虚拟学习社区了，它是以学习和知识传播为主要目的的一种虚拟社区。以国内比较受欢迎的"小木虫"论坛为例，"小木虫"论坛是一个学术信息交流性质的综合科研服务性网站，全站非营利、纯学术，社区成员乐于在论坛中分享相关领域的知识、经验和心得，帮助社区其他成员学习知识，并针对其他成员的问题提供建议，促进成员间知识与经验的分享，使各类学习者在该虚拟学习社区中共同进步。目前，虚拟学习社区的形式不断丰富，在线学习微信社群、微信学习小程序、专业学习网站、移动学习 App 等都是某种形式的虚拟学习社区。

2. 社交媒体

社交媒体是人们彼此之间用来分享意见、见解、经验和观点的工具和平台，诸如社交网站、微博等。社交媒体是指包括论坛、博客、播客等形式在内的个性化媒体的统称，在 Web 2.0 技术的支持下，所有用户都可以在平台上传播信息。袁毅和王晓光[11]认为社交媒体是基于互联网技术的一种数字媒体，用户可以在其中发表意见、分享经验等，与传统媒体有很大不同。例如在国外比较流行的社交媒体软件 Instagram，允许用户在任何环境下抓拍自己的生活记录，可一键分享至社交平台上。Instagram 在移动端融入了很多社会化元素，包括好友关系的建立、回复、分享和收藏等，社交属性是 Instagram 作为服务存在的最大价值。

随着网络技术对教育领域的不断冲击，相应的教育类社交媒体也应运而生，类型极为丰富，其功能与特点各不相同。目前国内比较知名的教育类社交媒体"知了"App，是一款基于教师、家长间的社交工具，使用者通过"知了"发布文字信息、图文信息以及设置定时发布，支持语音智能转文字输入，使用者可以使用班级码加入指定班级，实现班群互动、家长互动、家校互动，让家长更及时地获取孩子学习信息以及学校相关活动信息，与老师和其他家长保持更快捷的信息互通。

3. 社交网络服务

在互联网领域，社交网络即为社交网络服务(Social Network Services，SNS)，包括硬件、软件、服务及网站应用，具有三层含义：社交网络服务/社会化网络服务/社会性网络服务(Social Network Service)、社交软件(Social Network Software)、社交网站(Social

Network Site)[12]。

目前,国内外对于"社交网络"还没有统一的定义。国外研究者大都将社交网络看作社交网站。例如,Boyd 认为社交网络是依托于互联网的一种服务,用户可以在网站上创作公开或半公开的个人主页,并在主页中显示其他成员信息,准许与其他用户之间共享联系,且其他用户也拥有浏览或分享此联系列表的权限[13]。国内则更多将社交网络理解为依托于互联网环境的软件或平台,将用户、信息整合起来,进而实现个人关系的在线管理,以达到信息交流、知识共享的目的。总的来说,社交网络就是在互联网环境下,用户社会关系的线上化。它具体可以表现为网站、软件、平台,甚至一种服务理念,只要有一定的用户群体,并能满足用户或机构之间的交互以及信息的累积、传播与共享都可称之为社交网络。

随着互联网的蓬勃发展,社交网络从形式到内容都在逐步发生改变。以人与人之间现实关系为连接的社交网络越来越受人们的欢迎。国内人人网、微博、百合网、世纪佳缘网、豆瓣等都可以看作一种社交网络,通过这些社交服务网站,人们之间可以建立直接的联系,形成大交际圈,构建志趣相同并在线上互相联络的用户群组。

虚拟社区、社交媒体、社交网络服务等基于互联网的网络平台之间呈现一种交叉包含关系。虚拟社区强调社区内的人员要有一定的亲密关系,具有一定的封闭性,强调个体在虚拟社区中进行角色扮演而获得自我认同。社交网络相对于虚拟社区更具有开放性,强调人与人之间的社交关系,这种关系是开放的,又是动态变化的。相对于虚拟社区与社交网络而言,社交媒体更多的是指允许人们分享、评论和交流的网站,强调的是一种具体的传播互动工具,例如博客、微信、Facebook 等网站或网络工具。在某种程度上,虚拟社区即是一种社交网络,社区中的成员通过一定的社交媒体开展互动。

1.1.4 网络教育和网络教育平台

在所有的网络平台中,网络教育平台占据着重要的地位。在互联网时代,网络教育得到了空前发展,网络教育平台是实现和实施线上教与学以及教学管理和服务的重要场所,网络教育平台兼具服务网络和社交网络的双重特性。

1. 网络教育

随着计算机的普及以及互联网的快速发展,网络教育日益兴起,影响和改变着人们的学习和教学方式。关于网络教育的概念,不同学者提出了不同的观点。南国农先生认为,"网络教育是主要通过多媒体网络和以学习者为中心的非面授教育方式",强调了网络教育的教学方式[14]。张杰[15]认为,网络教育是建立在网络技术平台上,利用网络环境所进行的教育、教学活动,他强调的是网络教育的实施环境。程智[16]认为,所谓网络教育指的是在网络环境下,以现代教育思想和学习理论为指导,充分发挥网络的各种教育功能和丰富的网络教育资源优势,向教育者和学习者提供一种网络教和学的环境,传递数字化内容,开展以学习者为中心的非面授教育活动。也就是说,网络教育是一种借助互联网的,改变传统教育教学方式、教学环境、教学内容、教育主体的新型教育方式,具有丰富的互联网发展特征和一贯的教育本源特征。

2. 网络教育平台

随着网络教育的发展，互联网＋教育的不断渗透，与教育资源和服务、知识传播和共享、学习服务、教学服务相关的网络平台越来越多，其一方面为学习者提供教育服务，另一方面为学习者提供与教育教学有关的社交服务。

网络教育平台，也可以称作网络教育支持平台，有广义和狭义之分。广义的网络教育平台既包含支持网络教学的有关硬件，还包括对应的软件系统。狭义的网络教育平台指的是以互联网技术为基础为网络教育提供全面支持服务的软件系统。可以说网络教育平台是网络教育的技术承载。网络教育平台一般分为网络技术平台和教学应用平台两个层次。网络技术平台的作用是用于信息流的传送，是教学应用平台的基础，它主要包括基础网络平台、计算与储存、信息系统安全、基础应用服务和相关接口技术。而教学应用平台指的是为学习者提供一系列具体学习支持服务的软件系统，是实施网络教育的主要途径[17]。教学资源管理系统、作业提交和批阅系统等都属于教学应用平台层次。

此外，随着网络教育的不断发展，功能单一的网络教育软件早已不能满足学习者多样化的学习需求。网络教育需要一个考虑诸多方面需求、功能强大的整体解决方案，网络教育平台逐步发展为网络教育的整体解决方案。

借助互联网技术和平台的网络教育具有传统教育不能企及的跨越时空的优势，许多在传统教学中难以实现的学习和教育方式变得简单、便捷，并在教育教学理论的指导下，产生了多种类型的网络教育平台、网络学习平台，极大地丰富了教育形式。

20 世纪中期，布鲁纳提出了发现学习理论，但在传统教育中缺乏技术支持，难以有效开展。如今，网络教育给它带来新生机，以计算机网络为媒介开展的发现学习、研究性学习、协作学习克服了时空局限、资源限制，大大提高了学习者学习的积极性、主动性，提高了学习效果。以经典教育理论为指导的各种网络教育形式在网络教育平台上落实，形成多种学习模式的网络教育平台，如自主性学习平台、协作性学习平台、探究性学习平台、研究性学习平台等[18]，如表 1-3 所示。

表 1-3　以学习模式分类的常见网络学习平台

分类名称	功能特点	相关案例
自主性学习平台	注重自主学习资源的设计及对学习者问题的及时反馈	中国大学 MOOC
协作性学习平台	学习活动以小组为单位，注重协作交流的设计，记录协作学习过程	北师大网络教育实验室协作学习平台
探究性学习平台	提供探究的任务、问题解决情境、探究途径等	语文探究学习 http://www.hongru.org/index2.asp
研究性学习平台	提供研究性学习主题、相关资源及学习支助服务，设计多用户角色	moors https://moors.com.cn/

此外，按照学习内容性质来划分，网络教育平台可以大致划分为专题型、学科型、综合型三类[18]。具体特点和案例如表 1-4 所示。

表 1-4　以学习内容分类的常见网络学习平台

分类名称	功能特点	相关案例
专题型网络学习平台	围绕某一特定主题，实现专题研讨和知识深化延伸	PS专题学习网站
学科型网络学习平台	围绕某一学科，为专业学习者提供学习资源与研讨空间	Stack Overflow、语文迷
综合型网络学习平台	网络信息资源广泛汇集，为各科学习者服务	51自学网、爱课程

网络教育是教育与社交媒体、虚拟社区相融合背景下追随互联网＋发展趋势下的产物，更多地强调互联网在教育场景中的应用。网络教育可以借助一定的社交网络服务实现教育相关参与方的通信和交流，加上传播教育信息的资源管理和服务模块，构成网络教育平台，以符合教育规律的整合模式为网络教育提供各种服务，以达成网络教育的要求和目标。

1.2　教育服务网络概述

2014年底，随着"互联网＋"的提出，利用信息通信技术以及互联网平台，互联网与教育深度融合，网络教育新的发展生态系统——互联网教育应运而生。教育和互联网都是传播知识和内容的方式和手段，在本质上具有必然的交叉性，可以认为网络教育或互联网教育是教育理论和实践与网络理论和技术不断融合的深度发展过程。然而，无论在教育领域，还是在互联网领域，还有一些不可调和的冲突和融合问题，阻碍网络教育或互联网教育的进一步发展，如何从认识教育本质的基础上用互联网的思维重塑教育模式、内容、工具、方法和体系，是目前网络教育或互联网教育要解决的主要问题。

1.2.1　Web服务和服务网络

网络教育或互联网教育的应用平台中，都包含或多或少的网络构件，以提供各种教育教学服务或功能。Web服务作为一种基于网络的分布式构件，执行特定的任务，遵循一定的技术规范，具有自描述、跨平台、高度的互操作性和松耦合等特性[4]。Web服务是面向服务的体系架构(Service-Oriented Architecture，SOA)[5]、面向服务的计算(Service Oriented Computing，SOC)[6]和软件即服务(Software as a Service，SaaS)等的基本构成单位，其应用目标是构建随需而变的松耦合分布式应用系统，实现Web服务重用以及跨领域的共享和协同。

Web服务和Web服务使能者、服务交互参与者是基于互联网的服务系统的主体和对象，它们之间按照一定的交互规则，在服务系统相关计算服务的协助下，实施服务交互和协作，完成各自的使命。服务系统的网络化和集成化形成服务网络，服务网络是包含服务发布、服务发现、服务实施、服务反馈等服务周期的生态系统。

在欧盟FP7未来互联网框架(Future Internet)中，服务网络(IoS，Internet of Services)、社会网络(Internet by and for People)、知识/内容网络(Internet of Contents and Knowledge)、物联网(IoT，Internet of Things)构成未来互联网和网络化社会的四大

支柱[7]。服务网络被定义为:"是关于未来互联网的一个视图:所有需要使用的软件应用的事务或事物都可以以互联网上的服务形式存在,如软件本身、软件开发工具、软件运行平台(包含服务、存储和通信)等"[7]。

服务网络中蕴含海量服务,服务与服务之间主动或被动交互,实施自适应的服务交互和计算,生成大量信息流和服务流。从服务本身的角度来看,服务网络是实施和重用服务的场所,服务借助服务网络实现价值转换和功能实现;从服务提供者角度来看,服务网络是服务发布中心,可以按照预定义规则注册、发布、提交服务;从请求者视角来看,服务网络是在计算服务的协助下,自动进行服务发现、调用、反馈的场所,满足服务请求者的关于服务功能、服务质量等的个性化需要[14-19]。

不断增长的大规模网络学习者、教育资源、教育平台是网络教育繁荣的表象。在繁荣的表象下,常规教育过程和交互中的选择困难、资源利用率低等问题还长期存在,影响着网络教育向纵深发展。从服务网络的理论和技术视角重塑网络教育的构成模式、教育内容、交互方法有助于网络教育的结构形态模型化、教育内容和交互规范化,有助于实施标准化的服务计算,解决网络教育的特殊应用问题。

1.2.2　教育服务

随着服务科学的发展,人们逐步认识到服务的本质和价值。网络教育或互联网教育中,满足学习者学习需求的、具有一定教育功能和质量的有形或无形之物,如资源、组件、环境、系统等,通过整合和封装,形成教育服务。教育的发生是在一系列有形(教育设施)和无形(教育环境、知识、技术、技能)的教育服务的参与下,把教育服务有形或无形的内容和效果(增长的知识、掌握的专业技术和技能)从教育服务提供者转移到教育服务使用者,使教育服务使用者一般或特定的教育需求得到满足。

俗话说"十年树木,百年树人"。教育服务具有无形性、主体不分离性、异质性、易逝性、价值依赖性等特征[20-21],并且,常用的方法和手段很难及时、准确地评测教育服务产生的服务成效。教育服务提供者可以以有形的实体装载教育服务,实施服务的传递,但教育服务使用者实际所得是无形的好处,即使他有有形的证据展示教育服务的发生和生效[21]。教育服务的这些特点和教育领域的特殊性,使得对教育服务的服务质量、作用、效果的认识和评价的难度远远大于其他实体产品和其他类型的服务。

传统教育服务类似于面向产品的服务,教育服务提供者是教育程序或产品的生产者,是主体、核心和启动者。基于网络的教育服务有传统教育服务的一些一般性特点,同时也被打上网络的烙印,具有一些特别的特点。网络教育服务是面向学习者特定学习需求、具有教育功能性的网络服务,网络教育服务提供者不再是教育活动的核心,而是网络教育服务的实施者、协作者和帮助者。网络教育服务的使用者是网络教育服务的对象,具有主体和核心的地位。

无论是传统教育服务,还是基于网络的教育服务,教育服务质量以及教育服务提供者的可信赖性是两个重要的属性,决定了教育服务交互的质量和满足学习者教育需求的效果。教育的可操作性内涵决定,教育服务很难满足所有学习者的所有教育需求,教育服务产生的效果是不确定的。因此,只有采取一定的措施,控制教育服务质量、对教育服务的可信性进行度量和管理，才能从源头上把控教育服务的服务进程，使其顺利达成教育服务目标。

1.2.3　教育服务网络

网络教育或互联网教育的部署、实施和运营离不开网络技术的支持。在基于网络的教育系统中，由教育服务用户（包括提供者、请求者、使用者、评价者）、教育服务以及教育环境和情境等共同组成自动交互、不断演进的服务网络，服务网络中的实体和对象以及它们之间的服务交互活动都与特定的教育情境、教育活动相关，具有很强的教育特性和网络属性。

在为实现一定教育目标进行教育服务组织和交互的服务网络中，教育服务、教育服务用户等语义节点以及它们之间的服务交互关系构成一种网络结构，称这种类型的服务网络为教育服务网络（Internet of Educational Services）。教育服务网络中，网络节点以及网络节点间的关系都具有教育领域的语义性，其结构随着教育服务进程的推进而动态演化。

用有向图 $G(V,E)$ 表示教育服务网络，其中节点 V 表示教育服务或教育服务的用户，边 E 表示教育服务的用户与教育服务之间的提供、调用、反馈等服务交互关系以及教育服务用户之间的交互关系或社会化关系。教育服务网络是一种具有网络教育领域特征的、遵循教育规律实施教育服务交互的、具有一定社会化网络特征的服务网络。

教育服务网络系统是教育服务网络的应用形式，教育服务网络系统由教育服务与信息库、人员、网络环境和服务系统构成。其中，教育服务与信息库包括教育服务库、用户信息库、系统管理信息库等，是教育服务网络系统的数据和资源基础。教育服务网络系统的人员包括教育服务的提供者、使用者、管理者等，他们可能以多种角色参与教育服务交互和网络系统管理，完成各自的角色功能，共同维护教育服务网络系统。不同的教育服务网络系统有不同的网络教育或学习的环境以及相应的管理制度，在教育服务网络系统的管理者协调和维护下，教育服务网络系统能实现教育服务、人、环境和系统服务的和谐统一，形成稳定、良性的网络生态。

1.2.4　教育服务网络的应用形式

《教育信息化十年发展规划（2011—2020 年）》文件中强调要建设“终身学习和学习型社会的信息化环境”，这为教育服务网络平台的建设提供了有力的政策支撑。以“人人皆学、时时能学、处处可学”为目标，开发科学有效的教育服务网络平台，其目的就是依托网络教育平台实施在线学习活动，在一定程度上助力全民终身学习，推进我国向学习型社会转变。

现实中，教育服务网络有多种应用形式，如 e-learning 网站、在线课程网站、学习论坛、问答平台、知识分享媒体、教育资源服务网站等。教育服务网络的应用平台既可以是课程学习网站、知识论坛、问答系统等某一种形式，各自完成其教育功能和目标；也可以组合多种应用平台形式，形成综合型的教育服务网络平台，实施更多样化的教育服务。无论是专题形式还是综合形式，只有充分理解教育、教育用户、教育活动的含义，才能实现教育服务网络中教育和服务、教育理念和技术的深度融合[22]。在多种多样的教育服务网络应用平台中，虚拟学习社区是一种典型的教育服务网络应用形式。

1. 虚拟学习社区概述

美国社会学家 Howard Rheingold 首次提出了“虚拟社区”这一想法，他所定义的虚拟社区是由有着相同或相似兴趣爱好的人在网络空间中以虚拟身份所创立组成的公共领域[23]。虚拟学习社区是虚拟社区的衍生物，是以学习为导向的虚拟社区。

众多研究者从不同的角度对虚拟学习社区进行研究，其中，关于虚拟学习社区的概念，王陆和甘永成等专家提出的定义被广泛地接纳[23]。王陆[24]主要从社会网络关系角度对虚拟学习社区进行定义：虚拟学习社区是一个社区成员在网络环境下，通过获取、产生、分析和合作建构知识的对话与被指导的学习过程所形成的人际团体与学习环境，其实质是社区成员及其关系的集合，即虚拟学习社区的实质是一个社会网络。甘永成[25]则是从知识建构和集体智慧角度对其进行定义：虚拟学习社区是由具有共同兴趣及学习目的的人们组成的学习团体在 Internet 上构建的虚拟学习环境。在这个虚拟的学习环境中，学习者使用网络工具进行交流互动和合作学习，分享学习经验和集体智慧，进而达到预期的学习效果和学生学习能力的提升。

虚拟学习社区是带有“教与学”性质的虚拟社区，是学习者的网上学习乐园，也是学习者情感交流、知识共享和信息交流的虚拟空间，通过新老学习者的不断努力，新的知识如新鲜血液般不断注入学习社区，不断形成集体智慧。与传统社区相比，虚拟学习社区具有教育领域和网络社区相结合的更多特点，如教育性、社交性、服务性、开放性等[26]。

关于虚拟学习社区的特征和构成要素，可以引用相关学者的研究结论。在吉恩·科伍齐和查理·思齐维尔的研究中，他们归纳了虚拟学习社区的特征[27]，如表 1-5 所示。

表 1-5 虚拟学习社区的特征

特 征	说 明
协商	虚拟学习社区是围绕一些中心主题建立的，其目的和交互规则是由参与者共同协商制定的
亲密	社区的参与者可以与他人建立良好的亲密关系，也可以有选择地与他人建立适当的关系
承诺	参与社区活动的质量取决于个体和集体共同的承诺，承诺可以保证和维持参与的进行
投入	参与者在学习社区中自主地进行互动，但这种交互必须是积极的、投入的、平等的

刘丽研究了虚拟学习社区中学习者归属感影响因素，她认为虚拟学习社区包含网络环境、学习共同体和社区意识等基本要素[26]，如表 1-6 所示。

表 1-6 虚拟学习社区的要素组成

要 素	解 释
网络环境	包括网络硬件设施、学习平台、教学资源以及开展教学活动所需的其他支撑环境
学习共同体	虚拟学习社区的学习者和教学者构成学习共同体，学习共同体是虚拟学习社区活动的主体，其中，学习者是最活跃的要素，他们拥有共同的目标和兴趣，即实现个人的学习目标，这也是虚拟学习社区存在与发展的根本原因

续表

要　　素	解　　释
社区意识	社区意识包含社区归属感和社区认同感等，是区别于一般网上学习群体和组织的一个重要特征，也是社区存在和发展的灵魂及重要情感因素。它在一定程度上促进学习共同体更好地实现自我发展

此外，Palloff 与 Pratt(2007)基于网络教学的班级虚拟学习社区，提出了构成虚拟学习社区的 3 类要素[28]，如表 1-7 所示。

表 1-7　虚拟学习社区的要素

要　　素	解　　释
人	包括学生和教师等参与者，也包括他们在交流过程中把自己作为真实的个体进行表现的能力
目的和规则	虚拟学习社区是依据一定目的而建立起来的，参与者具有共同愿景，并有特定的行为准则来约束所有参与者的行为，这些规则包括学习流程、成员交互方式、管理方式等
过程	虚拟学习社区中的学习过程较为灵活，交互和协作是学习者参与学习的重要手段，也是社区发展的重要因素

2. 虚拟学习社区分类

随着信息技术和网络应用的发展，虚拟学习社区的教学和学习越发普遍和深入，不仅存在于校园课堂辅助教学与学习中，也存在于远程教育和社会教育中，由此产生了多种多样的虚拟学习社区。研究者从不同的角度出发，把虚拟学习社区划分为不同的类型[29]。国外学者把虚拟学习社区分为不同的类别，表 1-8 进行了相关研究的汇总。

表 1-8　国外学者关于虚拟学习社区的分类

研　究　者	分类依据	类　　型
Schwier[30]	社区发展的重点不同	关系虚拟学习社区 反思虚拟学习社区 场所虚拟学习社区 礼仪虚拟学习社区 思想虚拟学习社区
Luppicini	知识建构的属性不同	知识建构虚拟学习社区 社会化虚拟学习社区 实践虚拟学习社区 文化虚拟学习社区 探究虚拟学习社区
Riel 与 Polin[31]	学习的性质	基于任务的学习社区 基于知识的学习社区 基于实践的学习社区
	技术成分	异步通信型 同步通信型(文本、语音或视频聊天室)混合型

续表

研究者	分类依据	类型
Garita[32]	社区成员所开展的活动种类	研究、发展和创新型虚拟学习社区 教育类虚拟学习社区 专业类虚拟学习社区 兴趣类虚拟学习社区 社交类虚拟学习社区
Carlén[33]	学习环境	教育类在线学习社区 专业类在线学习社区 兴趣类在线学习社区

国内学者对虚拟学习社区的分类相对具体一些，更加侧重于教育领域[34]，主要以甘永成、王陆、马红亮这些研究者的研究结果为代表（见表 1-9）。

表 1-9　国内学者关于虚拟学习社区的分类

学者	分类标准	类型
甘永成[25]	组织者和功能的不同	非正式教育类的学习社区 正式教育类的学习社区
王陆[24]	要素的类型	有限虚拟学习社区 教育虚拟学习社区 兴趣虚拟学习社区 专业虚拟学习社区 研究、发展和创新型虚拟学习社区
马红亮[35]	社区性质和功能不同	社会教育型 远程教育型 校园教育辅助型

另外，马红亮根据社区性质和功能不同，将虚拟学习社区分为以下三类[35]，如表 1-10 所示。

表 1-10　虚拟学习社区分类以及例子

分类	解释	例子
远程教育型	这种类型的虚拟学习社区通常是以某高校的网络远程教育为主体	典型的代表有美国的“凤凰城大学在线”和我国的“网上人大”“华师在线”“电大在线”等 67 所现代远程教育试点高校的网络教育学院（远程教育学院）的门户网站
校园教育辅助型	这种虚拟学习社区通常是作为校园面授教育中课堂教学的补充和辅助而存在的，而不是专门用来开展现代远程教育中的学历教育或非学历教育	华南师范大学教育信息技术学院李克东教授等以 Blackboard 平台为依托建立的虚拟学习社区、首都师范大学教育技术系王陆教授等以自己设计开发的网络教学平台为依托建立的虚拟学习社区等

续表

分　类	解　释	例　子
社会教育型	这种类型的虚拟学习社区通常是由企业、公司、研究机构、社会团体或者个人创建的，以某一专业和知识领域为主题，具有频繁社会互动的网站	“在线教育资讯网”、Stack Overflow、“小木虫”等

随着科学技术的不断发展，虚拟学习社区还在逐渐发生各种变化和改革，展示出教育服务网络各种各样的服务应用形式，体现教育服务网络的服务性、教育性、社交性等特点。

1.3　教育服务网络分析

在开放网络环境下，教育服务及其与教育参与者之间的交互和关系除了具有一般服务的共性特点之外，还有其独特之处，在进行教育服务网络应用时需要特别关注。

1.3.1　教育服务的属性和质量

教育服务是教育服务网络的主要构成要素，教育服务从本质上是一个被高度封装的嵌入网络结构中的教育网络构件，它既具有网络服务的一般特性，也具有教育领域特有的一些属性，同时具有教育性、异质异构性、依赖网络传播性、可重用性、动态性等特征。教育服务具有静态属性和质量，也有动态属性和质量，并且，其属性和质量涵盖其作为教育服务的教育性、作为网络构件的网络传播性、作为软件的使用性等多种属性和质量。

没有使用的教育服务是一种静态的存在，如果要发挥教育服务的功能和作用，必须使静态的教育服务演变成动态的教育服务。教育服务的每一次被请求、被调用、被评价，都有相应的请求、调用、评价信息更新完善教育服务的描述，使其在动态的生命周期中循环往复地完成相应的教育功能或作用。

教育服务的动态属性是其被请求、调用、评价的动态过程中产生的属性。动态属性一般与服务过程相关，如教育服务通过网络传播的响应时间、网络环境下的可用性、提供者的服务水平（信誉）、请求率、评价情况等，这些都是教育服务的动态属性。动态属性的值往往随时间、情境而动态变化，并且与教育服务的使用者主观感受相关，是不确定的、主观的、动态变化的数据，但能反映教育服务实施过程的有用信息。

教育服务的静态、动态属性中，与教育服务使用最为密切的是其质量属性。教育服务的质量分为功能性质量和服务质量，分别表示教育服务的静态和动态质量。教育服务的功能性质量在它开发出来后就基本固定，在服务期间不再改变（除非重新升级），是静态质量。功能性质量容易标准化，容易为使用者所期望，并得到满足。服务质量包括网络传播和使用质量、提供者服务水平质量等动态质量，它们是影响使用者满意度的主要因素。可以说，当功能性质量得到满足，而服务质量没有得到满足，则使用者就不满意。

从广义的角度来说，教育服务的功能是实现特定的教育目标或促进、管理、改善教育目标的实现。然而,对教育目标是否实现以及实现的好坏的评判是一个专业性很强的工作,可能涉及多个学科领域的多种评判准则的综合应用。教育学家关注教育服务实现的教育目标是否达成以及达成的效果如何,同时关注教育理念是否在服务实施中得到一定的贯彻;知识领域专家关注教育服务传递的知识、技能的准确性和专业性,以及领域知识和技能的综合实施情况;教育服务设计专家关注教育服务的设计促进学习者学习的程度和效果,希望恰当的服务设计对教育服务的教育目标有帮助。因此,作为教育服务体验者的使用者,因为认知层次和认知领域的局限,往往并不能完全感知教育服务的功能和质量,只能从个人的使用感受和服务效果给出相应的使用反馈。

教育服务价值的实现还依赖于教育服务的实施。在基于网络的教育服务实施过程中,除了教育服务本身的教育性、专业性、技术性质量外,教育服务作为网络构件具有丰富的交付质量和使用质量。交付质量指教育服务提供者的交付意愿、积极性、善意、态度等的质量;使用质量指教育服务通过网络传递到使用者,使用者能感知的质量,包括响应时间、可靠性、可用性、方便性等。

教育服务的教育性和专业性是教育服务的基本特性,分别表示教育服务传递的教育理念以及专业知识;教育服务作为网络构件的使用性是基于网络的教育服务的表达特性,它影响使用者对教育服务的满意度,教育服务的使用者对教育服务的使用性敏感,并针对使用性进行服务反馈;教育服务的交付和实施还应具有刺激特性,它决定了教育服务使用者的愉悦和忠诚程度,常见的教育服务刺激特性包括艺术性、技术性等,这需要教育技术专家对该类特性进行设计和评价。

从上述教育服务的特点可以看出,教育服务的功能和质量具有多维性、内隐性和动态性。多维性体现在教育服务具有教育功能的质量、作为软件产品的使用质量、作为网络构件的传播质量等;内隐性体现在教育服务质量很难显性表示,大多隐藏在服务行为和过程中,需要通过数据挖掘获得其隐性质量;动态性体现在教育服务的质量随提供者、网络环境、使用者、上下文变化而动态变化,需要排除干扰因素,在动态变化中得到客观、真实的质量。因此,当对教育服务进行功能定位以及质量评判时,需要充分考虑教育服务属性和质量的多种特征,以全面、客观地刻画教育服务的功能和质量水平。

1.3.2　教育服务网络的主要用户

实施和实现教育服务的用户(包括人或特定的智能体)是教育服务网络中教育服务交互的主体。教育服务用户在不同服务交互中扮演不同角色(如教育服务的实施者称为教育服务的提供者,教育服务的使用者在不同时期有不同的称谓:在请求教育服务时称为请求者、使用教育服务时称为使用者、使用后进行评价反馈时称为评价者),并分别按各个角色所定义的行为规则实施相应的交互活动。

教育服务网络中的用户和教育服务之间因为请求和调用等交互关系形成服务网络,教育服务网络中的用户之间因为参与教育服务交互而产生社会化关系(如提供-使用关系、推荐关系、好友关系等),构成社会化网络。在教育服务网络的用户社会化网络中,用户的行为受其内在需要以及外在社会化环境的共同影响。

1. 教育服务提供者

教育服务提供者是教育服务的拥有者和实施者。他们在教育服务网络中注册、展示、交付、实施、升级教育服务，实现教育服务的功能和目标，是教育服务质量的主要决定者。在线下的现实世界中，教师、教育机构是典型的教育服务提供者；在虚拟的开放网络中，任何学习者可以提供自己的学习经历或经验作为教育服务，成为潜在的教育服务提供者。教育服务提供者提供教育服务的动力一部分来自经济利益，一部分来自自身的兴趣、责任和对网络地位的追求。

教育服务网络中，教育服务提供者之间既存在合作关系也存在竞争关系[18]。与电子商务等商务场景下服务提供者之间激烈的竞争关系相比，教育服务网络中的竞争是温和的，是基于责任和对信誉的追求之上的。教育服务提供者除了明确提供教育服务的功能外，还对教育服务的服务质量进行承诺，以此来吸引请求者的关注。

在教育服务网络系统中，教育服务提供者起到重要的作用。提供者发布教育服务时，决定了教育服务的属性和质量是否完整、正确、有效；提供者实施教育服务时，决定了使用者能否体验到约定的功能性质量和部分服务质量；提供者收到反馈对教育服务进行改进，可以为教育服务网络系统提供优胜劣汰的好的服务氛围；提供者的信誉是教育服务网络系统的软资源、竞争力的重要组成部分。

与开放网络一样，教育服务网络的开放性造成用户的良莠不齐，存在"好"的提供者，也存在一些恶意提供者。"好"的提供者总是提供高质量教育资源，如实描述教育资源的属性，按约定实施教育资源服务，重视使用反馈，根据反馈改进教育资源。恶意提供者一般具有以下一个或多个坏的行为和意图：提供低质量教育服务；不如实描述教育服务的属性（抬高、隐瞒、虚构）；不能按约定实施教育服务；通过洗白、篡改、勾结等手段抬高使用反馈，欺骗使用者和管理者等。但与其他网络应用环境中五花八门的恶意提供者相比，教育服务提供者的恶意行为相对单一，他们多以孤立地提供与承诺不符的、质量不稳定的教育服务的方式出现，并且，由于教育服务质量的多维性和内隐性，有部分产生恶意或不好结果的恶意行为可能非故意恶意。不管是故意还是非故意，教育服务网络中依然需要一定的防范规则和止损措施来约束恶意行为、避免更大的损失。

2. 教育服务使用者

一个教育服务用户在一次成功的教育服务交互中，其角色按教育服务请求者、使用者、评价者的顺序而变化（如图 1-2 所示）。当教育服务用户有教育需求时，他们作为教育服务请求者请求可以满足其教育需求的教育服务；然后，他们以教育服务使用者的角色接受教育服务提供者交付和实施的教育服务；最后，当教育服务实施完成，他们以教育服务评价者或反馈者的角色对教育服务、教育服务过程、教育服务提供者进行评价和反馈。

教育服务网络中，教育服务请求者对教育服务的要求包括对教育服务的功能性需求，对教育服务的服务质量的需求，以及对教育服务提供者的可靠、可信性需求。当教育服务请求者进行服务选择的决策时，影响其判断和决策的因素分为内在因素和外在因素两大部分。教育服务是否满足请求者的教育需求是首要的内在影响因素。教育服务请求者在请求教育服务时，往往抱有对教育服务的需求偏好，包括功能性需求和非功能性需求，其中，非功能性需求是对教育服务表达特性或使用质量的要求。当出现具有相同功能、不同

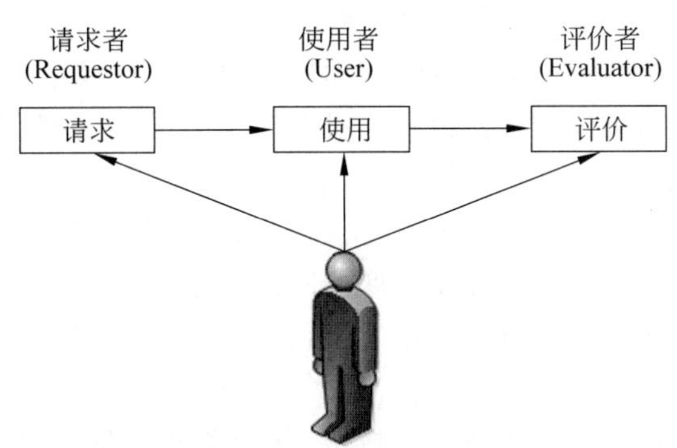

图 1-2　教育服务使用者的角色

使用质量的教育服务时,教育服务请求者选择具有更高使用质量的教育服务。教育服务的使用质量具有多维属性的特征,不同请求者对不同维度的教育服务使用质量的偏好也可能不同,因此,教育服务请求者的服务需求是个性化的,需要在服务决策前对请求者的需求进行准确刻画。

当在满足用户个性化需求的基础上依然难以决策时,教育服务请求者可以借助社会化信息和社会化关系进行决策。一种对教育服务请求者的外在影响力是社会化信息。教育服务网络中权威和专家的影响力是影响请求者决策的一种社会化信息,相比用户生成内容(User-Generated Content,UGC),权威和专家发布的信息(Professional-Generated Content,PGC)常被认为是稀缺的、专业的或者超过常人的判断力的,这导致请求者对他们的信任度的增加,并产生认同感[18]。另一种外在影响力来自社会化关系,请求者的学习伙伴、师长、具有相似需求的陌生好友可能对请求者的教育服务选择决策有或多或少的影响,这些影响力可以转化为来自相似度信任的心理驱动力,驱使请求者依据信任程度做出相关的教育服务选择决策。

教育服务的使用者在作为评价者实施评价时,可能因为故意或无意的原因,无法做到如实、客观、及时、公正地进行评价,而或多或少地实施一些“不好”的评价行为,如随意评价,不评价,主观评价,诋毁、勾结、抬高利益相关者的评价等。“不好”的评价行为产生的评价数据会影响相应的关于教育服务质量和教育服务提供者信誉的计算,为教育服务网络系统管理带来隐患。

从上述对教育服务网络用户属性、心理和行为特征的分析中可以看出,教育服务网络中服务交互用户对教育服务需求、动机、行为、决策具有特殊性,只有把握这些特殊性才能真正解决教育服务网络中存在的问题,满足教育服务用户完成教育活动的需要以及教育服务网络发展的需要。

1.3.3　教育服务网络中的行为

数字时代,学习理论也与时俱进,在建构主义等学习理论的基础上,George Siemens 提出一种与 21 世纪网络学习需求相一致的学习理论——关联主义理论(connectivism)。在关联主义理论中,网络时代的学习是一种过程,学习的重点是学习者通过网络进行专业知识体系的连接、构建自己的知识网络的过程，并且，选择学习内容等学习决策本身也是一种学习过程[8]。在该理论中，学习者的主动性和自主性以及学习的过程性被高度强调，作为网络教育或学习的基础设施的教育服务网络，应提供足够的设施、服务、环境协助学习者完成自主学习过程。

教育服务网络中，各种用户的自主、自由、自发、自治的行为影响着教、学活动的开展，深刻影响着教育服务网络的正常、持续发展。网络环境下，以下网络行为是网络教学活动开展的前提和基础，是教育服务网络正常运行和不断发展的基石。

1. 分享行为

互联互通的网络降低了沟通和协作的成本，营造了互惠分享的网络学习空间。借助互联网络，教育服务提供者提供教育服务，教育服务请求者发布学习需求，教育服务使用者发布使用心得和学习经验，甚至为好友推荐和分享教育服务，实现共同、协作（合作）学习。据中国互联网络状况统计报告显示，数字原住民（digital native）一代更乐于在互联网上分享，从分享文字资源到分享以短视频为主的各种类型的资源已经成为网络时代不断演进的一个重要特征。作为教育服务网络中教育需求的主体，利用互联网实施学习资源、学习过程、学习体验和经验的分享对互惠、合作和创新的学习具有明显的推动作用，汇集集体智慧生成集体知识，有助于形成深度学习。分享行为不断产生的教育信息和资源进一步转化为教育服务，丰富了教育服务网络中的教学载体，加快了教学知识和教育服务的更新。

分享行为产生了丰富的具有相同功能、不同表达特性的教育服务，教育服务的属性更加精细化，为满足不同请求者的个性化需求提供了必要的基础。但是，用户分享的教育服务良莠不齐、数量巨大，给可信、高质量教育服务选择带来困难，造成信息过载问题。因此，一方面需要设置专门的机制实施准入过滤，只有优良的教育服务才能获准进入教育服务网络系统，成为可用的教育服务。另一方面，教育服务网络系统需要设计高度灵活的计算服务，为请求者推送、推荐个性化、可信的教育服务，从根本上解决信息过载问题。

2. 评论行为

据中国互联网络状况统计报告显示，有半数以上的网民乐于在互联网上发表评论，网络空间已经成为人们发表言论的重要场所。在教育服务网络中，除了分享教育信息和资源，教育服务用户可以自主、平等地对教育服务进行点赞、评分、评论、投票、转发等操作，直接或间接地表达自己的意见以及服务感受。教育服务的价值具有多维性、动态性的特征，不同教育服务用户又有不同的需求和评价偏好，因此，对不同的教育服务用户，其体验的教育服务的价值和效果是不一样的。教育服务用户的评论主要针对体验过的教育服务的功能性属性以及使用质量，一般而言，教育服务基本属性中的教育性和专业性等属性特征很难被教育服务使用者通过一次调用而感知。

教育服务网络中，普通用户和权威或专家的评论在作用和价值上有明显的区别。教育权威或专家的评价可能较少，但更具可信性，是非常稀缺的专家评价信息，常用于对教育服务的教育性、专业性进行基调式的判断。普通使用者对教育服务的评价大多是对教育服务使用质量的反馈，虽然具有随意性和主观性的缺点，但根据大数定律（Law of Large Numbers），大量使用者的大量评论依然能得到一个收敛的客观评价结果，因此，大量使用者的评价可以作为教育服务质量评估的重要信息来源。

3. 互信行为

信任是现实社会以及虚拟社会的根基，是社会和谐的保障。在教育领域，教育活动的正常、有效开展离不开教育活动参与者之间的相互信任[10]。据统计，中国网民对互联网的信任进一步提高，有超过一半的网民表示对互联网信任，在信任的环境和信念下，中国的电子商务不断发展，涵盖了生产、生活的各个方面。可以说，信任成就了基于网络的各种交易。

教育服务网络中教育服务交互离不开教育服务参与者之间的相互信任，互信行为是保证和体现相互信任的证据。教育服务网络中实体和对象之间跨越时空的服务交互，具有很强的虚拟性，陌生用户之间以及用户和教育服务、教育服务系统之间需要有相应的人际信任或服务信任，才能发生正常有序的服务演化。教育服务网络的用户因特定的服务交互而组成教育服务社区、学习社区、协作小组，这种群聚特性需要信任以及社会化信任网络来维持聚集群体的稳定。教育服务网络中教育服务、用户、教育服务交互具有特殊的目标导向性，围绕不同的教育场景和上下文。因此，教育服务网络中信任的产生及与之有关的互信行为和教育服务交互特殊的上下文密切相关，并随着教育服务社区的演变而持续发挥作用。

1.4　教育服务网络发展状况与挑战

1.4.1　典型教育服务网络及其发展现状

唐代韩愈在《师说》中把教育用“传道授业解惑”来概括。在现代教育理念中，“传道”“授业”“解惑”可以分别代表三种典型的教育模式。

“传道”是以教师为中心的理论知识的传承和教授，重在教师对“道”的理解和掌握以及对“传”的设计和实施。在以“传道”为教育模式的教育服务网络中，教育服务的专业性、知识性以及教育服务提供者的信誉是教育服务交互依据的主要信息。表征教育服务专业性、知识性的教育服务质量是该教育模式下教育服务网络的核心问题。教育服务的质量除了与教育服务本身的性质有关外，还体现教育服务提供者服务提供、交付的能力和意愿。教育服务的质量具有内隐性并动态变化，很难被学习者及时感知和认识，需要额外的第三方权威对教育服务提供者提供的教育服务进行评测和监控，以实时获知他们的服务质量以及提供者的信誉水平，保障教育服务交互的正常实施。例如，国内最为出名的中国大学 MOOC 就是典型的以“教”为主的教育模式的教育服务网站。它是一种任何人都能免费注册使用的在线教育模式。MOOC 有一套类似于线下课程的作业评估体系和考核方式。每门课程定期开课，整个学习过程包括多个环节：观看视频、参与讨论、提交作业、穿插课程的提问和终极考试。

“授业”采用以教师为主导、学生为主体的教学模式，重在教师引导、学生为主体开展教育活动。学生通过主动探究，与学习伙伴相互协作完成相关理论知识的学习和技能的习得。在协作学习过程中，教师和学习者都可以通过基于网络的协作学习系统以教育服务形式提供和分享学习资源、学习经验，被信赖的教育服务提供者因其良好的历史交互记录而得到教育服务请求者的青睐。在以“授业”为教育模式的教育服务网络中，没有既定权威，教育服务交互者的协作源于彼此之间的信任以及对教育服务可信性的判断和把握。

此时,教育服务用户各种行为和关系以及可信属性的刻画和管理是营造协作学习可信环境的重要保证。

"解惑"是及时对学习中产生的疑问进行解答。互联网时代,"解惑"显得更加容易方便,参与"解惑"的人也更加广泛,常见的基于网络的"解惑"工具有学习空间、论坛、问答系统等。在这些基于网络的"解惑"系统中,任何人都可以就学习问题进行提问,任何人都可以对提出的问题进行浏览、投票或给出一个解答,甚至对解答进行评论。无论是提问者,还是回答者、浏览者都在共享的"解惑"服务过程中学习相应的知识,解决学习疑问。在以"解惑"为教育模式的教育服务网络中,回答服务是回答者实时提供的一种教育服务,是"解惑"教育服务的主要形式。为了让提问者得到满意的回答,回答服务及时、有效、正确、可信显得尤为重要,相应地,回答服务提供者的专业权威性、可信任性、活跃程度都是保证满意回答的条件,而回答服务提供者的这些品质是动态变化的,只能从其长期的历史问答行为中综合感知。Stack Overflow 是一个信息技术相关的专业问答网站,Stack Overflow 和 Quora、Wikipedia 以及 YouTube 一样,都是依靠网站用户自愿提供的内容来运作。用户每天在网站上针对问题提供的回复多达 5000 条以上,大部分回复内容详尽、技术含量高。用户可以在网站免费提交问题、浏览问题、索引相关内容,在参与或旁观答疑解惑中完成知识的学习和技能的提升。

随着网络技术的发展和网络教育系统的深入应用,网络教育系统中多种异质异构的教育资源、教育活动以教育服务的形式统一封装,形成以教育服务为对象、教育活动参与者为主体、教育服务自主、自动交互的教育服务网络,实现教育目标和过程的网络化、自动化、社会化。教育服务网络可以以课程学习网站、教育资源网站、技术论坛、问答系统等形式各自完成其教育功能和目标,也可以组合形成综合型的教育服务网络系统。无论是专题的还是综合的,只有充分理解教育、教育用户、教育活动的内涵,才能实现教育服务网络中教育和服务、理念和技术的深度融合。

1.4.2 教育服务网络发展的需求和挑战

教育服务网络是开放的、动态演变的服务网络,也是汇聚不同类型、不同角色用户动态交互的社会化网络。教育服务网络中的教育服务可以自由进出,经历注册、调用、实施、重用、淘汰、消亡的生命周期。教育服务网络中的用户在多种角色间转换,其行为在提供、请求、使用、评价之间动态变化,与其他用户的社会化关系、本身的属性、偏好和历史行为信息动态演变。各种动态变化实体和对象交织在一起,构成教育服务网络乱中有序的演变进程。教育服务网络的核心价值是保证拥有正确、有效、合适、高质量的教育服务,保障教育服务并发、独立、确定、协作地在教育服务用户间交互、实施,满足所有用户的基本需求以及个性化需求,方便教育服务管理者方便地进行教育服务、教育主体和对象的管理。大体来说,动态开放的教育服务网络的需求和目标主要表现在以下三个方面。

1. 个性化

教育是复杂而特殊的一种服务过程,现实世界的"因材施教""教无定法"都是强调教育的个性化。教育服务网络中,教育服务提供者可以提供相同教学内容、不同教学质量和方法或相同功能、不同服务质量的不同教育服务,来满足请求者不同的教育需求和偏好。

教育服务请求者的个性化需求和偏好被教育服务网络感知后，以某种信息形式转达给教育服务提供者，促进提供者改进教育服务，实施个性化的教育服务，甚至进行个性化定制，满足请求者的特殊教育需求。

教育服务请求者的个性化需求主要表现在对教育服务表现特性以及刺激特性的特别需求上，教育服务的表现特性以及刺激特性主要以服务使用质量的形式体现。当实施教育服务时，如果使用质量没有契合使用者的个性化需求，使用者将不会满意，并影响教育服务的功能性目标的实现。

教育服务请求者的个性化需求催生了以下两方面的改进：一方面，教育服务提供者根据用户的满意程度和需求反馈，进行个性化的教育服务定制或升级，有助于教育服务网络系统的教育服务更新；另一方面，教育服务网络系统的管理者根据用户（使用者和提供者）的满意度和个性化需求反馈，制定更合理的促进个性化服务的机制和措施，实施保障个性化服务的系统服务，有助于营造满意度高、具有服务特色的教育服务管理氛围。

2. 可信性

教育服务网络中实体和对象及其之间的动态交互构成虚拟网络社区，形成网络社会。信任作为一种现实社会、网络社会最重要的综合保障力量，是社会稳定和持续发展的重要基石[36]。网络社会的信任不仅是社会信任的重要组成部分，更是电子商务、互联网金融、互联网教育等网络应用生存和发展的重要社会基础。

教育界的研究表明，信任能促进教育活动的开展，改善教育效果[37]。教育服务网络的可信环境是保证教育服务正常交互的基础设施之一。教育服务网络系统中，可信环境由服务信任和人际信任构成，服务信任包括对教育系统、教育服务的信任以及它们的信誉，是对教育服务网络中“物”的信任，其信任的基础来自对教育系统管理和教育服务质量的信心。人际信任是对教育服务用户的信任以及他们的信誉，是教育服务网络“人”或“智能体”之间的信任，具有人类信任的心理特质，是施信者对受信者权威、能力、诚信、相似特征等特质的信念。教育服务网络中实体和对象的信任和信誉构成教育服务网络可信环境的基础，如图 1-3 所示。

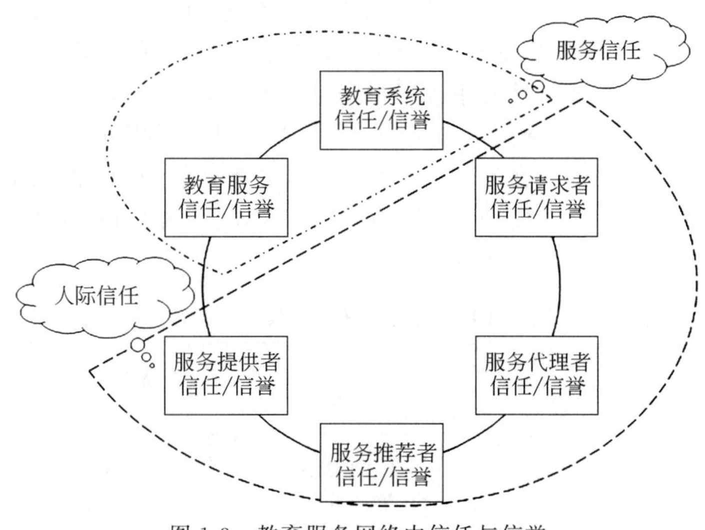

图 1-3　教育服务网络中信任与信誉

教育服务网络与商务交易类服务网络相比更容易产生和保持信任。在以服务交互为基础和特征的教育服务网络教育活动中，交互双方对可信的理解不同。教育服务请求者认可的可信提供者应该是能力和诚信兼备的高信誉用户，教育服务请求者认可的可信推荐者则只需具有较高的诚实度以及与请求者相似的属性、需求或偏好。在决策可信教育服务时，教育服务请求者除了对教育服务的质量具有信心外，还将对其提供者的信任和信誉进行考察，即对某个教育服务请求者 q 来说，可信教育服务是 q 信任的提供者提供的高质量的教育服务，或大家认可的具有高信誉的提供者提供的高质量教育服务，或 q 信任的好友推荐的高质量教育服务，或上述三种教育服务的某种聚合。上述三种关于可信教育服务的评估，分别从“从己”“从众”“从友”三个角度实施，充分反映了教育服务网络系统对可信教育服务评估的复杂性和多源性。

教育服务网络对可信的需求既反映了网络服务系统用户的普遍心理，也具有教育领域特殊的价值观。一般来说，学习者更倾向信任有直接教学交互的提供者及其提供的教育服务，以接受连续性的教育服务，达到更好的教育效果。因此，可信教育服务的选择中，“从己”的倾向比“从众”“从友”更具价值，直接交互的经历对后续教育服务选择的影响力更大。

3. 社会化

教育本质就是一种具有特殊价值的社会化活动，研究表明，以共享和协作为特征的社会化学习可以产生更好的学习效果以及更持久的学习动力。因此，教育服务网络系统提供特制的社会化工具以及社会化服务，协助学习者构建社会化群体、学习社区，打造用于社会化交互的学习空间。

教育服务网络用户的社会化需求带来的社会化活动进一步产生了大量富含语义的社会化信息，这些社会化信息以各种信息编码形式保存在教育服务网络的属性库、关系库、行为库中，这些数据具有数据量巨大、结构化数据稀少、行为数据复杂等大数据特点，通过一定的语义识别和数据挖掘技术，可以从这些社会化信息中得到关于教育服务用户和教育服务本身的众多有益的信息，用于提供更好的系统计算服务。

为了满足教育服务网络中用户和教育服务的个性化、可信性、社会化的需求，教育服务网络不断演进，针对不同结构形式、教育情境，实施有针对性的管理服务。

教育服务网络可以看成特殊的服务网络和社交网络，网络服务主体主要包括教育服务提供者和教育服务请求者，网络服务交互的客体是封装的异质异构的教育服务，教育服务网络实施的教育教学活动存在不同的教育模式和教育情境，教育服务网络主体、对象和情境的不同，受到的挑战不同，需要解决的关键问题不同。表 1-11 列出不同教育服务网络系统的不同特点以及不同的挑战和问题。

表 1-11　教育服务网络的三种教育模式及其特点和问题

教育模式	应用案例	结构特征	教育服务特点	请求者特点	提供者特点	行为特点	关键问题
以“教”为主的教育模式	专题型教育信息网站	集中式或半集中式	教育服务质量具有内隐性	个性化、可信的服务质量需求	服务质量和交付能力存在差异	专家评测，用户评分	教育服务可信度的评估

续表

教育模式	应用案例	结构特征	教育服务特点	请求者特点	提供者特点	行为特点	关键问题
以“学”为主的教育模式	开放型教育信息网站	开放式	教育服务质量具有不确定性	信赖直接交互服务和好友的推荐	直接信任和间接信任，包含较多恶意用户	互信评分，社会化交往	可信教育服务选择和推荐
问答型教育模式	问答系统、论坛	开放式	回答服务的多样性和专业性	请求及时、正确、满意的回答服务	社会化特征丰富（相似、专业、信誉等）	投票、关注、问答等社会化交往	信息过载，答复者推荐

从表 1-11 中可以看出，为了满足教育服务网络主体开展以教育服务交互为核心的各种活动，达成相应的满足需求的教育或学习目标，营造和谐互信的教育或学习环境，教育服务网络管理者首先需要解决普遍存在的信息过载、可信需求和个性化需求等问题，以提高教育服务网络用户的满意度，营造可信、高效、可持续的教育教学环境。

本章小结

随着网络技术和应用的不断发展，各种各样的网络平台蓬勃发展，网络教育、网络教育平台在互联网助力下发生了一日千里的发展，取得了很好的社会效果，同时也面临新的挑战。本章对网络平台、教育网络平台的发展状况进行了梳理，对网络教育的服务特性进行了归纳和总结，提出教育服务网络的概念，突出强调教育服务网络中围绕教育服务开展各种活动和服务。在服务科学等相关学科理论的指导下，本章对教育服务网络的组成、人员、网络行为进行了分析和阐述，对教育服务网络应用平台进行了介绍，对教育服务网络应用中的需求和挑战进行了归纳和总结，指出教育服务网络应用中可信问题的重要性，对信任生成模式研究的应用环境进行了梳理和定义。

参考文献

[1]　张江莉. 互联网平台竞争与反垄断规制以 3Q 反垄断诉讼为视角[J]. 中外法学，2015，27(1)：264-279.

[2]　徐晋. 平台经济学[M]. 修订版. 上海：上海交通大学出版社，2013.

[3]　谷虹. 信息平台论：三网融合背景下信息平台的构建、运营、竞争与规制研究[M]. 北京：清华大学出版社，2012.

[4]　姚远. 电子商务平台[EB/OL].（2021-01-26）[2021-03-29]. https://baike.baidu.com/item/%E7%94%B5%E5%AD%90%E5%95%86%E5%8A%A1%E5%B9%B3%E5%8F%B0/3376121?fr=Aladdin.

[5]　王依超. 电子商务平台的安全保障义务[D]. 上海：华东政法大学，2019.

[6]　田曹阳. 电子商务平台的垄断性与规制研究[D]. 蚌埠：安徽财经大学，2017.

[7]　李琦，刘骊. B2B 电子商务平台理论研究[J]. 天津工业大学学报，2001，20(6)：52-54.

[8]　王欢，郭玉锦. 网络社区及其交往特点[J]. 北京邮电大学学报(社会科学版)，2003，5(4)：19-

21,26.

[9] PLANT R. Online communities[J]. Technology in Society, 2004, 26(1): 51-65.

[10] 柴晋颖，王飞绒. 虚拟社区研究现状及展望[J]. 情报杂志，2007，26(5)：101-103.

[11] 袁毅，王晓光. 利用结构方程模型分析社会化媒体营销影响因素——以"开心网"为例[J]. 图书情报工作，2011，55(18)：57-60,120.

[12] 梁晓涛，汪文斌. 社交网络服务[M]. 武汉：武汉大学出版社，2013.

[13] BOYD D M, ELLISON N B. Social network sites: definition, history, and scholarship[J]. Journal of Computer-mediated Communication, 2007, 13(1): 210-230.

[14] 南国农. 信息技术教育与创新人才培养(上)[J]. 电化教育研究，2001(8)：42-45.

[15] 张杰. 网络教育与教育新理念[J]. 电化教育研究，2002(5)：29-32,68.

[16] 程智. 对网络教育概念的探讨[J]. 电化教育研究，2003(7)：25-28.

[17] 刘成新，王焕景，吴运明，等. 网络教育应用[M]. 北京：电子工业出版社，2009.

[18] 宋吉祥，吴学贤，杨成. 网络学习平台的类型与功能分析[J]. 中国教育技术装备，2005(9)：10-15.

[19] 黎军. 网络教育概论[M]. 北京：清华大学出版社，2011.

[20] 陈德人，张尧学. 数字化学习港：构建面向终身学习的学习型社会[M]. 杭州：浙江大学出版社，2009.

[21] KALENSKAYA N, GAFUROV I, NOVENKOVA A. Marketing of Educational Services: Research on Service Providers Satisfaction[J]. Procedia Economics and Finance, 2013, (5): 368-376.

[22] 刘迎春. 教育服务网络中基于信任的服务推荐研究[D]. 杭州：浙江大学，2015.

[23] 赵爱萍. 虚拟学习社区知识交互积极性影响因素研究[D]. 曲阜：曲阜师范大学，2019.

[24] 王陆. 虚拟学习社区原理与应用[M]. 北京：高等教育出版社，2004.

[25] 甘永成，王炜. 虚拟学习社区多重内涵之解析与研究[J]. 现代远程教育研究，2005(5)：10-15.

[26] 刘丽. 虚拟学习社区中学习者归属感影响因素研究[D]. 曲阜：曲阜师范大学，2018.

[27] 苑永建. 虚拟学习社区中学习风格对学习表现的影响研究[D]. 曲阜：曲阜师范大学，2018.

[28] PALLOFF R M, PRATT K. Online learning communities in perspective[J]. Online learning communities, 2007: 3-15.

[29] 高瑞利. 不同类型虚拟学习社区的对比研究[J]. 电化教育研究，2014，35(2)：50-54.

[30] SCHWIER R A. Shaping the metaphor of community in online learning environments[DB/OL]. Paper Presented to the International Symposium on Educational Conferencing, Banff Alberta, 2002.

[31] RIEL M, POLIN L. Learning communities: common ground and critical differences in designing technical support[M]. Designing for Virtual Communities in the Service of Learning, 2004.

[32] GARITA C, AGIIERO U, Guadamuz L. Areito: a development platform for virtual learning communities[C]//Working Conference on Virtual Enterprises. Springer, Boston, MA, 2006: 323-332.

[33] CARLÉN U. Typology of online learning communities[C]//First International Conference on Netlearning, 2002.

[34] 王英让. 虚拟学习社区的概念、类型及其发展现状[J]. 电脑与信息技术，2017，25(3)：57-59.

[35] 马红亮. 虚拟学习社区中的互动结构[D]. 广州：华南师范大学，2006.

[36] 郑也夫. 信任论[M]. 2 版. 北京：中国广播电视出版社，2006.

[37] ANWAR M, GREER J. Facilitating trust in privacy-preserving e-learning environments[J]. IEEE Transactions on Learning Technologies, 2012, 5(1): 62-73.

第2章 网络信任及其影响因素

信任是现实世界和网络虚拟世界的一个重要机制和变量,可对虚实世界产生不可替代的影响和作用。本章梳理信任、网络信任以及信誉的相关概念和特征,重点对网络平台中的在线信任的影响因素和影响关系进行文献综述和元分析,以获得与网络信任生成相关的影响因素和证据来源,为后续的信任生成模式研究提供理论依据。

2.1 信任概述

2.1.1 信任的定义和特征

信任是一种重要的社会现象,同时也是一种重要的社会资源。信任作为一种复杂的社会关系和心理特征,其不确定性使得不同学科的学者对信任有着不同的概念解释,社会学、心理学、管理学和电子商务等学科和专业领域对信任有着不同的定义。

社会学领域的学者认为信任是通过社会交往所习得的一种预期,坚持道德和维护社会秩序是其基本期望。社会学家卢曼[1]认为"信任是为了简化人与人之间的合作关系";郑也夫[2]认为信任是一种态度,主张信任是"对自然与社会的秩序性,对合作伙伴承担的义务,对某角色的技术能力的三种期待。"心理学领域的学者则认为信任是一个非常复杂的心理现象,信任是一种人格特性,强调人的主观信念,主张信任是对他人人格品质的主观判断。美国心理学家 Deutsch 通过著名的囚徒困境实验开创了心理学信任研究的先河,研究发现信任会受情境的影响,双方的信任程度会随着情境的改变而改变[3]。管理学综合了心理学以及社会学领域信任的相关观点,主要关注组织间信任的形成和作用,进一步分析和研究信任在管理领域的价值与影响。电子商务领域的研究者将信任分为两个维度:信念和动机。信念主要有能力、诚实、预测以及善意,动机主要指主观能动性和依赖他人的意愿。电子商务领域的研究者 Bhattacherjee[4]认为:"信任就是个体所表现出的对于信任目标于正直、能力、可预测性和善意行为这四个方面的信心程度。"在信任计算领域,信任是一种主观概率,是施信者对受信者关于能执行与施信者福利相关的给定行为的期望,施信者愿意以一种相对安全的感觉依赖受信者,尽管可能有出现负面后果的概率。

综合上述不同学科研究者对信任的定义,主要有两种不同的关于信任的观点,一种是根植于心理学、社会学的认知观点,认为信任是具有认知能力的实体(智能体)对另一实体关于能力、善意、可靠性、诚信等的一系列信念;另一种是基于预测可能性的概率观点,认为信任是在过去经验的基础上得出的对未来行为的可能性的预测和期望。

虽然不同学科领域的研究者对信任的定义不尽相同,但通过分析与总结,信任的特性主要有以下几点。

(1) 信任的主观性:信任是具有认知能力的个体通过对他人的诚实、可靠性、预测性、能力以及善意的主观判断而产生的一种主观观念。信任的产生和建立是基于个体对他人以往行为的认知,不同个体的判断标准和信念强度会有所不同。

(2) 信任的动态性:信任是一种建立在人际互动之上而产生的期望,当个体与他人建立信任之后,如果受信者的某些行为让施信者感知到风险的存在,双方的信任程度会逐渐降低甚至消亡。相反,当施信者感知到受信者不会对其做出有害行为或损害其利益时,则能进一步增强和发展信任。

(3) 信任的不确定性:信任是有向的,施信者信任受信者,不代表受信者也同样信任施信者,或者说信任双方的信任程度是不对等的。信任会受到多种因素的影响,信任双方所表现出来的行为、能力、可靠性,以及环境因素等,都使得信任充满了不确定性。

(4) 信任的上下文相关性:信任与信任的情境(上下文)密切相关,例如,在教育孩子的情境下,Alice 信任她的朋友 Bob,但在理财的情境下,Alice 不一定会信任 Bob,因为 Bob 是一个教育学家,不是一个理财师。

(5) 信任的可度量性:尽管信任受各种内、外因素综合影响,并且一些内因很难观察和测量,但是,可以通过观察、量化、推理由内因引起的外因,进一步推理出引起信任的内因,从而对信任进行一定程度的度量。信任的度量可以是显式的,即直接的信任评分,也可以是隐式的,如由实体的历史行为推测出信任的各个认知维度。

(6) 信任的传递性:信任是可以传递的,著名的例子是:Alice 信任 Bob,并且 Bob 信任 Carl,则 Alice 信任 Carl。但信任的传递受情境等各种因素的影响,例如,Alice 在教育孩子的情境中信任 Bob,Bob 在理财的情境中信任 Carl,基于上述前提,Alice 不一定在教育孩子或理财的情境中信任 Carl。另外,信任在传递时,其信任度将随信任传递链长的增大而不断衰减,即:即使因 Alice 信任 Bob,Bob 信任 Carl 而导致 Alice 信任 Carl,但 Alice 对 Carl 的信任度也比 Alice 对 Bob 的信任度、Bob 对 Carl 的信任度低。把上述信任传递现象称为信任的有限传递,把有直接经历建立的信任称为直接信任,把由信任传递建立的信任称为间接信任。

2.1.2 信誉的定义和特征

与信任密切相关的一个概念,就是信誉(又称为声誉)。信誉在经济、管理以及社会科学领域中都得到了广泛的研究,不同学科的学者对于信誉有着不同的释义。

在经济学领域,诺贝尔经济学奖得主 Arrow[5] 认为:"信誉是社会系统赖以运行的主要润滑剂,有利于人们能够更加高效地生产"。市场经济通过信誉机制来建立良好的信用环境,保障市场经济的稳定运行。管理学领域的研究者则是从信息认知的角度对信誉进行定义,认为信誉是受信者基于施信者以往的行为举止,对施信者当下以及未来行为的一种期望,是一种长期性的资源。在电子商务等实际应用系统中,信誉是针对某实体的总体观点的估计,通过对实体过去行为的把握,创建该实体的关于其意愿和规范的总体看法[6]。信誉是主观性和个人化的值,信誉不是一个实体的固有属性,而是其他实体加于其上的认为其具有的一个属性。对不同的实体来说,某个实体的信誉可以不同,也可以相同,这取决于信誉系统管理信誉的方式。因此,信誉具有如下特征。

(1) 无形性:信誉是一种无形的社会资源,不可模仿、难以替代、稀缺且独特。良好的信誉能为实体带来经济利益,相反,较低的信誉会带来较大的经济损失。

(2) 信息性:从信息资源角度来看,信誉是利益相关者对于现有信息的主观认知结果。在个体之间或在组织和企业当中,信誉不仅提供了特征信息,而且也能为实体提供获得收益以及保持竞争优势的信息资源。

(3) 积累性和脆弱性:信誉是通过实体过去行为的声誉累积而逐渐形成的,是多种可信行为和经验综合而产生的结果。信誉的形成不是立竿见影的,信誉体系的建立需要通过长期的努力,并且不能出现损害信誉的事情或者行为,否则会导致信誉值的降低或者造成信誉体系的崩塌。

2.1.3　信任与信誉的区别和联系

信誉与信任之间存在着紧密的联系。Jøsang 和 Knapskog[7] 提到"I trust you because of your good reputation",这表明良好的信誉会促进信任的产生。信任与心理品质中的可靠性(dependence)和可依赖性(reliability)有关,这些值可以通过信誉获得,换句话说,拥有良好的信誉可以产生信任,好的信誉系统也可以帮助实体进行信任决策。

实体的信誉是综合信任度的总体表现。对不同的用户角色,信誉的理解不同。例如,服务提供者的信誉反映的是服务提供者的服务能力和服务水平,其中,服务能力由提供者提供的服务质量决定,因此,信誉是服务质量的反映[8]。同时,信誉计算的数据来源是从信任关系的数据以及信任关系信息中得到的,信誉作为实体的一个属性,也是其他实体对其产生信任的一个因素。但同时 Jøsang 和 Knapskog[7] 也提到:"I trust you despite your bad reputation",即尽管实体拥有不好/较好的信誉,也不一定会妨碍/促使信任的建立。这表明信任的产生不单单依赖信誉,信誉只是信任产生的因素之一。信任可以看作是实体之间的关系,属于主观观念,存在着动态性和不确定性,施信者会因为受信者拥有良好的信誉值而与其建立信任关系,也可能不会。而信誉可以看成是实体的属性,对不同的实体来说,某个实体的信誉可以不同,也可以相同。

2.1.4　网络信任与网络信誉

1. 网络信任与网络信誉概述

随着互联网的迅速发展,现代社会人与人之间、企业与企业之间的交互方式变得越来越开放和自由,快捷方便的互联网服务已经成为生活、生产的重要组成部分。网络信任和网络信誉作为互联网时代人们交互、企业交易、部门协同等各种行为的一个重要依据,其重要性不言而喻。

网络信任(或称为在线信任)指在自由交互的开放式网络中,信任评估者在时间窗口内根据自身的经验或者通过其他渠道获取到的信息,对被信任者是否能够按照预期诚实、安全、可靠地完成某种特定服务或者交易的能力的信念,是两个实体间的主观行为[9]。网络世界的交互行为和互动活动,本质上是人类社会交互行为和互动活动在网络世界的延伸和拓展,并携带了网络开放性和匿名性的特征。为了规范网络交互行为,建立有效的信任机制来评估网络行为的可信性已被广泛运用于电子商务及社交网络等领域,成为软安全的一个关键技术。当前的网络信任主要强调施信者对受信者的善意和可信性的感知,认为信任是施信者对受信者所具有的诚实、能力、善意以及可预测性等程度的主观判断。互联网时代,网络信任可以作为一种辅助机制来降低网络活动和事件的不确定性,降低因不确定性带来的风险。

网络信誉是对网络实体的服务能力与交易质量的综合度量,反映网络中其他与之有过历史交互的实体对其信任程度的总体期望值。网络信誉是整体概念,表示网络中所有实体对某个实体的综合客观性评价。在互联网时代,实体评估其他实体的可信度时,既可以根据其历史交互行为的可信度,也可以根据实体的网络信誉来决定是否信任该实体,当然,也可以设计更复杂的可信度评估模型,综合考虑直接信任和实体信誉等多个可信度影响因素。

2. 网络信任与网络信誉内涵相关研究

建立和维持信任、信誉对于互联网时代中信息交互的重要性不言而喻,国内外众多学者对网络信任和网络信誉问题进行了多种角度的研究。国内学者周涛[10]、林家宝等[11]将信任作为单维信任量表来研究移动网络环境下信任双方对交易型服务的信任,国外学者 Dwyer 等[12]则将信任区分为能力和愿望,并将信任分为两个具体的维度:正直信任和善意信任,认为信任是信任双方有能力和意愿传递符合期望的服务。Shurr[13]、Crosby[14]、Ganesan[15]、宋光兴等[16]则将信任分为更多维度,基本集中在善意、正直、能力等行为属性上面。

为了更加清楚地将信任概念化,研究者依据不同的标准将信任维度做了细分,不同的研究者对信任的划分标准不同。Zaheer[17]将信任分为人际信任和组织信任两种,人际信任是指个体在人际交互过程中所建立起来的个体对个体的信任,以熟悉度和情感联系作为基础;组织信任涵盖了整个组织,指的是组织成员共同拥有的对伙伴、公司的信任导向的程度,主要表现为公司间的信任。

在网络环境下,有学者将信任分为人际信任、系统信任、技术信任、制度信任等多个维度。国外学者 Zucker[18]基于信任产生的模式,将信任分为基于历史行为的信任(Process-based)、基于实体社会特征的信任(Characteristic-based)、基于组织或机制的信任(Institutional-based)。Zucker 提出的信任产生方式既是线下现实社会信任的产生模式,也为网络环境下信任的生成研究提供了思路。例如,从实体在网络环境下的交互活动过程所产生的行为数据入手,探讨基于历史行为的信任;通过计算实体的特征相似程度生成基于社会特征的信任;通过获取实体所在团体、组织以及系统内的有关信息来建立基于组织或机制的信任等。

在互联网服务网络环境中,依据信任关系的主体(施信者和受信者)的不同,将网络信任分为对服务的信任、对服务系统的信任、对服务提供者的信任、对服务推荐者的信任、对服务请求者的信任,等等。其中,服务请求者和服务使用者为了获得可信的网络服务,需要考虑服务的信任、服务系统的信任及提供者的信任;对网络服务提供者来说,为了能更安全、可靠地完成网络服务交互活动,则需要关心服务请求者的信任以及服务代理的信任。

还有学者将网络信任界定为技术信任和行为信任两个维度。从技术信任维度来看,学者董淑超[19]认为网络信任是信任主体对于网络技术安全和网络所提供的信息的可靠性的预期，它是人们在使用互联网，尤其是一些网络交易过程中对互联网依赖性的体现。而从行为信任角度来看，信任则特指实体之间关系的亲密程度。

网络信誉发生在互联网信息收集过程或者先前与他人互动过程当中，信誉信息有助于信任双方合作行为的产生。从信誉反映的实体服务领域大小的角度，把信誉分为全局信誉和局部信誉。全局信誉是关于实体所有服务活动的信誉，而局部信誉则是服务实体针对某个领域的服务活动信誉。

3. 网络信任和信誉管理系统

与现实世界类似，在开放、动态的网络虚拟社会，也存在恶意用户的恶意破坏或者非恶意用户的非故意破坏，妨碍网络社会中正常信息交互活动的开展。例如，在开展服务交互的网络中，存在恶意提供者、恶意反馈者和纯恶意用户等常见的几种恶意用户，以及女巫(Sybil)攻击、洗白(White Washing)攻击、叛变(Traitor)攻击、共谋(Collusion)攻击等恶意行为，这些恶意用户、恶意行为和攻击的存在对网络系统的安全性和顺利运营提出了挑战[20-22]。信任和信誉作为一种软安全措施，一方面被用于帮助网络实体决策能否与其他网络实体进行可信、安全的信息交互，另一方面，可以发挥相应的制裁作用，不断与网络潜在利益群体发起的不断升级的恶意攻击战斗。具有信任、信誉管理的网络系统可以有效激励诚实用户的合规行为，同时对网络中的不诚实用户的不合规(或恶意)行为进行识别、抑制和制裁。信任和信誉管理系统通过一系列技术手段，刻画网络用户在网络应用场景中的真实身份和可信度，鼓励和激励诚实用户的好行为，惩罚和抑制恶意用户的坏行为，保证用户实施诚实合规的网络交互，把好行为和坏行为准确表现在实体信任和信誉上，方便网络系统采取进一步的防范或补救措施，从而营造安全、可信、一致的网络环境。

网络信任和信誉系统的主要作用是在准确刻画网络对象可信状况的基础上，为网络系统提供可信查询和征询服务。同时，设计完备的信任和信誉管理系统有效防范恶意用户的恶意行为，为网络系统提供安全、可靠、和谐的交互环境。信任/信誉系统广泛应用于各种网络架构的系统中。

网络信任和信誉系统广泛应用于实际网络服务系统中。Amazon、eBay、淘宝等电子商务类网站普遍采用在线信誉系统来管理商务活动实体的信用，获得了巨大的商业成功。一些采用显式评分进行商品评论的电子商务网站中，累积发布好的评论的用户会被授予一定的徽章奖励，用户把自己信任的用户加入信任列表，用户被信任的用户数是一种潜在的用户信誉。Stack Overflow 是对计算机程序开发者开放的一种专业型社区问答系统，问答社区采取自主管理方式，社区用户的好行为(如提出有价值的问题、提供好的回答、积极投票等)将以信誉积分的形式赋予用户，保存在用户的信息页面中。用户的信誉积分越高，他在网站中的权限越大，甚至可以成为网站的管理员。Stack Overflow 还为那些在某专业领域有特殊贡献的用户赋予各种徽章，奖励他们在相关领域的特殊作用。信任列表、信誉积分和徽章制度作为激励机制，也是一种实用的信任和信誉管理系统。这些系统在鼓励网站用户积极参与网站事务以及以规范、积极的行为帮助网站健康持续发展方面起到了极大的促进作用。

2.2 网络平台信任影响因素

随着信息技术的快速发展,越来越多拥有共同话题的人们渴望借助网络平台进行信息交换和知识共享。网络虚拟社区是满足这一诉求的网络平台,为人们提供了信息交流和资源共享的线上环境。网络虚拟社区将分散的个体连接聚合,逐渐形成价值观趋同的关系网络[23]。用户借助网络虚拟社区的网络环境和服务,进行线上学习、社交和交易等,形成相互依赖和信赖的网络共同体。网络平台中的虚拟社区与现实生活中的社区、圈子十分类似,需要一些显性或隐性机制保障其顺利运营。信任作为现实社会的一种重要保障机制,深刻影响着人们的生活、学习和工作。相应地,信任对于网络平台中的虚拟社区的正常运行和持续发展同样具有重要的意义,有必要对网络平台中的信任进行深入研究。

根据网络平台的行业背景、功能、需求等要素的不同,可以把网络平台划分为多种类型。在不同网络平台中,信任的需求、产生的机理和作用各不相同。在对信任的需求上,学习型网络平台更关注用户间的关系型信任,而电子商务型网络平台更关注交易相关的信任。在信任生成机理的影响因素中,学习型网络平台的信任受个人因素、成员因素、社区网站三大维度的相关影响因素的影响[24];在商务型网络平台中,信任受消费者因素、商家因素、平台和环境因素的影响[25]。因此,针对不同类别网络平台的信任影响因素和作用机理的研究非常必要。目前,已有学者采用元分析方法对电子商务环境中的在线信任影响因素进行了量化综述[26],有必要进一步梳理其他在线网络平台中信任的影响因素和作用机理。

2.2.1 电子商务平台信任影响因素

电子商务平台是信任研究和应用最早最成熟的网络平台,电子商务平台中的信任得到了国内外众多学者的广泛研究。关于信任的影响因素,国内外学者给出了多种研究观点和结论。

1. 国外研究综述

Sultan 等[27]认为影响电子商务中信任的因素包括网站特征(如隐私、安全、网站设计风格、导航等)和消费者特征(如消费者的上网经验、人口统计学的因素等)。Lee[28]则认为影响电子商务中信任的因素包括网上销售商的可信任度(能力、诚实和善意)、网上购物媒介的可信任度(技术能力、可靠性和媒介条件)和安全因素(第三方认证和安全措施等)。另外,个体信任倾向是通过影响这些因素间接影响信任的。Yoon[29]认为影响电子商务中信任的因素可能包含交易安全、网站功能、消费者对网站特征的满意度、消费者对网站的了解和个体变量(对电子商务的熟悉度、对新技术的接受程度等),通过研究发现：交易安全、消费者对网站的了解、对网站特征的满意度和个体变量均对信任有积极的影响,而网站功能与信任没有明显的关系。Eastlick[30]将消费者信任影响因素概括为：外界对商家的评价及商家在外的声誉、商家的退货政策、消费者过去的网购经历及消费者对未知因素带来风险的感知程度。以上因素与消费者信任度正相关,消费者更倾向于规模大、评价高、声誉好、有退货等保障机制的商家。Kim[31]认为电子商务交易的对象主要包括代表受信方的商家、施信方的顾客和交易环境的第三方，影响消费者信任的因素具体包含网站信用等级、网站评价高低、网站声誉好坏、网站使用的容易性和快捷性、网站的安全等级、消费者个人的信任意向以及是否通过第三方认证等。

2. 国内研究综述

宋光兴等[16]对电子商务中的信任进行了分类，指出一类是技术信任，另一类是交易信任，其中交易信任又分为能力信任、可预见性信任和善意信任，并提出影响交易信任的主要因素为受信方的信誉、交易经历以及施信方的个性和文化背景。黄永哲[32]阐述了电子商务网站增加顾客信任的两种不同类型的方法：一是直接改善引起顾客不信任的因素，例如感知风险和不确定性；二是以间接的方法，获取顾客好感，增强顾客信任。李睿[33]在探究 C2C 电子商务中消费者对于卖方信任的因素中也提出了自己的观点，认为影响信任的因素包括网站品牌可靠度、网站安全机制、信息相关性、与卖方联系程度、个人信任倾向、购买意愿、商品类别、过去交易经验。庞川[34]将影响电子商务消费者信任的因素归纳为：消费者对商家和交易环境及网络技术的信任倾向和其以往的购物经历在内的消费者个人特质因素，基于商家和消费者的网络买卖过程视角的商业因素，保证网络买卖活动得以安全、稳定进行的网络技术因素，以及影响交易活动的社会道德水平高低、明确的法律规范等环境因素。董刚[25]指出“商家声誉”“商家沟通性”“第三方支付”和“感知电子商务信用状况”对电子商务消费者信任呈现显著的正相关性。鲁耀斌[35]等研究了 B2C 环境下影响消费者网上初始信任的因素，他们选取网站的有用性、易用性、安全、商家的声誉、消费者的信任倾向 5 个因素进行了实证研究，研究证实上述 5 个因素对消费者信任有显著影响。邵兵家和孟宪强[36]也对中国 B2C 电子商务中消费者信任影响因素进行了实证研究，他们认为消费者信任的前置影响因素(简称前因)可以从在线公司本身、公司网站、消费者个体特征以及电子商务环境等 4 个方面进行分析。结果发现影响消费者信任的前因按影响程度从大到小排列分别为：网站隐私保护与安全控制、公司品牌与规模、网站历史、为消费者定制的意愿、网站建议、使用轻松程度、电子商务技术和法律法规的可靠性、家庭收入。其中网站隐私保护与安全控制和公司品牌与规模对消费者信任的影响程度尤为突出，是决定消费者信任程度高低的重要因素。

总结国内外学者得出的影响电子商务网站消费者信任建立的因素，主要涉及 4 个方面：①消费者相关因素，例如网络熟悉度、购物经验、信任倾向等；②商家相关因素，例如声誉、规模等；③第三方因素，例如网站质量、第三方认证等；④电子商务环境因素，例如网络安全、法律法规等[25,37]。

2.2.2　虚拟社区信任影响因素

随着网络平台的快速发展，各种兼具服务网络和社交网络特征的虚拟社区越来越受到用户的喜爱，虚拟社区的种类也逐渐增多，如电子商务型、社交型、生活型和学习型。虚拟社区中的信任影响因素逐渐成为国内外学者研究的热点问题。

在各种虚拟社区环境下，研究者给出不同的信任影响因素模型和研究结论。于建红[38]通过对比网上的三种信任模型，提出虚拟社区信任机制的信任前因是虚拟社区成员透露个人信息的意愿、个人自身的信任倾向、感知的反应、虚拟社区成员线下的活动和在虚拟社区中的愉悦感。张喜征[39]发现，虚拟社区的信任源自对虚拟社区规则和制度的信任、对虚拟社区的认同和对虚拟社区的归属感，虚拟社区信任的基础来自认知以及虚拟社区其他成员所表现出来的个人能力与友善。宋源[40]通过实证研究发现正直、能力、善意、信任倾向、领导有效性、目标明确性、任务依赖性、组织制度保障性、组织愿景都对虚拟团队信任有显著影响。钱明辉[41]通过文献整理，他认为虚拟社区在线信任的影响因素涉及虚拟社区成员的认知基础、理性分析、人格特质以及虚拟社区组织的管理特征四个方面。还有学者提出熟悉度、感知相似性、虚拟社区界面友好性对虚拟社区的信任也存在一定程度的影响[24]。Wu 等[42]认为以往的虚拟社区互动的满意度和网站隐私政策能显著提高成员的信任程度。孙延红等[43]的实证研究证实了社会网络特征（网络规模、网络位置、网络密度、关系强度）也能促进用户社区信任的建立。Wang[44]结合成员特性和社区特性，分析了虚拟社区信任的影响因素，认为关联性和互惠性是影响成员信任的关键因素，响应性和主动控制则是建立系统信任的重要因素。针对网络社群信任影响因素，邹昊[45]提出社群认同、社群成员关系、社群成员互动性、社群保障制度、社群愿景这几个方面会影响网络社群的信任。刘楠[46]认为微信朋友圈的信任影响因素是从三个层面考虑的，分别是：施信者自身层面（用户相似性、网络经验、自我表露、感知有用性），被信者层面（圈层信任、社会临场感），系统环境特征（网络安全设置、组织声望、感知易用性）。

在虚拟学习社区或知识分享类虚拟社区中，信任的影响因素有其特殊性。林瑶[24]通过实证研究，发现虚拟学习社区中影响信任的因素是从社区网站、个人因素、成员因素这三个维度去考虑的。郑伟伟[47]认为在虚拟学术社区中，信任的影响因素包含用户对社区系统的安全性感知、知识质量、个人动机和获得一定程度的声誉。Luyan 等[48]提出，在线付费知识平台中影响信任的因素为功能价值（知识价值、价格效用），情绪价值（感到快乐、焦虑缓解），社会价值（社交知识形象的表达、社交关系的支持）。宁欢[49]基于 S-O-R 研究范式，认为虚拟学习社区中影响信任的因素是信息体验、互动体验、娱乐体验和社交体验。

虚拟社区中，信任的建立和生成对社区良性发展有一定的促进作用，研究者研究了信任对社区发展的影响作用。Lu[50]基于信任的形成机制，发现信任会积极影响社区用户的信息获取意愿和付费意愿，认为社交互动所产生的用户信任可以转移到社交网络上的商业交易中，从而正向影响用户的付费意愿。Chen[51]以用户为教师等专业人士的虚拟社区为研究背景，控制了技术支持因素后，发现虚拟社区信任会影响教师知识共享的意图，从而提高其知识共享行为。

2.2.3　虚拟社区信任影响因素研究结论的不一致性

通过对虚拟社区中信任的影响因素的梳理，不难发现，研究者对虚拟社区中信任影响因素的研究已经取得了丰硕的成果，但不同研究得到的信任影响因素具有不一致性。这种情况虽然是不同社区特点造成的，但对于相似类型的虚拟社区，不一致的信任影响因素的结论对信任的后续研究和应用不利。因此，有必要采用元分析方法，对已有的虚拟社区在线信任相关实证研究进行定量分析，一方面能够系统地梳理虚拟社区在线信任的前因后果，另一方面可以检验和分析导致这些实证研究结果不一致的调节因素，从而为后续的研究提供可靠的综合研究结论，为虚拟社区管理者提供信任管理优化的决策依据。

元分析方法是对以往研究的再分析，是以整合已有的结论为目的，对收集的大量个别研究结果进行的一种再统计分析，可以从同一研究主题不一致的单项研究结果中发现普遍性、较为一致的结论[52-53]。它是有效的量化研究手段，尤其是处理大量不一致的研究结果时更能凸显其优势。目前，这种研究方法在心理学、管理学、教育学领域得到普遍的认可和使用，是一种有效的评价性研究方法[54]。借助元分析本身具有的优势，经过不断地完善内容，可以弥补传统文献综述的不足。相对于传统文献综述，元分析表现的优势有以下几点。

(1) 客观性。元分析最大的优势是能为实验结果提供大量的客观数据，更能体现科学性、系统性和客观性[55]。元分析不会对研究结果做出事先的判断和推测，而是对各个研究结果进行统计并整合，最后通过检验得出研究结论，这样可以避免常见的主观性错误。

(2) 全面性。可以多方面整合不一样的研究结论，允许通过综述大量的文献得出比较客观的结论。元分析本质上是对许多具有相同的研究目的，而研究结果存在差异的研究进行整合，之后再分析合并效应的过程[56]。

(3) 可信性和有效性。单项研究得出的结论往往缺少普适性，元分析方法可以总结多个有关研究的结论，这样可以排除单项研究中存在的一些误差。当样本越大，统计有关研究越多，研究结论的误差就会越少，其可信性和有效性便会越高。

2.3　虚拟社区信任影响因素的元分析

2.3.1　元分析简介

元分析(Meta-analysis)又称荟萃分析或汇总分析，它是对相同目的的多个独立研究结果进行系统分析、定量综合的一种研究方法。“Meta”一词来源于希腊语的“after”，是指对至少两个初始数据集合的分析，任意初始数据集都必须被发表或被讨论过[56]，元分析的实质就是对初始数据集分析结果的再分析，目的是证实之前的研究发现或解决新的问题[57]。简单来说，元分析的本质就是一种文献综述方法，但它又不同于传统的文献综述。传统的文献综述方法是一种叙述性的综述方法，虽然这种综述方法也很有价值，但也有它固有的缺点。例如，传统的文献综述会依靠研究者的主观分析和综合[55]，研究结果在一定程度上是作者的一种主观判断，而且传统的文献综述属于定性分析而不是定量分析。元分析属于量化系统评价，在总结、评价和分析实证研究方面具有明显的科学性，减少了作者在综述时对研究结果的主观性评述。总而言之，元分析是一种合并、总结和评价以往实证研究的统计分析方法，是一种定量的研究综述方法。

元分析研究方法主要运用在医学、社会科学以及图书情报学领域[57]。在医学领域，元分析可以综合之前医学学者的实验结果，从而在不增加成本的基础上解决小样本在探究复杂问题时可信度低的问题。因此，很多医学研究者会采用元分析方法来解决医学上的相关问题。自元分析方法正式提出后，社会科学领域的专家也逐渐开始采用该方法进行研究，与医学领域的文献相比，社会科学领域更多关注的是相关的实证研究。元分析方法也经常应用到图书情报学领域中，以此去探究信息检索与用户需求以及查新结果的准确性等相关问题。

目前，已经有很多学者采用元分析方法去定量分析与在线信任相关的实证研究。例如，龚娇[58]等通过收集12篇文献中的27项实证研究并运用元分析方法对社会阶层与信任之间的关系强度进行了检验。Kim[26]等调查了150项涉及在线信任的实证研究，并使用元分析方法总结了电子商务环境中在线信任的影响因素和调节因素。王红丽[59]等对国外已有信任研究中的79篇文献涉及的信任前置因素和后置结果进行了元分析，得出信任倾向、正直、能力、善意对信任有显著的影响关系。由此可见，现有研究比较偏重于对在线信任关系的检验，或者多关注于一些特定的问题领域，还没有纳入非商务交易型虚拟社区环境中在线信任的实证研究。

很多涉及虚拟社区中在线信任影响因素的相关研究已经产生了不一致的结果，例如，在一项研究中[60]，感知有用性对在线信任有显著的积极影响，但在其他研究的结论中[61]感知有用性的影响并不显著。再如，在温俊豪[62]的研究中，互动特征不会影响在线信任，然而在其他研究中[63-64]，互动对信任都有显著的积极影响。这些大量相关且不一致的实证研究为信任的进一步研究和应用带来了障碍，却为元分析方法提供了一定的条件。采用元分析研究方法去定量分析虚拟社区中在线信任关系，系统梳理虚拟社区在线信任的前置因素和后置因素，在此基础上构建在线信任影响因素研究模型并对其进行详细分析。

2.3.2 虚拟社区在线信任影响因素模型

通过对虚拟社区在线信任影响因素的相关文献的梳理，不难发现，影响信任的因素都集中在个体差异、用户体验特征、社区特征以及环境特征这四个模块里，为此，构建了在线信任的影响因素模型，如图2-1所示。

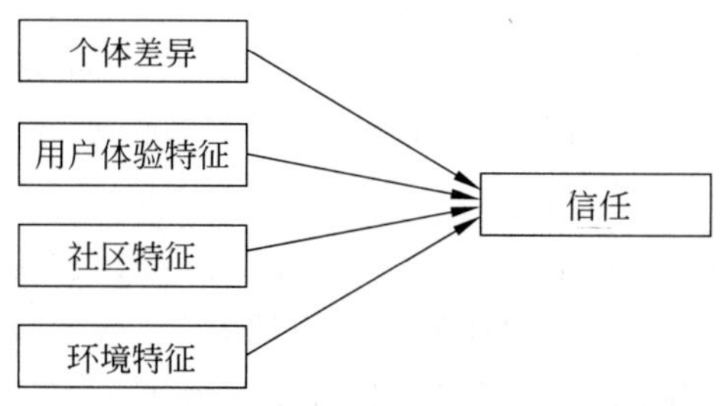

图2-1 虚拟社区在线信任影响因素模型

在该影响因素模型中，个体差异模块包括信任实体的人口统计学和性格变量。从文献分析可以看出，信任倾向是在线信任的一个经常被研究的前置因素。然而，除信任倾向外的其他个体差异因素研究相对较少，因此，还需要对其他个体差异因素进行定量分析。用户体验特征是社区用户在使用该社区时所感受到的关于风险、社区有用性和易用性等的一些体验，毋庸置疑，这些用户能切身感受到的体验感会影响用户的信任。社区本身的一些特征也是影响在线信任的重要因素，除此之外，社区所营造的环境特征也会影响在线信任。

除了有很多因素会影响在线信任外，同样，在线信任也会影响用户的一些行为，例如用户的使用意愿、付费意愿、知识共享等。在线信任除了影响用户的一些行为外，还会影响用户对社区的态度以及满意度。自我效能感是社会认知理论的一个重要内容，它是指个体在完成一项任务时，评价自己是否有能力完成一个特定的目标，是否有信念完成目标[65]。在虚拟社区中，信任是一个重要的环境因素，用户的自我效能感是一个个体因素。在社会认知理论中，环境因素会影响个体因素[66]，并且有研究[67]表明，信任对自我效能感有着非常显著的影响，由此可见，在线信任会对用户的自我效能感产生一定的影响。综合上述研究分析，我们构建了如图 2-2 所示的虚拟社区在线信任后置因素模型。

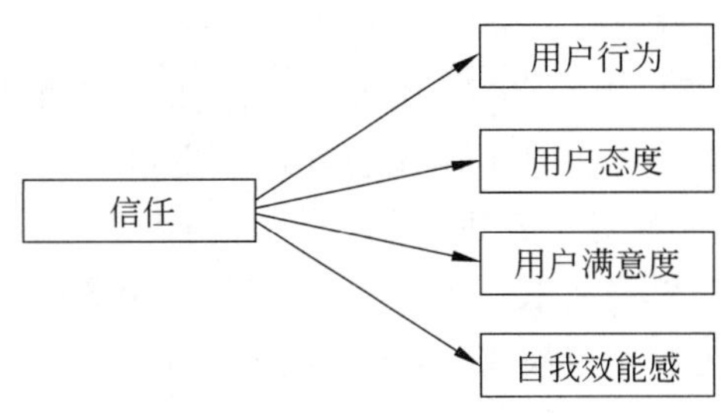

图 2-2 虚拟社区在线信任后置因素模型

2.3.3 虚拟社区在线信任影响因素的元分析

为了消除虚拟社区在线信任影响因素研究结论不一致的问题，采用元分析方法，对现有研究进行定量分析。在非商务交易类虚拟社区这一情境中，根据在线信任前置影响因素和后置影响因素的相关研究，设计了虚拟社区在线信任的影响因素模型，系统梳理虚拟社区在线信任的前置因素和后置因素，在此基础上构建出包含 16 个前置变量及 5 个后置变量的在线信任影响因素研究模型。通过元分析得出各个影响因素的显著性表现，并通过异质性分析和分组分析检验可能存在的调节变量，揭示不同实证研究之间存在差异的原因。

1. 收集和选择样本数据

首先对虚拟社区在线信任影响因素研究所涉及的国内外文献进行了全面检索。检索的中文数据库包括百度学术、知网、万方、维普、超星期刊以及中国港澳台地区的香港大学学术库、台湾华艺文献数据库、“中央研究院”图书馆、澳门期刊论文索引等；英文数据库包括谷歌学术、WoS、Wiley、Springer、ScienceDirect（Elsevier）、Taylor&Francis、Scopus 等。这些数据库拥有比较全面的文献资源，能更加系统地检索到与在线信任相关的研究。

检索时，以“信任”“信誉”“信用”“可信度”“可信性”等为在线信任检索词，以“在线社区”“虚拟社区”“网站”“网络”“在线平台”等为虚拟社区检索词。为了保证检索到的文献符合本研究对虚拟社区这个研究情境的界定，在检索时加上“知识共享”“信息共享”“教育”“学习”“教学”“问答”等限定词。在检索英文数据库时，则根据英文用语特征与习惯，转换为相应的英文检索词进行检索。中国港澳台地区的数据库则相应地使用繁体字或直接使用英文来辅助检索。除此之外，本研究还检索了会议论文和学位论文数据库，这包括 INFORMS、国际信息系统会议及 ProQuest 学位论文全文数据库。

将检索时间限定在 2000 年到 2019 年，对这期间发表的论文进行彻底审查，以确定是否为实证研究，是否包含在线信任及其前置变量和后置变量作为测量变量。通过检索共

获取到 282 篇文献,再阅读摘要和正文,选择适合的元分析样本。筛选符合需要的元分析研究文献的标准如下:

(1) 文献必须是实证研究,排除理论性研究和综述性论文等文献。

(2) 保证样本的独立性,即必须是不包含相同样本的独立研究,那些使用了与另一论文相同数据集的文献要排除在外。

(3) 文献研究的对象必须是非商务交易类虚拟社区中的在线信任,那些仅衡量对互联网的信任,或仅衡量知识共享或信息共享的线下信任,或者研究的是电子商务中的在线信任,这类研究都被排除在外。

(4) 文献中必须报告元分析所必需的统计数据。那些只报告了来自多元模型结果的数据要舍弃,这是因为目前元分析方法还无法处理多变量之间的关系。

根据上述排除与纳入标准对文献进行筛选之后,有 176 篇论文因其中一个或多个原因被排除在外,剩下 106 篇相关文献。由于在提取文献相关信息时发现有 2 篇同样的研究,且有 5 篇文献对线上线下界定模糊,故最终纳入元分析的文献共 100 篇,包括 49 篇中文和 51 篇英文。这些文献中报告了共计 102 项独立研究,所有研究的总样本量为 34 082,每篇文献的样本量从 20 到 1200 不等,这为元分析提供了丰富的研究样本数据。

2. 构建虚拟社区在线信任影响因素研究模型

本研究将最终纳入元分析的 100 篇文献进行相关信息提取,根据所有的样本数据识别了直接影响在线信任的 27 个前置因素和在线信任直接影响的 13 个后置因素,选择出现频次大于 2 且对虚拟社区有意义的因素来构建本研究的研究模型。最终构建出包含 16 个前置因素及 5 个后置因素的虚拟社区在线信任影响因素研究模型,如图 2-3 所示。另外,本研究对这些前置因素进行了分类,将它们划分到不同的模块,以显得有逻辑和便于分析。

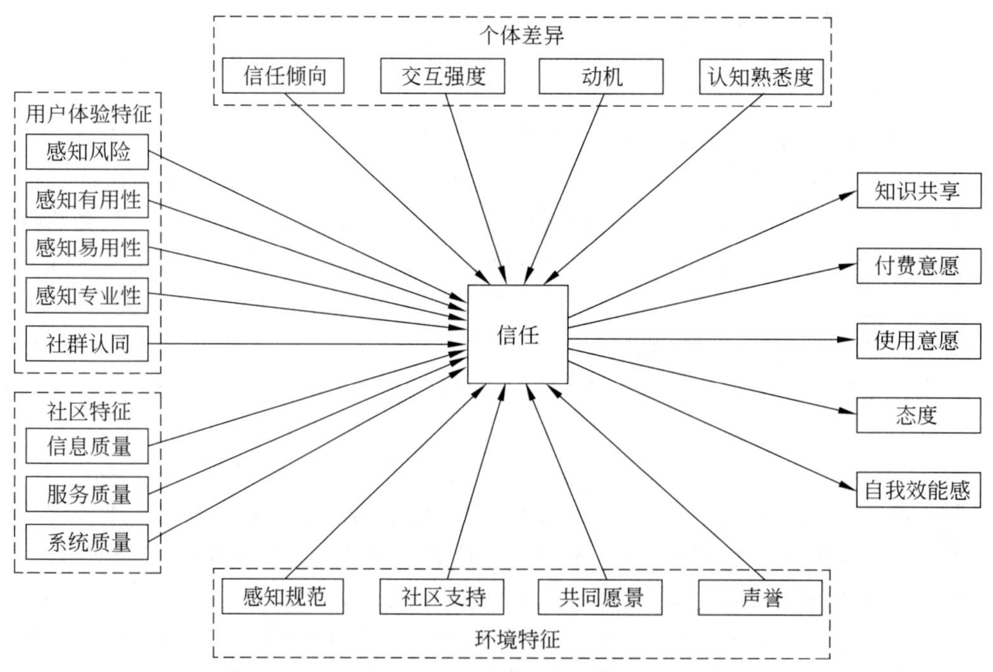

图 2-3 虚拟社区在线信任影响因素研究模型

从图 2-3 中可见，个体差异包含信任倾向、交互强度、动机和认知熟悉度。信任倾向与个人的差异有关，由于各自的生活经验、个性特点和文化背景不同，人们会选择倾向于信任自己愿意相信的一方[68]。一些用户有信任的倾向，而另一些则持怀疑态度，信任倾向与个人的特定心理有关。交互强度是用户与他人之间的互动关系，从强烈的、主要的到微弱的，有不同层次[69]。交互强度跟个人的差异有一定的关联，个人的人际关系、社会关系和性格特征不同会导致用户之间的交互强度有所不同。动机这个范畴主要指用户参与虚拟社区的目的，动机因人而异，也属于个体差异层面。认知熟悉度是对事物内涵及价值的认识和理解程度，信任是对事物的熟悉程度而产生的，而每个人对事物的认识和理解都不相同。

用户体验特征包含感知风险、感知有用性、感知易用性、感知专业性和社群认同。其中感知风险、感知有用性、感知易用性和感知专业性都是用户参与虚拟社区后对其的体验，用户能感受到的对自己隐私信息的风险性，感觉到系统对自己有帮助和有用性，感知到的社区界面设计的合理性与易于操作，感知到社区成员的专业性，这些感知都属于用户的一种自身体验。社群认同是人们把自己看作在线社群中的一员并感到与其他成员有情感上的联系的感觉[70]，是一种参与到虚拟社区中的归属感体验。

社区特征包含信息质量、服务质量和系统质量。信息质量反映了一个社区的信息的及时性、准确性和相关性[71]。服务质量反映了社区提供的服务的可靠性、响应性和个性化[72]。用户通常希望从社区获得及时响应的和可靠的服务。当这些期望得到满足时，他们可能会产生对社区的信任。相反，如果用户需要等待较长的响应时间，他们很难对社区建立信任。系统质量反映了社区平台的访问速度、导航和视觉吸引力[72]，系统质量可能形成用户对社区的最初印象。如果一个社区访问速度慢、导航差，用户可能会发现难以使用，并对社区的可信度产生较低的评价[73]。

环境特征包括感知规范、社区支持、共同愿景和声誉。感知规范包括主观规范和互惠规范，其中互惠规范指一方(即传送方)将某种资源给予另一方(即接收方)，接收方有责任给予传送方回报这一过程的一系列社会规则[74]，主观规范指个体身边重要的人或团体对个体采取某种行为的看法和施与的压力[75]。感知规范其实是虚拟社区环境营造的一些“规则”。社区支持包括信息支持和情感支持，信息支持是指用户在信息交换过程中收获的信息能够满足认知需求的程度；情感支持是指其在社会互动过程中受关心、安慰、鼓励和陪伴等情感需求被重视和满足的程度[76]。Hsu 等[77]确定拥有共同价值观和目标所代表的共同愿景的存在有利于信任的发展，他们认为，当个人相信他们是为了一个共同的目标而工作时，他们通常会相信其他人不会为了私利而故意利用他们。声誉这个范畴主要包括认证声誉、积分声誉、名望声誉，它和社区支持、共同愿景一样属于虚拟社区所营造出的一种“美好”的环境氛围，是对社区用户的名誉激励。

3. 编码与分析过程

1）效应值的选取与转换

综合考虑检索到的有效文献报告统计量的情况，本研究选取相关系数 r 作为效应量的值。若有效文献报告的统计量为相关系数 r，则直接使用相关系数的值作为该项研究的效应值。若有效文献报告的统计量为采用回归分析所得的非标准化回归系数 B 或采用含潜变量的结构方程模型所得的非标准化路径系数 E，根据元分析效应值的计算方法，将 B 或 E 等同于相关系数 r[78]。若有效文献报告的统计量为采用回归分析所得的标准化回归系数 SB，则采用 Peterson[78] 的公式进行转换，即

$$r=\begin{cases}SB\times 0.98+0.05, & SB\geqslant 0\\ SB\times 0.98, & SB<0\end{cases}$$

其中，SB 为标准化回归系数，SB 的范围应为 $-0.5\sim 0.5$。若有效文献报告的统计量为采用含潜变量的结构方程模型所得的标准化路径系数 SE，则采用 Bowman[79] 的公式进行转换，即

$$r=SE\times\sqrt{a\times b}$$

其中，SE 为标准化路径系数，a 和 b 分别为自变量和因变量的测量信度。

2）分析模型选择

元分析包括两种估计模型，分别是固定效应模型和随机效应模型。当研究涉及某一固定范围的变量时，就可以假设为同一总体，可以用固定效应模型，例如研究范围为某一医院、学校或其他机构时。需要注意的是，这种模型得出的结论不能代表总体，如果想要推广到总体，则需采用随机效应模型。

在异质性检验方面，由于本研究的效应值来自不同的“总体”，因此，本研究采用随机效应模型进行基于 Q 统计值的分析。如果各研究之间的异质性很小，随机效应模型和固定效应模型 2 种模型的效应值不会有很大差别，但如果异质性很大时，就只能使用随机效应模型。从后面的分析结果可以看出，采用随机效应模型是正确的。

3）潜在调节变量编码

为了探究方法特征是否影响元分析中所调查的影响关系，将 5 个共同的方法特征编码为潜在的调节变量，分别为样本量、样本类型、性别样本、样本文化和社区类型，检验它们对在线信任及其前置变量和后置变量之间的各自影响关系。为了便于潜在调节变量之间的解释和比较，所有潜在调节变量都被编码为二分变量。

（1）样本量。通过对相关领域研究的系统回顾，发现较大的样本量往往比较小的样本量具有更小的影响[80]。较小样本中的效果大小具有更大的可变性，因此，较小的样本量需要较大的效果才能获得统计显著性[80]。此外，当小样本产生不显著的影响时，结果可能会被审查者拒绝，或者永远不会向公众公布[81]。因此，已发表的较小样本量的研究倾向于报告显著且夸大的效应大小。对于大样本研究，非显著效应通常是一个有力的指标，表明不存在“真实”关系，更有可能被公布。对于本研究，所有研究的中值样本量（$N=307$）用于形成 2 个亚组：大于 307 名研究参与者的样本编码为“A”，小于等于 307 名研究参与者的样本编码为“B”。

（2）样本类型。研究人员经常使用学生样本，例如，Walczuch 和 Lundgren[82] 主张利用学生进行线上的相关研究，因为他们在互联网上非常活跃。然而，某些条件表明，学生和非学生在虚拟社区信任方面可能存在差异[83]。先前的元分析表明，平均而言，使用学生样本比使用非学生样本导致变量之间的相关性更高[84]。因此，本研究将样本类型作为

调节变量，把学生样本编码为“A”，而那些非学生样本编码为“B”。

（3）性别样本。研究普遍表明，男性比女性更有可能信任其他组织[85]，女性对不确定性和风险更加警惕[86]。在一项涉及性别和网络信任的研究中，男性对网上付费活动的信任程度高于女性[87]，尽管另一项研究显示，性别之间的信任没有显著差异[88]。由于研究样本通常都包括男性和女性，所以不可能按性别对样本本身进行编码，为了解决这个问题，Griffeth 等[89]提出了一种方法来编码性别差异：采用超过 50％的男性或女性参与者来进行性别样本的编码，即男性大于 50％的样本编码为“A”；女性大于 50％的样本编码为“B”。

（4）样本文化。个人主义和集体主义作为表示国家或民族文化的一个重要维度，涉及社会成员如何看待他们自己的利益和集体的利益[90]，现已被广泛应用于解释不同国家的人们在行为上的文化差异[91]。具体来说，一个样本是来自个人主义文化还是集体主义文化，都会影响到涉及在线信任的成对关系中的效果大小。有研究者[92]指出，生活在集体主义社会的个人往往比生活在个人主义社会的个人更难产生信任。因此，与使用集体主义文化的样本（编码为“A”）相比，使用来自个人主义文化的样本（编码为“B”）可能对在线信任相关关系产生更大的影响。以样本文化作为调节变量，根据样本来自的国家文化特征属于集体主义或个人主义进行划分，划分依据为 Hofstede[93]的个人主义和集体主义维度，以及 Minkov[94]等修正后对各个国家在相应维度的测算得分。

（5）社区类型。本研究将虚拟社区类型作为影响在线信任成对关系的调节变量，Hagel 和 Armstrong[95]把虚拟社区划分为兴趣型虚拟社区、幻想型虚拟社区、交易型虚拟社区和关系型虚拟社区等 4 种类型。其中关系型虚拟社区是基于现实生活中的社会关系而建立起来的，以互联网为平台，以人际交流为纽带，社区用户之间进行信息共享和互动交流，最终形成具有一定社会人际关系的网络社区，例如常用的微博、微信以及各类社交网站[96]。关系型虚拟社区更强调成员之间的社会关系，而且这种社会关系很多是以线下的相互熟识为基础的，正是由于这一点，人们可能会更容易对关系型虚拟社区产生信任。而对于非关系型虚拟社区，人们在现实世界不相熟识，不知道将要发生什么，对社区行为和发展具有更大的不确定性，从而对非关系型虚拟社区的信任持保守态度。在分组编码时，关系型社区编码为“A”，如以信息交换为主的社交网站。其他不是关系型社区的，均纳入非关系型社区，编码为“B”，如以科学知识交流为目的的研究社区、以日常生活问题解决为目的的休闲社区等。

4. 研究结果

1）样本编码结果

最终的样本数据包括发表时间在 2000—2019 年之间的 49 篇中文文献和 51 篇英文文献。大部分研究样本来自中国大陆，所有的论文均使用了问卷调查法，根据所有的样本数据识别了直接影响在线信任的 27 个前置因素和在线信任直接影响的 13 个后置因素。选择出现频次大于 2 且对虚拟社区有意义的因素进行元分析，即根据图 2-3 所示研究模型里的前、后置因素进行元分析。表 2-1 和表 2-2 分别展示了在线信任与其前置因素以及在线信任与其后置因素之间的整体元分析统计结果。

表 2-1　在线信任的前置因素及其元分析统计结果

变　　量	k	N	r	95%置信区间	显著性检测		Q	df($n-1$)	Fail-safe N
					Z-value	P-value			
交互强度	27	7822	0.441	0.370,0.507	10.838	0.000	381.192***	26	1606
信任倾向	11	3848	0.467	0.370,0.555	8.368	0.000	134.444***	10	2481
动机	3	912	0.565	0.214,0.787	2.966	0.003	78.687***	2	322
认知熟悉度	6	2474	0.390	0.279,0.490	6.463	0.000	47.699***	5	588
感知风险	9	4040	−0.342	−0.551,−0.092	−2.650	0.008	563.039***	8	1120
感知有用性	8	2254	0.490	0.380,0.586	7.723	0.000	71.404***	7	1304
感知易用性	10	1863	0.444	0.244,0.608	4.102	0.000	201.877***	9	1188
感知专业性	3	1029	0.504	0.110,0.761	2.449	0.014	98.767***	2	198
社群认同	3	1053	0.587	0.439,0.704	6.519	0.000	21.223***	2	380
信息质量	19	5019	0.531	0.429,0.618	8.799	0.000	385.718***	18	7522
服务质量	7	2166	0.520	0.402,0.620	7.521	0.000	73.637***	6	1245
系统质量	4	1154	0.377	0.033,0.641	2.137	0.033	114.983***	3	195
感知规范	10	2994	0.479	0.386,0.563	8.910	0.000	87.217***	9	2034
社区支持	10	3727	0.501	0.381,0.604	7.227	0.000	190.870***	9	2792
共同愿景	5	2481	0.561	0.384,0.699	5.403	0.000	117.074***	4	1257
声誉	10	2593	0.473	0.323,0.600	5.617	0.000	191.958***	9	1776

注：k＝样本数量；N＝k 个研究的累积样本数量；r＝根据样本大小修正后的加权平均相关系数；95%置信区间＝置信区间下限值与上限值；Z-value＝测试为空时的 Z 值(2－tail)；P-value＝测试为空时的 P 值(2－tail)；Fail-safe N＝可能导致 P 值大于 alpha 的缺失研究的数量。表 2-2 同。

表 2-2　在线信任的后置因素及其元分析统计结果

变　　量	k	N	r	95%置信区间	显著性检测		Q	df($n-1$)	Fail-safe N
					Z-value	P-value			
知识共享	21	6663	0.441	0.352,0.523	8.735	0.000	382.546***	20	7749
付费意愿	12	4237	0.549	0.407,0.665	6.531	0.000	402.677***	11	4916
使用意愿	7	1898	0.617	0.439,0.749	5.659	0.000	181.347***	6	1833
态度	5	1917	0.678	0.493,0.804	5.671	0.000	154.735***	4	1647
自我效能感	5	1279	0.431	0.347,0.509	9.103	0.000	12.685*	4	341

2）发表偏倚

发表偏倚是元分析方法中常见的系统错误，指有显著意义的研究成果比没有显著意义的研究成果的发表可能性更大的一种倾向[97]。本研究选用漏斗图和失安全系数(Fail-safe N)来评估发表偏倚情况。经过分析,发现每一对关系的漏斗图效应值散点均比较对称地分布在平均效应值两侧,其中,交互强度与在线信任这种关系的漏斗图如图 2-4 所示,这初步说明了这对关系受到发表偏倚的影响较小。本研究还为每一对关系计算了失安全系数,根据 Rosenthal 的建议,Fail-safe N 的值应该大于[5×研究的数量+10]所获得的值[98]。失安全系数的值越小,则表明元分析中包括的效应量存在偏倚,因为确定的研究大多都包含显著结果。从表 2-1 和表 2-2 可以看出,所有变量的 Fail-safe N 值均大于推荐值。因此,可以认为,本研究所识别的所有在线信任与其前置因素以及在线信任与其后置因素之间的关系都是稳健的,不太可能受到发表偏倚的影响。

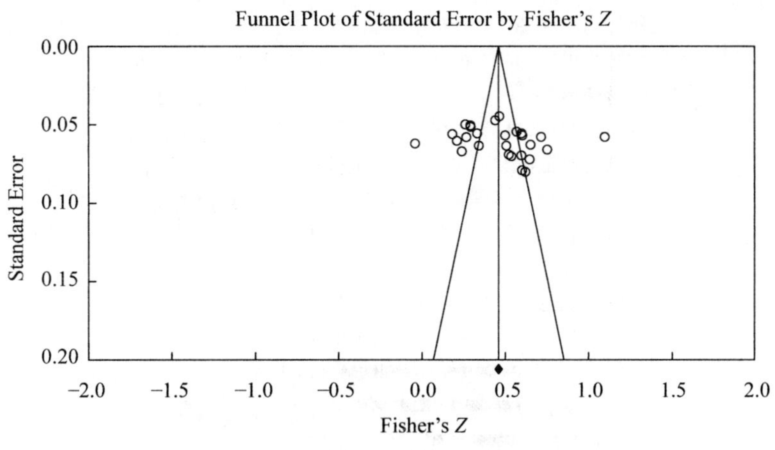

图 2-4　交互强度与在线信任关系漏斗图

3) 关系强度

在元分析研究中,以相关系数作为估计指标的效应量临界值的划分标准有很多种,综合考虑本研究的研究内容及研究情境,采用获得广泛认可的 Cohen J[99] 提出的划分标准来解释各变量之间的关系强度。在 Cohen J 的标准中,当效应值大于 0.1 时,认为具有低显著性;当效应值大于 0.3 时,认为是一般显著;当效应值大于 0.5 时,认为具有高显著性。

从表 2-1 可见,所有前置因素与在线信任之间的关系在 0.05 的水平上都是统计显著的,且所有 95%置信区间均不包含 0。表 2-1 中各变量的显著性表现可视化为图 2-5(前 16 个因素),其中,个体差异层面只有动机(0.565)与在线信任的关系是高度显著的,信任倾向(0.467)、交互强度(0.441)及认知熟悉度(0.390)都具有一般显著性;用户体验特征中的社群认同(0.587)和感知专业性(0.504)对在线信任的影响是高度显著的,感知有用性(0.490)和感知易用性(0.444)具有中显著性,而感知风险(−0.342)与在线信任之间的关系是负向的,即感知风险对在线信任有中等的负向影响;社区特征中的信息质量(0.531)和服务质量(0.520)与在线信任的关系是高度显著的,系统质量(0.377)则具有一般显著性;对于环境特征这个层面而言,共同愿景(0.561)与社区支持(0.501)对在线信任的影响具有高显著性,而感知规范(0.479)和声誉(0.473)具有中等影响。

从表 2-2 可见,在线信任与所有后置因素之间的关系在 0.001 的水平上都是统计显著的,且所有 95%置信区间的下限值均大于 0。表 2-2 中各变量的显著性表现可视化为

图 2-5(后 5 个因素),其中,在线信任对态度(0.678)、使用意愿(0.617)以及付费意愿(0.549)有高度的积极影响,而在线信任对知识共享(0.441)和自我效能感(0.431)有中等的积极影响。

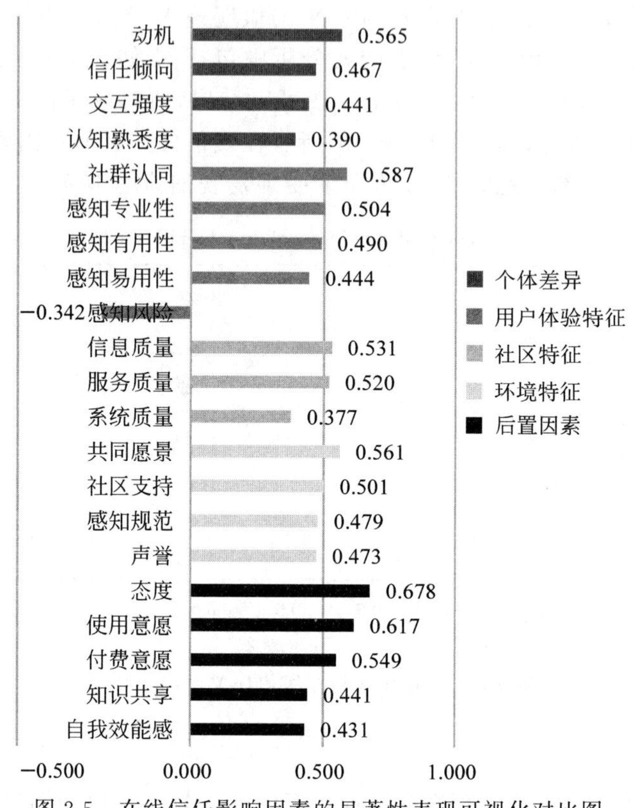

图 2-5 在线信任影响因素的显著性表现可视化对比图

4) 异质性检验及其调节变量分析

表 2-1 和表 2-2 中报告了 Q 统计值的结果,从中可以看出,在线信任与其前置因素和后置因素之间的关系存在显著的异质性。这种效应大小的异质性表明,这些变量的效应值所具有的异质性不仅来源于样本误差的期望变量,而且也来自于不同研究之间的方法特征。因此,评估 5 个潜在调节变量的可能影响是有道理的。后续将进一步根据方法特征对这些研究进行分组分析,从而找出引起这些研究结果之间存在异质性的调节变量。具体而言,本研究的随机效应分析涉及 11 个前置因素和 2 个后置因素的在线信任影响关系,这些分析没有包含系统质量、共同愿景、感知专业性、动机、社群认同、使用意愿、态度、自我效能感与在线信任关系的影响。简言之,研究了 13 种在线信任影响关系的可能调节效应。

(1) 样本量作为调节因素。

表 2-3 为将样本量作为调节因素时,在线信任与部分前置变量和后置变量(根据调节变量分组后每个亚组所对应的样本数量大于等于 3)的分析结果。

表 2-3　样本量作为调节变量的分析结果

变量		调节变量	k	r	P	95%置信区间	Q	Q_B	Q_W
前置变量	交互强度	>307	11	0.390	0.000	0.317,0.460	73.961***	21.208***	359.985***
		≤307	16	0.475	0.000	0.360,0.577	286.024***		
	信息质量	>307	10	0.497	0.000	0.356,0.616	262.716***	13.047***	372.670***
		≤307	9	0.569	0.000	0.407,0.696	109.954***		
	信任倾向	>307	5	0.407	0.000	0.256,0.539	70.439***	18.206***	116.238***
		≤307	6	0.516	0.000	0.390,0.624	45.799***		
	感知规范	>307	6	0.526	0.000	0.449,0.595	30.436***	17.359***	69.858***
		≤307	4	0.398	0.004	0.130,0.611	39.422***		
	感知有用性	>307	4	0.574	0.000	0.501,0.639	12.300**	44.383***	27.021***
		≤307	4	0.382	0.000	0.230,0.516	14.721**		
	服务质量	>307	3	0.449	0.001	0.189,0.650	53.025***	7.713**	65.924***
		≤307	4	0.569	0.000	0.472,0.653	12.899**		
后置变量	知识共享	>307	10	0.428	0.000	0.321,0.524	145.007***	7.138**	375.409***
		≤307	11	0.453	0.000	0.293,0.588	230.402***		
	付费意愿	>307	6	0.582	0.000	0.426,0.705	167.942***	7.943**	394.734***
		≤307	6	0.513	0.003	0.194,0.733	226.792***		

注：k=样本数量；$n=k$ 个研究的累积样本数量；r=根据样本大小修正后的加权平均相关系数；95%置信区间=置信区间下限值与上限值；P=测试为空时的 P 值(2－tail)；Q=Q 统计值；Q_B=研究间的 Q 统计值；Q_W=研究内的 Q 统计值；* $P<0.05$，** $P<0.01$，*** $P<0.001$。表 2-4～表 2-7 中表格项的定义同本表。

从表 2-3 可以看出，当样本量作为调节变量时，虽然每个变量分组后亚组的 Q 值都是统计显著的，但所检验的每一个前置因素和后置因素相对应的 Q_B、Q_W 值在 0.01 或 0.001 的水平上也都是显著的。这说明，样本量虽然不能完全解释这些研究结果的异质性，但也起到了一定的调节作用。这些研究的异质性可能还来源于其他潜在调节变量的影响或来源于研究内的随机误差。从相关关系强度来看，与样本量较多的相比，样本量较少的在线信任与交互强度、信息质量、信任倾向、服务质量及知识共享之间的相关性更强一些，而感知规范、感知有用性、付费意愿则相反。

(2) 样本类型作为调节因素。

为了检验样本类型对在线信任关系的调节作用，把样本类型分为学生和非学生 2 个亚组，选取每个亚组的样本数量大于等于 3 的变量进行分组分析，结果如表 2-4 所示。

从表 2-4 可以看出，当样本类型作为调节变量时，只有信息质量、感知易用性和知识共享的 Q_B 值在 0.001 的水平上显著，说明样本类型仅在上述 3 个变量与在线信任的影响关系中具有一定的调节作用。与使用非学生样本的研究相比，使用学生样本的研究中，信息质量对在线信任的影响更为显著，但感知易用性和知识共享是相反的。交互强度和感

知规范的 Q_B 值均不显著，这说明样本类型对这两个变量与在线信任的影响关系没有调节作用，它们所具有的研究异质性主要由研究内的随机误差所引起或由其他调节变量来解释。

表 2-4 样本类型作为调节变量的分析结果

变量		调节变量	k	r	P	95%置信区间	Q	Q_B	Q_W
前置变量	交互强度	学生	6	0.432	0.000	0.328，0.526	37.200^{***}	0.434	380.759^{***}
		非学生	19	0.446	0.000	0.353，0.531	300.193^{***}		
	信息质量	学生	6	0.594	0.000	0.485，0.684	28.769^{***}	66.424^{***}	319.294^{***}
		非学生	12	0.526	0.000	0.389，0.641	290.524^{***}		
	感知规范	学生	3	0.511	0.000	0.461，0.557	2.816	1.062	86.156^{***}
		非学生	7	0.463	0.000	0.307，0.594	83.340^{***}		
	感知易用性	学生	3	0.210	0.007	0.059，0.351	0.496	28.462^{***}	173.415^{***}
		非学生	7	0.526	0.000	0.308，0.692	172.918^{***}		
后置变量	知识共享	学生	3	0.390	0.000	0.294，0.478	5.811	47.277^{***}	335.269^{***}
		非学生	16	0.475	0.000	0.368，0.569	323.688^{***}		

(3) 性别样本作为调节因素。

表 2-5 为将性别样本作为调节因素时，在线信任与部分前置变量和后置变量(根据调节变量分组后每个亚组所对应的样本数量大于等于 3)的分析结果。

表 2-5 性别样本作为调节变量的分析结果

变量		调节变量	k	r	P	95%置信区间	Q	Q_B	Q_W
前置变量	交互强度	男>50%	15	0.393	0.000	0.299，0.478	177.687^{***}	46.279^{***}	334.913^{***}
		女>50%	7	0.522	0.000	0.361，0.652	114.813^{***}		
	信息质量	男>50%	6	0.461	0.000	0.276，0.613	121.273^{***}	16.443^{***}	369.274^{***}
		女>50%	11	0.542	0.000	0.390，0.665	217.177^{***}		
	感知风险	男>50%	5	−0.317	0.008	−0.515，−0.086	143.760^{***}	391.220^{***}	171.819^{***}
		女>50%	3	−0.123	0.335	−0.359，0.127	28.059^{***}		
	信任倾向	男>50%	4	0.442	0.000	0.305，0.560	35.532^{***}	13.478^{**}	120.966^{***}
		女>50%	4	0.492	0.000	0.349，0.613	24.113^{***}		
	声誉	男>50%	3	0.556	0.001	0.251，0.760	46.082^{***}	38.401^{***}	153.557^{***}
		女>50%	5	0.493	0.000	0.263，0.670	107.340^{***}		
	感知规范	男>50%	4	0.522	0.000	0.410，0.618	23.107^{***}	4.584^{*}	82.633^{***}
		女>50%	6	0.448	0.000	0.291，0.582	59.526^{***}		

续表

变　量		调节变量	k	r	P	95%置信区间	Q	Q_B	Q_W
前置变量	社区支持	男＞50%	6	0.506	0.000	0.396,0.601	56.927***	0.410	190.460***
		女＞50%	4	0.493	0.003	0.177,0.717	133.533***		
	感知有用性	男＞50%	3	0.543	0.000	0.393,0.664	17.420***	18.240***	53.164***
		女＞50%	5	0.456	0.000	0.309,0.582	35.744***		
	服务质量	男＞50%	3	0.423	0.000	0.241,0.577	19.420***	36.389***	37.248***
		女＞50%	4	0.584	0.000	0.485,0.669	17.828***		
后置变量	知识共享	男＞50%	11	0.411	0.000	0.297,0.513	170.463***	114.945***	267.602***
		女＞50%	7	0.566	0.000	0.434,0.674	92.093***		
	付费意愿	男＞50%	8	0.518	0.000	0.328,0.669	302.512***	74.797***	327.880***
		女＞50%	3	0.488	0.000	0.272,0.657	25.368***		

表 2-5 的结果表明，当性别样本作为调节变量时，除了社区支持外，其余的变量所对应的 Q_B 值均达到了显著水平($P<0.05$)，但由于每个变量分组后亚组的 Q 值也是显著的，所以，性别样本不能完全解释这些研究结果的异质性，但它对这些变量与在线信任的关系确实起到了一定的调节作用，这些研究的异质性可能还来源于其他潜在调节变量的影响。此外，从相关关系的强度来看，在男性样本较多的情况下，感知风险、声誉、感知规范、感知有用性对在线信任的影响更为显著，而交互强度、信息质量、信任倾向、服务质量则是在女性样本较多的情况下对在线信任的影响更为显著。对后置变量而言，在线信任在男性样本较多的情况下对付费意愿的影响更为显著，而知识共享则相反。

(4) 样本文化作为调节因素。

为了检验样本文化对在线信任关系的调节作用，把样本文化分为集体主义和个人主义 2 个亚组，选取每个亚组的样本数量大于等于 3 的变量进行分组分析，结果如表 2-6 所示。

表 2-6　样本文化作为调节变量的分析结果

变　量		调节变量	k	r	P	95%置信区间	Q	Q_B	Q_W
前置变量	交互强度	集体主义	21	0.397	0.000	0.325,0.464	210.584***	86.259***	294.934***
		个人主义	3	0.623	0.000	0.324,0.809	77.519***		
	信息质量	集体主义	16	0.531	0.000	0.419,0.627	385.487***	0.020	385.698***
		个人主义	3	0.523	0.000	0.403,0.626	0.211		
	感知规范	集体主义	7	0.493	0.000	0.389,0.585	49.720***	0.365	86.852***
		个人主义	3	0.440	0.001	0.181,0.642	37.133***		
	感知易用性	集体主义	6	0.562	0.000	0.336,0.727	150.487***	50.589***	151.288***
		个人主义	4	0.238	0.000	0.130,0.340	0.801		

由于样本文化作为调节变量时，所有后置变量进行分组后其中一个亚组的样本数量少于 3，所以这里将只对部分前置变量进行分组分析。从表 2-6 可见，仅交互强度和感知易用性的 Q_B 值在 0.001 的水平上显著，说明样本文化仅在上述两个前置变量对在线信任的影响中具有一定的调节效应，且个人主义文化下交互强度对在线信任的影响更为显著，但感知易用性则在集体主义文化下对在线信任的影响更加显著。而对于信息质量和感知规范这两个前置变量来说，研究的异质性主要来源于研究内的随机误差或来源于其他调节变量的影响，样本文化对其与在线信任之间的关系没有影响。

(5) 社区类型作为调节因素。

表 2-7 为将社区类型作为调节因素时，在线信任与部分前置变量和后置变量(根据调节变量分组后每个亚组所对应的样本数量大于等于 3)的分析结果。

表 2-7　社区类型作为调节变量的分析结果

变量		调节变量	k	r	P	95%置信区间	Q	Q_B	Q_W
前置变量	交互强度	关系型	11	0.433	0.000	0.289，0.558	239.477***	0.195	380.998***
		非关系型	10	0.455	0.000	0.354，0.545	80.305***		
	信息质量	关系型	8	0.629	0.000	0.505，0.728	136.608***	98.361***	287.356***
		非关系型	9	0.467	0.000	0.305，0.603	137.353***		
	感知风险	关系型	6	−0.289	0.142	−0.602，0.099	527.796***	21.449***	541.590***
		非关系型	3	−0.436	0.000	−0.547，−0.310	13.794**		
	信任倾向	关系型	5	0.545	0.000	0.358，0.690	83.487***	32.513***	101.931***
		非关系型	5	0.398	0.000	0.316，0.475	18.443**		
	声誉	关系型	6	0.560	0.000	0.371，0.705	121.439***	62.130***	129.828***
		非关系型	4	0.321	0.000	0.223，0.413	8.389*		
	感知规范	关系型	6	0.475	0.000	0.309，0.613	73.379***	4.703	82.514***
		非关系型	3	0.463	0.000	0.354，0.560	9.135*		
	感知易用性	关系型	4	0.545	0.018	0.105，0.806	140.119***	5.900*	195.977***
		非关系型	6	0.374	0.001	0.163，0.553	55.858***		
	认知熟悉度	关系型	3	0.402	0.006	0.121，0.624	43.464***	0.015	47.684***
		非关系型	3	0.376	0.000	0.310，0.438	4.221		
后置变量	知识共享	关系型	6	0.422	0.000	0.295，0.535	63.660***	13.355**	369.191***
		非关系型	11	0.460	0.000	0.356，0.552	125.618***		

表 2-7 结果表明，当社区类型作为调节变量时，除了交互强度、感知规范和认知熟悉度外，其余的变量所对应的 Q_B 值均达到了显著水平($P<0.05$)，但由于每个变量分组后亚组的 Q 值也是显著的，所以，社区类型不能完全解释这些研究结果的异质性，但它对这

些变量与在线信任的关系确实起到了一定的调节作用,这些研究的异质性可能还来源于其他潜在调节变量的影响。此外,从相关关系的强度来看,与非关系型虚拟社区相比,关系型虚拟社区中信息质量、信任倾向、声誉及感知易用性对在线信任的影响更为显著,而感知风险和知识共享与在线信任的关系则相反。

5. 研究总结与讨论

1) 在线信任关系及其关系强度

元分析由可以有序综合不同研究的经验结果的程序组成,因此,它提倡定量分析。与此同时,元分析有助于确定那些值得更多研究关注的途径。在虚拟社区在线信任的影响因素元分析中,记录了在线信任与前置变量和后置变量之间的几个重要的直接关系,但是鉴于可能存在调节变量在效果大小上观察到的无法解释的异质性,需要进一步研究以识别和检查潜在调节变量对其的影响。

虚拟社区在线信任的影响因素元分析所识别的所有出现频次大于 2 且对虚拟社区研究有意义的前置变量对在线信任都具有显著的正向(负向)影响,但不同的因素对在线信任的影响强度不同,在线信任与其后置变量亦如此,关系强度如图 2-6 所示。

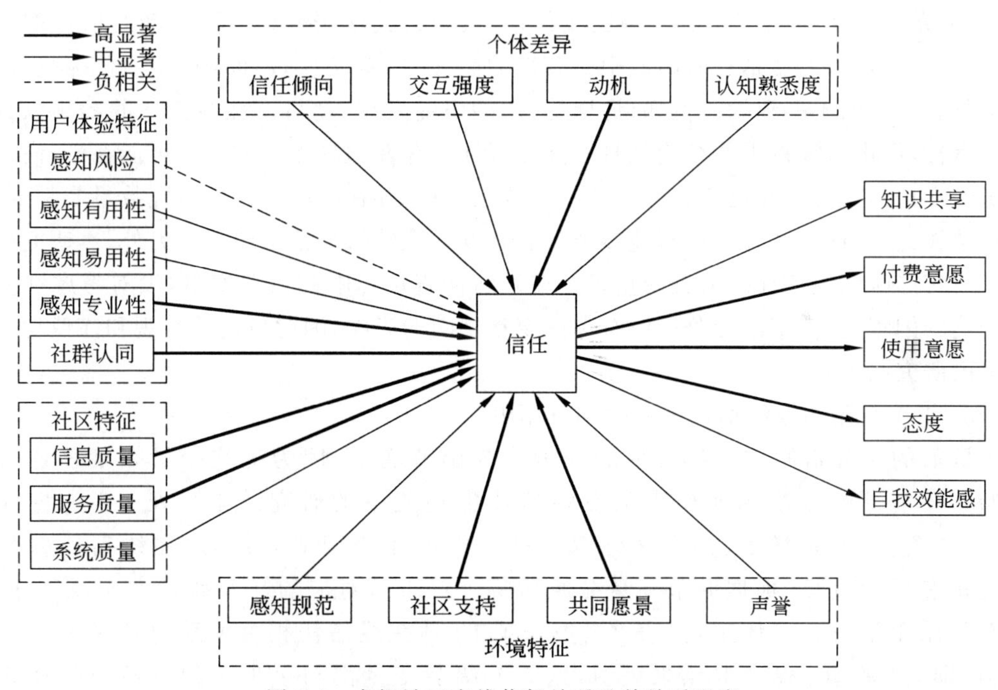

图 2-6　虚拟社区在线信任关系及其关系强度

对于前置变量而言,用户体验特征中的社群认同和感知专业性、社区特征里的信息与服务质量、环境特征里的社区支持和共同愿景、个体差异中的动机对在线信任的影响都是高度显著的,而其他因素具有中显著性,其中,用户体验特征中的感知风险具有中等负向的影响。Kim 等[26]的在线信任元分析研究认为,服务质量与在线信任的关系是高度显著的,这与本研究的研究结果基本一致;该研究还认为,信任倾向虽然与在线信任是显著相关的,但信任倾向在影响在线信任时只具有低显著性,这与本研究通过综合多个实证研究结果后得出的结论不一致。引起这种不一致结果的原因可能在于分析的文献涉及的虚拟社区类型存在差异。Kim 等的研究所分析的文献全部都是电子商务环境,电子商务按照社区类型划分都属于"非关系型社区",而本文所分析的文献除了"非关系型社区"之外,还包括社交媒体这些"关系型社区",这在一定程度上说明了影响虚拟社区在线信任的社区类型差异。对于在线信任的后置变量而言,付费意愿、使用意愿和态度是在线信任影响最显著的三个因素,知识共享和自我效能感与在线信任的关系具有中等程度的显著性。

本研究所识别的前置、后置变量与在线信任的关系均具有中显著性或高显著性,没有低显著性因素的原因可能在于,本文所分析的文献可能没有报告那些与在线信任之间相关性比较低的变量,或前期在识别前置、后置因素时没有把所有因素都纳入本次元分析中。因此,未来的研究应该更加关注那些具有低显著性的因素,进一步研究这些具有低显著性的因素与在线信任之间的关系强度。因为,相较于具有高或中显著性的前置、后置因素而言,具有低显著性的因素更有可能在不同的研究中结果有差异性。例如,在温俊豪[62]的研究中,互动特征不会影响在线信任,然而在其他研究中[63-64]互动对信任都有一定的影响。当然,即使是具有高或中显著性的前置、后置变量,不同研究之间影响程度依然会具有一定的不一致性。例如,许博等[100]的研究发现,动机对在线信任的影响只具有低显著性,而本研究得出的结论是具有高显著性。存在这种差异的原因可能在于,高或中显著性变量的研究之间也存在一定的不一致性,只是存在不一致性的研究数量非常少,在进行整体元分析时,其效应被其他多个具有高度一致的研究给抵消了。另外,本研究只分析了直接影响在线信任的前置变量以及在线信任直接影响的后置变量,没有考虑那些间接影响的因素,且本书的元分析没有考虑变量之间的影响,因此也需要客观和谨慎地解释本书的研究结果。

2) 调节变量对在线信任关系的调节作用

目前的元分析侧重于把常见的变量作为调节变量,因为这些变量在某种意义上反映了可能影响或削弱所研究的在线信任影响关系的研究结果。表 2-8 为将样本量、样本类型、性别样本、样本文化以及社区类型作为调节变量时,在线信任部分前置变量和后置变量(根据调节变量分组后每个亚组所对应的样本数量大于或等于 3)的分析结果汇总。具体来说,表 2-8 报告了 13 种在线信任相关关系的研究间的 Q 统计值,即 Q_B 的值。表 2-8 结果表明,这 5 个调节变量都与至少 2 种被检查的在线信任关系的效果大小显著相关,其中有 3 个调节变量显著影响着 6 种或更多的关系。同时,没有任何调节变量与＜社区支持,在线信任＞、＜认知熟悉度,在线信任＞这两对关系的影响大小显著相关,也就是说,这 5 个调节变量没有对这 2 种关系起到调节作用。在剩余的 11 种在线信任关系中,有 2 个或多个调节变量对这 11 种在线信任影响关系起着调节作用。

表 2-8　调节变量分组分析结果汇总

变量		调节变量(Q_B)				
		样本量	样本类型	性别样本	样本文化	社区类型
前置变量	交互强度	21.208***	0.434	46.279***	86.259***	0.195
	信息质量	13.047***	66.424***	16.443***	0.020	98.361***
	感知风险	—	—	391.220***	—	21.449***
	信任倾向	18.206***	—	13.478**	—	32.513***
	声誉	—	—	38.401***	—	62.130***
	感知规范	17.359***	1.062	4.584*	0.365	4.703
	社区支持	—	—	0.410	—	—
	感知有用性	44.383***	—	18.240***	—	—
	感知易用性	—	28.462***	—	50.589***	5.900*
	服务质量	7.713**	—	36.389***	—	—
	认知熟悉度	—	—	—	—	0.015
后置变量	知识共享	7.138**	47.277***	114.945***	—	13.355**
	付费意愿	7.943**	—	74.797***	—	—

注：样本量(较大＝A，较小＝B)；样本类型(学生＝A，非学生＝B)；性别样本(男性＝A，女性＝B)；样本文化(集体主义＝A，个人主义＝B)；社区类型(关系型社区＝A，非关系型社区＝B)，表 2-9 同。在某些情况下，没有为少于 3 个观察值的亚组的调节变量进行分析。在其他情况下，缺失的效应量太多，无法进行分析。

为了方便理解调节变量调节的结果，将表 2-3～表 2-8 的内容进行了可视化呈现，如表 2-9 所示。

表 2-9　各调节变量的作用效果

	交互强度	信息质量	感知风险	信任倾向	声誉	感知规范	社区支持	感知有用性	感知易用性	服务质量	认知熟悉度	知识共享	付费意愿
社区类型	0	1_A	1_B	1_A	1_A	0	○	○	1_A	○	0	1_B	○
样本文化	1_B	0	○	○	○	0	○	○	1_A	○	○	○	○
性别样本	1_B	1_B	1_A	1_B	1_A	1_A	0	1_A	○	1_B	○	1_B	1_A
样本类型	0	1_A	○	○	○	0	○	○	1_B	○	○	1_B	○
样本量	1_B	1_B	○	1_B	○	1_A	○	1_A	○	1_B	○	1_B	1_A

注：1——有调节作用、0——无调节作用、○——无法进行分组分析。下标代表 A/B 组中在线信任关系更为显著，A/B 的意义见表 2-8 的注。

经过上述分析发现，这 5 个调节变量确实能够解释部分研究结果间的异质性。例如，

Arrieta 等[101]的研究表明，交互强度与在线信任的关系具有高度显著性（$r=0.8$），而 Hsu 等[77]的研究结果表明，交互关系对在线信任的影响只具有一般显著性（$r=0.32$），这两项实证研究结果不一致的原因可能来源于样本量大小的差异：前者的样本量较少，后者的较多。本研究通过分组分析发现，与样本量较多的相比，样本量较少的情况下交互强度对在线信任的影响更为显著，这就解释了这两项研究结果不一致的问题。再如，Agag 等[102]的研究发现，在线信任与付费意愿的关系是高度显著（$r=0.678$）的，但另一项研究[103]却发现，在线信任对付费意愿只有比较低的影响（$r=0.25$）。它们之间的异质性可能来源于性别的差异，前者的研究样本男性多于女性，而后者的样本女性较多。本研究的分组分析表明，在线信任在男性样本较多的情况下对付费意愿的影响更为显著，这说明了性别确实能够调节在线信任与付费意愿的关系。相关研究的解释可能在一定程度上展示了本研究结果的价值。

本研究所分析的文献都采用了问卷调查法，因此在分组分析时，另一个亚组由于缺乏数据而把研究方法这一调节变量排除在本次元分析之外。未来的研究应该包括更多的实验、新的数据类型、纵向研究方法和更可靠的测量方法。目前的元分析发现，在评估在线信任相关影响关系方面，与调查法相比，普遍缺乏实验研究，这也是本研究无法把研究方法作为调节变量的原因之一。另外，收集的元分析的数据显示，在线信任文献中很少把个体差异作为调节变量来进行研究。虽然本文把性别样本作为调节变量，但对于个体差异中其他的人口统计学方面的变量依然没有涉及。在这方面，对作为在线信任决定因素或调节变量的人口统计学的深入研究应该是未来的一项关键研究工作。此外，是否了解个体差异以及如何稳定（例如个性）和动态（例如计算机自我效能）地影响在线信任似乎也是值得深入研究的。由于虚拟社区的使用最终是个人的决定，因此有必要从理论和实践的角度理解驱动或缓和在线信任的个体差异变量。对于一个重要的关系来说更应如此，例如社区支持与在线信任的关系以及认知熟悉度与在线信任的关系，考虑到这两种关系中的可变性，以及无法解释与被调查的调节变量之间的差异，作为潜在的驱动因素和调节变量，需要详细检查个体差异似乎就是合乎逻辑的。最后，用来衡量在线信任的标准通常是模糊的，这就需要一个完善的专门针对虚拟社区环境中在线信任的衡量标准。需要强调的是，在线信任不同于服务质量、感知风险和态度等概念，在线信任的许多方面已经被确定，例如能力、正直、仁慈、可靠性和可预测性，未来的研究需要分析和评估它们各自的解释能力和预测效力。

2.3.4　元分析结论与展望

本研究通过多种检索策略对国内外关于虚拟社区在线信任影响因素的文献进行检索，经过筛选，最后收集到 100 篇可纳入元分析的文献。从文献中识别出关于在线信任的 16 个前置因素和 5 个后置因素，并构建了虚拟社区在线信任关系的研究模型。接着，采用元分析研究方法对这 100 篇文献中的 102 项独立实证研究进行发表偏倚检验、关系强度分析。研究结果表明，对于前置变量而言，社群认同和感知专业性、信息与服务质量、社区支持和共同愿景、动机对在线信任的影响都是高度显著的，而其他因素具有中显著性，其中感知风险具有中等负向的影响。对于在线信任的后置变量而言，付费意愿、使用意愿和态度是在线信任影响最显著的 3 个因素，知识共享和自我效能感与在线信任的关系具有中显著性。最后，本研究根据 5 个共同的方法特征对文献进行分组分析，检验了引起不同研究间在线信任与其前置、后置变量效果异质的调节变量。结果显示这 5 个方法特征（即样本量、样本类型、性别样本、样本文化、社区类型）确实可以作为调节因素，因为它们在一定程度上解释了虚拟社区在线信任与其前置、后置变量研究之间的异质性。

本研究存在一定的局限性。首先，基于少量研究的调节变量分析应该谨慎解释，不应得出强有力的推论。有些在线信任关系只涉及了少量的研究，导致对其进行分组后其中一个亚组只含有非常少的研究文献，限制了调节变量分析的能力，这对研究结果的有效性构成了威胁。其次，在本研究中，某些调节变量（如样本类型、社区类型）的操作方式可能存在不妥，因为确定特定亚组的二分标准可能不准确，这种操作可能会增加分析的可变性，从而影响研究结果。再次，元分析中在线信任关系影响程度确定的异质性程度表明，可能还存在其他方法学和非方法学的调节因子。未来的研究应该发现这些能调节在线信任关系的变量，这将大大提高对在线信任与其前置变量和后置变量之间关系的理解。尽管本研究有一些不足，但总的来说，采用元分析方法对虚拟社区中在线信任影响关系进行定量分析是有价值的，因为它可以作为未来在线信任研究的垫脚石。此外，这项研究的结果可以为虚拟社区管理者提供增强用户信任的途径。

综上所述，本研究所分析的前置因素对信任都有着高度或中度的影响，需要特别指出的是，交互强度这一前置变量，虽然它对在线信任的影响只具有中显著性，但它是最能影响信任的前置变量，也就是说，交互强度最能提供产生信任的证据。本文的研究结果之所以是中显著性的，可能是因为交互强度所包含的研究样本的文献数较多，那些具有高显著性的研究被大量文献的效应值中和了，这也说明有很多学者对交互强度与在线信任的关系进行了研究。因此，从交互以及交互强度出发，寻找产生信任的证据，是一个可能的有效途径。

本章小结

本章对信任以及信任相关的信誉的概念及特点进行了阐述，对网络信任和信誉及相关的网络信任和信誉管理系统进行了介绍。信任是一个受各种内外因素影响的变量，又对网络平台的相关活动和行为产生影响。为了明晰网络环境下信任的影响因素和影响关系，采用文献调研的方法，对网络平台的信任影响因素进行了综述，发现相关研究的研究结论存在不一致性。因此，采用元分析方法，对 100 篇相关文献中的 102 项信任影响因素实证研究进行了定量分析，梳理出在线信任的 16 个前置影响因素和 5 个在线信任影响的后置因素，并得出每对在线信任关系的定量效应值，为在线信任影响因素的后续研究和在线信任应用研究提供了量化研究结果。同时，使用 5 个调节变量，对研究结果的不一致性进行解释，为后续相关研究提供了方法特征上的建议。本章的研究结论，为后续的信任生成研究明确了研究方向，提供了相应的理论依据。

参考文献

[1] 尼克拉斯·卢曼. 信任：一个社会复杂性的简化机制[M]. 上海：上海人民出版社，2005.

[2] 郑也夫. 信任：溯源与定义[J]. 北京社会科学，1999(4)：118-123.

[3] DEUTSCH M. Trust and Suspicion[J]. Journal of Conflict Resolution，1958，2(4)：265-279.

[4] BHATTACHERJEE A. Individual Trust in Online Firms：Scale Development and Initialtest[J]. Journal of Management Information Systems，2002，19(1)：211-242.

[5] ARROW K E. The limits of organization[M]. Norton，1974.

[6] MUI L，MOHTASHEMI M，HALBERSTADT A. A Computational Model of Trust and Reputation for E-businesses[C]. Proceedings of the 35th Annual Hawaii International Conference on System Sciences，IEEE，2002：2431-2439.

[7] J∅SANG A，KNAPSKOG S J. A metric for trusted systems[C]//In Proceedings of the 21st National Security Conference. NSA. 1998.

[8] MALIK Z，BOUGUETTAYA A. RATEWeb：Reputation assessment for trust establishment among Web services[J]. Vldb Journal，2009，18(4)：885-911.

[9] 刘建生，游真旭，乐光学，等. 网络信任研究进展[J]. 计算机科学，2018，45(11)：13-28,36.

[10] 周涛，鲁耀斌，张金隆，等. 基于感知价值与信任的移动商务用户接受行为研究[J]. 管理学报，2009，6(10)：1407-1412.

[11] 林家宝，鲁耀斌，张金隆. 基于TAM的移动证券消费者信任实证研究[J]. 管理科学，2009，22(5)：63-73.

[12] DWYER F R，Oh S S. Developing Buyer-Seller Relationships[J]. Journal of Marketing，1987，51(2)：11-27.

[13] SHURR，PH，OZANNE，et al. Influences on exchange process：Buyers preconceptions of a sellers trustworthiness and bargaining toughness[J]. Journal of Consumer Research，1985，11(4)：939-953.

[14] CROSBY L A，EVANS K R，Cowles D. Relationship Quality in Services Selling：An Interpersonal Influence Perspective[J]. Journal of Marketing，1990，54(3)：68-81.

[15] GANESAN S，HESS R. Dimensions and Levels of Trust：Implications for Commitment to a Relationship[J]. Marketing Letters，1997，8(4)：439-448.

[16] 宋光兴，杨德礼. 电子商务中的信任问题及信任建立途径[J]. 科技进步与对策，2004，21(11)：129-131.

[17] ZAHEER A，MCEVILY B，PERRONE V. Does Trust Matter? Exploring the Effects of Interorganizational and Interpersonal Trust on Performance[J]. Organization Science，1998，9(2)：141-159.

[18] ZUCKER L G. Production of Trust：Institutional Sources of Economic Structure[J]. Research in Organizational Behavior，1986，8(8)：53-111.

[19] 董淑超. 大学生网络人际信任研究[D]. 大连：辽宁师范大学，2014.

[20] SELVARAJA C，ANANDB S. A survey on Security Issues of Reputation Management Systems for Peer-to-Peer Networks[J]. Computer Science Review，2012，6(4)：145-160.

[21] E. K. LUA，J. CROWCROFT，M. PIAS，et al. A Survey and Comparison of Peer-to-Peer

Overlay Network Schemes[J]. IEEE Communications Surveys & Tutorials，2005，7(2)：72-93.

[22] FELDMAN M，PAPADIMITRIOU C，CHUANG J，et al. Free-riding and whitewashing in peer-to-peer systems[J]. IEEE Journal on Selected Areas in Communications，2006，24(5)：228-236.

[23] 张木泽. 基于内容分类的虚拟社区用户博弈研究[J]. 互联网天地，2020(1)：26-31.

[24] 林瑶. 虚拟学习社区信任机制的影响因素研究[D]. 曲阜：曲阜师范大学，2015.

[25] 董刚. C2C 电子商务中消费者信任的影响因素研究[D]. 长春：吉林大学，2008.

[26] KIM Y，PETERSON R A. A Meta-analysis of Online Trust Relationships in E-commerce[J]. Journal of Interactive Marketing，2017，38(5)：44-54.

[27] SULTAN F，URBAN G L，SHANKAR V，et al. Determinants and Consequences of Trust in e-Business：A Large Scale Empirical Study[J]. Working Paper，Sloan School of Management，MIT，Cambridge，2002，MA 02142.

[28] LEE M K O，TURBAN E. A. Trust model for consumer internet shopping[J]. International Journal of Electronic Commerce，2001，6(1)：75-91.

[29] YOON S J. The antecedents and consequences of trust in online-purchase decisions[J]. Journal of Interactive Marketing，2002，16(2)：47-63.

[30] EASTLICK M A，LOTZ S L，WARRINGTON P. Understanding online B-to-C relationships：An integrated model of privacy concerns，trust，and commitment[J]. Journal of Business Research，2006，59(8)：877-886.

[31] KIM. Trust in consumer to consumer electronic Commerce[J]. Information & Management，2008，7(3)：88-95.

[32] 黄永哲. 电子商务环境下的顾客信任[J]. 中山大学学报论丛，2005，25(2)：245-247.

[33] 李睿. C2C 电子商务中消费者信任影响因素的实证研究[D]. 重庆：重庆大学，2006.

[34] 庞川，陈忠民，罗瑞文. 消费者网络信任影响因素的实证分析[J]. 系统工程理论方法应用，2004，13(4)：295-299,304.

[35] 鲁耀斌，周涛. B2C 环境下影响消费者网上初始信任因素的实证分析[J]. 南开管理评论，2005，8(6)：96-101.

[36] 邵兵家，孟宪强. 中国 B2C 电子商务中消费者信任影响因素的实证研究[J]. 科技进步与对策，2005，22(7)：166-169.

[37] 刘水清. C2C 电子商务中消费者信任影响因素研究[D]. 武汉：华中科技大学，2013.

[38] 于建红，鲁耀斌. 网上三种信任模型的分析与比较[J]. 工业工程与管理，2006，11(4)：74-78.

[39] 张喜征. 基于虚拟社区的网络信任管理模式研究[J]. 情报杂志，2006(4)：20-22.

[40] 宋源. 虚拟团队信任影响因素实证研究[J]. 技术经济与管理研究，2010(5)：81-85.

[41] 钱明辉，王川. 虚拟社区在线信任研究新进展及其启示[J]. 经济问题探索，2013(5)：156-161.

[42] WU J J，CHEN Y H，CHUNG Y S. Trust factors influencing virtual community members：A study of transaction communities[J]. Journal of Business Research，2010，63(9-10)：1025-1032.

[43] 孙延红，许可，孙芳. 社会网络特征对虚拟品牌社区信任的影响机制分析[J]. 商业经济研究，2018(3)：79-83.

[44] WANG H W，YUAN MENG，WEI WANG. The role of perceived interactivity in virtual communities：building trust and increasing stickiness[M]. Taylor & Francis，Inc，2013.

[45] 邹昊. 网络社群信任影响因素及信任构建研究[D]. 北京：北京邮电大学，2018.

[46] 刘楠. 微信朋友圈的信任影响因素研究[D]. 广州：暨南大学，2018.

[47] 郑伟伟. 基于信任关系的虚拟学术社区知识共享研究[D]. 重庆：西南大学，2015.

[48] SU L, LI Y, LI W. Understanding Consumers' Purchase Intention for Online Paid Knowledge: A Customer Value Perspective[J]. Sustainability, 2019, 11(19): 5420.

[49] 宁欢. 用户体验对虚拟知识社区用户持续付费意愿的影响[D]. 长沙：湖南师范大学，2019.

[50] LU Y, ZHAO L, WANG B. From virtual community members to C2C e-commerce buyers: Trust in virtual communities and its effect on consumers' purchase intention[M]. Elsevier Science Publishers B. V., 2010.

[51] CHEN H L, FAN H L, TSAI C C. The Role of Community Trust and Altruism in Knowledge Sharing: An Investigation of a Virtual Community of Teacher Professionals[J]. Journal of Educational Technology & Society, 2014, 17(3): 168-179.

[52] 周榕，李世瑾. 虚拟现实技术能提高学习成效吗？——基于 46 个有效样本的实验与准实验元分析[J]. 现代教育技术，2019，29(11)：46-52.

[53] 郑兰琴，崔盼盼，李欣. 移动学习能促进学习绩效吗——基于 2011—2017 年国际英文期刊 92 项研究的元分析[J]. 现代远程教育研究，2018(6)：45-54.

[54] 刘汉龙，王腾飞. 中国翻转课堂研究的现状与发展[J]. 软件导刊(教育技术)，2015，14(7)：7-10.

[55] 张翼，樊耘，赵菁. 国外管理学研究中的元分析评介[J]. 外国经济与管理，2009，31(7)：1-8.

[56] NOBLE J H. Meta-analysis: Methods, strengths, weaknesses, and political uses[J]. The Journal of Laboratory and Clinical Medicine, 2005, 147(1): 7-20.

[57] 刘志辉，李文绚. 元分析方法研究综述[J]. 情报工程，2016，2(6)：31-38.

[58] 龚娇，李伟强，陈铭，等. 社会阶层与信任之间的关系：来自元分析的证据[J]. 心理技术与应用，2019，7(6)：346-357.

[59] 王红丽，李继强，陈茁. 信任关键变量元分析及其对中国信任文化的释义[J]. 华南理工大学学报(社会科学版)，2015，17(3)：1-12.

[60] 张劲松，章凤君. 在线教育平台用户持续使用意愿影响因素实证研究[J]. 价值工程，2019，38(5)：134-137.

[61] 李进华，王凯利. 基于 TAM 的微信信息流广告受众信任实证研究[J]. 现代情报，2018，38(5)：66-73.

[62] 温俊豪. 基于信任视角的虚拟社区对结伴同游影响研究[D]. 成都：西南财经大学，2011.

[63] 姒琪莹. 学生用户对 SNS 网站信任度的实证研究[D]. 上海：上海交通大学，2010.

[64] 吴思，凌咏红，王璐. 虚拟品牌社区中互动、信任和参与意愿之间关系的研究[J]. 情报杂志，2011，30(10)：100-105.

[65] BANDURA A. Self-efficacy: toward a unifying theory of behavioral change[J]. Advances in Behaviour Research & Therapy, 1977, 1(4): 139-161.

[66] HSU M H, JU T L, YEN C H, et al. Knowledge sharing behavior in virtual communities: The relationship between trust, self-efficacy, and outcome expectations[J]. International Journal of Human-Computer Studies, 2007, 65(2): 153-169.

[67] CHEUNG C K, CHAN C M. Social-cognitive Factors of Donating Money to Charity, with Special Attention to an International Relief Organization[J]. Evaluation and Program Planning, 2000, 23(2): 241-253.

[68] MAYER R C, DAVIS J H, SCHOORMAN F D. An Integrative Model of Organizational Trust[J]. Academy of Management Review, 1995, 20(3): 709-734.

[69] BROWN J, REINGEN P H. Social ties and word-of mouth referral behavior[J]. The Journal of

Consumer Research, 1987, 14(3): 350-362.

[70] HSU C, CHIANG Y, HUANG H. How Experience-driven Community Identification Generates Trust and Engagement[J]. Online Information Review, 2013, volume 36(36): 72-88.

[71] ZHANG K, BENYOUCEF M, ZHAO S J. Building brand loyalty in social commerce: The case of brand microblogs[J]. Electronic Commerce Research and Applications, 2016, 15(1): 14-25.

[72] CHEN X, HUANG Q, DAVISON R M. The role of website quality and social capital in building buyers' loyalty[J]. International Journal of Information Management, 2017, 37(1): 1563-1574.

[73] HSU C L, CHANG K C, KUO N T, et al. The mediating effect of flow experience on social shopping behavior[J]. Information Development, 2017, 33(3): 243-256.

[74] WU J B, HOM P W, TETRICK L E, et al. The Norm of Reciprocity: Scale Development and Validation in the Chinese Context[J]. Management and Organization Review, 2006, 2 (3): 377-402.

[75] AJZEN I. From Intentions to Actions: A Theory of Planned Behavior[C]//Action Control. Springer Berlin Heidelberg, 1985: 11-39.

[76] 解可欣. 在线医疗服务用户个性与隐私顾虑作用研究[D]. 哈尔滨：哈尔滨工业大学，2015.

[77] HSU M H, CHANG C M, YEN C H. Exploring the antecedents of trust in virtual communities [J]. Taylor & Francis, 2011, 30(5): 587-601.

[78] A PR, P BS. On the use of beta coefficients in meta-analysis[J]. The Journal of Applied Psychology, 2005, 90(1): 175-181.

[79] BOWMAN N A. Effect Sizes and Statistical Methods for Meta-Analysis in Higher Education[J]. Research in Higher Education, 2012, 53(3): 375-382.

[80] SLAVIN R, SMITH D. The Relationship Between Sample Sizes and Effect Sizes in Systematic Reviews in Education[J]. Educational Evaluation & Policy Analysis, 2009, 31(4): 500-506.

[81] ROSENTHAL, ROBERT. The file drawer problem and tolerance for null results [J]. Psychological Bulletin, 1979, 86(3): 638-641.

[82] WALCZUCH R, LUNDGREN H. Psychological antecedents of institution-based consumer trust in e-retailing[J]. Information & Management, 2004, 42(1): 159-177.

[83] PAVLOU, P A. Consumer Acceptance of Electronic Commerce: Integrating Trust and Risk with the Technology Acceptance Model[J]. International Journal of Electronic Commerce, 2003, 7(3): 101-134.

[84] BROWN, STEVEN P, STAYMAN, et al. Antecedents and Consequences of Attitude toward the Ad: A Meta-analysis[J]. Journal of Consumer Research, 1992, 19(1): 34-51.

[85] GLAESER E L, LAIBSON D I, SCHEINKMAN J A, et al. Measuring Trust[J]. Quarterly Journal of Economics, 2000, 115(3): 811-846.

[86] BYRNES J P, MILLER D C, SCHAFER W D. Gender Differences in Risk Taking: A Meta-analysis[J]. Psychological Bulletin, 1999, 125(3): 367-383.

[87] CYR, DIANNE, BONANNI C. Gender and Website Design in E-Business[J]. International Journal of Electronic Business, 2005, 3(6): 565-582.

[88] KOLSAKER, AILSA, PAYNE C. Engendering Trust in E-Commerce: A Study of Gender-based Concerns[J]. Marketing Intelligence & Planning, 2002, 20(4): 206-214.

[89] GRIFFETH R W, HOM P W, GAERTNER S. A Meta-analysis of Antecedents and Correlates of Employee Turnover: Update, Moderator Tests, and Research Implications for the Next Millennium[J]. Journal of Management, 2000, 26(3): 463-488.

[90] 李平. 知识共享的国家差异及其民族文化根源：跨文化研究的视角[J]. 管理学家(学术版)，2011(3)：23-37.

[91] 范莹. 美国个人主义和中国集体主义对照与分析[D]. 洛阳：中国人民解放军外国语学院，2007.

[92] YAMAGISHI T，YAMAGISHI M. Trust and Commitment in the United States and Japan[J]. Motivation and Emotion，1994，18(2)：129-166.

[93] HOFSTEDE G. Culture's Consequences：International Differences in Work-related Values[M]. Beverly Hills，CA：Sage，1980.

[94] MINKOV M，DUTT P，SCHACHNER M，et al. A revision of Hofstede's individualism collectivism dimension：a new national index from a 56-country study[J]. Cross Cultural & Strategic Management，2017，24(3)：386-404.

[95] HAGEL J H，ARMSTRONG A G. Net Gain：Expanding Markets Through Virtual Communities [M]. Boston，MA：Havard Business School Press，1997.

[96] 曲霏，张慧颖. 关系型虚拟社区用户持续使用意向的影响机制研究——人际信任的调节作用[J]. 情报学报，2016，35(4)：415-424.

[97] 夏凌翔. 元分析方法的几个基本问题[J]. 山西师大学报(社会科学版)，2005，32(3)：34-38.

[98] ROSENTHAL R. Meta-analytic procedures for social research[J]. Educational Researcher，1991，15(8)：18-20.

[99] COHEN J. Statistical power analysis for the behavioral sciences[J]. Journal of the American Statistical Association，1988，2nd(334)：499-500.

[100] 许博，邵兵家，姜洪涛. 虚拟社区组织公民行为影响因素的实证研究[J]. 现代图书情报技术，2011，27(5)：55-61.

[101] ARRIETA B U，PENA A I P，Medina C M. The moderating effect of blogger social influence and the reader's experience on loyalty toward the blogger[J]. Online Information Review，2019，43(3)：326-349.

[102] AGAG G，EL-MASRY A A. Understanding consumer intention to participate in online travel community and effects on consumer intention to purchase travel online and WOM：an integration of innovation diffusion theory and TAM with trust[J]. Computers in Human Behavior，2016，60(C)：97-111.

[103] 李金阳. 虚拟社区知识共享对消费者购买意愿的影响研究[J]. 图书馆学研究，2014(11)：35-41.

本章附录　元分析文献列表

序号	文　献　名
1	基于信任基础的虚拟社区内口碑再传播影响因素研究
2	虚拟社区组织公民行为影响因素研究
3	基于S-O-R范式的虚拟社区用户知识共享行为影响因素分析
4	在线健康社区的用户持续知识分享意愿研究
5	虚拟社区成员知识共享意愿影响因素的实证研究

续表

序号	文　献　名
6	在线教育平台用户持续使用意愿影响因素实证研究
7	社会化问答网站知识共享影响因素及其交互作用研究
8	基于互动视角的在线医疗问答患者用户使用研究
9	在线英语课程教育平台用户持续使用意向的实证研究
10	虚拟社区知识共享与品牌态度的关系实证研究
11	共享经济平台信用机制对持续共享意愿的影响——消费者信任的中介作用
12	虚拟社区知识共享对消费者购买意愿的影响研究
13	在线教育平台用户持续使用意向及课程付费意愿影响因素研究
14	From active participation to engagement in online communities：Analysing the mediating role of trust and commitment
15	Knowledge sharing behavior in virtual communities：The relationship between trust，self-efficacy，and outcome expectation
16	A Study on Influence Factors of Online Brand Community Identity and Behavioral Intention
17	Revisiting Trust toward E-Retailers among Indian Online Consumers
18	Study of cognitive and affected trust in knowledge sharing evidence from Chinese firms—A review paper
19	Relationship Between Internet Health Information and Patient Compliance Based on Trust：Empirical Study
20	Investigating the drivers for social commerce in social media platforms：Importance of trust，social support and the platform perceived usage
21	Ethical Environment in the Online Communities by Information Credibility：A Social Media Perspective
22	National culture and trust in online health information
23	The Study on the Influence of Online Interactivity on Purchase Intention on B2C Websites the Interference Moderating Role of Website Reputation
24	Virtual team effectiveness：The role of knowledge sharing and trust
25	Impact of knowledge management enablers on knowledge sharing—Is trust a missing link in SMEs of emerging economies
26	Consumer perception of knowledge-sharing in travel-related Online Social Networks
27	Linking Customer Engagement to Trust and Word-of-Mouth on Facebook Brand Communities：An Empirical Study
28	A Close Look at Trust Among Team Members in Online Learning Communities
29	The relationship between the sense of virtual community and knowledge-sharing：The mediating role of trust
30	An Empirical Study on Influencing Factors of Knowledge Sharing in Virtual Learning Community

续表

序号	文　献　名
31	Knowledge sharing in Wiki communities: an empirical study
32	用户体验对虚拟知识社区用户持续付费意愿的影响：人际信任和社区信任的中介作用
33	基于信任关系的虚拟学术社区知识共享研究
34	虚拟学习社区中知识共享的影响因素研究
35	虚拟学习社区信任机制的影响因素研究
36	Understanding Consumers' Purchase Intention for Online Paid Knowledge: A Customer Value Perspective
37	Examining users' knowledge sharing behaviour in online health communities
38	A Model of Perception of Privacy, Trust, and Self-Disclosure on Online Social Networks
39	Precursors of trust in virtual health communities: A hierarchical investigation
40	The role played by perceived usability, satisfaction and consumer trust on website loyalty
41	Exploring the determinants of health knowledge adoption in social media: An intention-behavior-gap perspective
42	The impact of online store environment cues on purchase intention trust and perceived risk as a mediator
43	The effects of motivation, deterrents, trust, and risk on tourism crowdfunding behavior
44	Social Media-Based Health Management Systems and Sustained Health Engagement: TPB Perspective
45	What do Airbnb hosts reveal by posting photographs online and how does it affect their perceived trustworthiness?
46	Factors Influencing the Adoption of Online Health Consultation Services: The Role of Subjective Norm, Trust, Perceived Benefit, and Offline Habit
47	Effects of Interpersonal Trust among Users of Online Health Communities on Patient Trust in and Satisfaction with Their Physician
48	How do personality traits shape information-sharing behaviour in social media? Exploring the mediating effect of generalized trust
49	Knowledge Sharing Among Tourists via Social Media: A Comparison between Facebook and TripAdvisor
50	The moderating effect of blogger social influence and the reader's experience on loyalty toward the blogger
51	The Adoption of Firm-Hosted Online Communities: an empirical investigation into the role of service quality and social interactions
52	Investigating information sharing behavior: the mediating roles of the desire to share information in virtual communities
53	Understanding consumer intention to participate in online travel community and effects on consumer intention to purchase travel online and WOM: An integration of innovation diffusion theory and TAM with trust

续表

序号	文　献　名
54	Social media engagement：a model of antecedents and relational outcomes
55	The influence of familiarity，trust and norms of reciprocity on an experienced sense of community：an empirical analysis based on social online services
56	How can social networking sites help build customer loyalty? An empirical investigation
57	Understanding service quality in a virtual travel community environment
58	The mediating role of trust and commitment on members' continuous knowledge sharing intention：A commitment-trust theory perspective
59	Distributed Fascinating Knowledge over an Online Travel Community
60	Building Trusting Relationships in Online Health Communities
61	The role of perceived interactivity in virtual communities：building trust and increasing stickiness
62	Factors Affecting Bloggers' Knowledge Sharing：An Investigation Across Gender
63	Exploring the antecedents of trust in virtual communities
64	Understanding the determinants of EKR usage from social，technological and personal perspectives
65	Fostering the determinants of knowledge sharing in professional virtual communities
66	Some antecedents and effects of trust in virtual communities
67	Trust Discovery in Online Communities
68	Knowledge sharing in virtual teams—The impact on trust，collaboration，and team effectiveness
69	学术博客环境下信任形成的影响因素实证研究
70	博客接受模型：影响用户接受和更新博客的实证研究
71	基于社会认知理论的网络学习空间知识共享行为研究
72	社会化媒体用户信息披露意愿影响模型构建与实证——以微信用户为例
73	社会交互对用户知识付费意愿的作用机理研究
74	社交媒体用户隐私悖论行为影响因素初探
75	网络公共信息服务社会信任的影响因素研究
76	基于熟人关系的虚拟学术社区知识共享行为研究
77	移动社会化媒体用户体验与知识共享的关系研究
78	付费知识问答社区中提问者的答主选择行为研究
79	组织努力对公众政府信息获取网络渠道选择的影响研究
80	社区信息化评价：模型构建及分析——以安徽省合肥市为例
81	基于用户感知、偏好和涉入的微博舆情传播意愿影响因素研究
82	基于社会关系视角的网络口碑传播影响因素实证研究

续表

序号	文　献　名
83	虚拟品牌社区中互动、信任和参与意愿之间关系的研究
84	影响微博社交网络集群行为执行意向的机制研究
85	政务微博中的信息交流与信息公开——信任的中介作用
86	个人云存储用户采纳模型及实证研究
87	婚恋网站初始信任影响因素模型研究
88	基于 TAM 的微信信息流广告受众信任实证研究
89	基于结构方程的政务微博公众参与研究
90	企业微博质量对用户行为意向的影响机理研究
91	社交网络特征对在线学习使用意向的影响研究
92	社群学习用户持续参与行为机理研究
93	网上创新竞争中解答者对发布者的信任问题研究
94	虚拟社区用户对付费知识接受意愿的影响因素研究
95	基于信任视角的虚拟社区对结伴同游影响研究
96	基于用户体验的虚拟社区环境下网络信任的实证研究
97	学生用户对 SNS 网站信任度的实证研究——以人人网为例
98	知识付费用户行为机理研究
99	在线用户社群认同对信任的影响机制探究
100	基于 SEM 的知识付费信任研究

第3章 教育服务网络中的交互和信任生成

人与人、人与物的交互活动是社会正常运行所依赖的必不可少的活动。在网络虚拟空间中存在大量的、多种类型的交互活动，支撑着网络虚拟空间的运营和发展。在教育服务网络中，用户与用户、用户与教育服务、教育服务与教育服务之间时刻进行着各种交互活动，这些交互活动的主体、行为、过程和结果是教育服务网络系统的基本要素，从宏观上建构出教育服务网络的交互场域，微观上实现每个交互主体和对象的价值。交互行为或过程会带来结构、关系和环境的改变，每个局部和短暂形式的改变都是教育服务网络的某种状态或结果，对教育服务网络的运行和发展起着或大或小的作用。信任就是交互行为或过程可能形成的一种状态或结果。

本章首先概述交互的起源和发展，对教育服务网络群体信息交互这一核心概念内涵进行阐释，对相关研究进行梳理和归纳。其次，对教育服务网络中的群体交互研究现状从理论研究到实际案例进行了综述和分析，阐释交互与信任影响因素的密切关系，提出促进深度交互的策略。最后，从结构和数据的视角梳理交互与信任的关系，揭示交互是信任产生的重要机制，也是群体智慧得以形成的关键要素，而通过交互所形成的用户行为数据具有客观真实、持续积累和丰富多维等特性，是构成和支持信任生成的有力证据。

3.1 教育服务网络中的交互

3.1.1 交互研究概述

早在20世纪初，社会学家就先后致力于人际互动问题的研究，逐渐得出“社会结构是由个人行为及其互动所构成和保持的”这一结论[1]。作为“互动”的同义概念，“交互”一词最早出现于传播学领域，其原始定义为：信息接收者根据来自信源的信息内容向信源进行反馈，双方通过不断反馈来不断地修改信息本身和反馈内容，最终实现良好而有效的双向沟通[2]。在学科交叉渗透和互联网飞速发展的背景下，交互这一课题焕发出全新的生命力。一方面，交互概念从社会学、传播学辐射到心理学、教育学、管理学、计算机科学等领域，受到众多研究者的广泛关注。另一方面，近20年来，交互由物理空间延伸到网络空间，网络环境下的交互逐渐成为备受瞩目的研究领域。相比传播学中交互的原始概念，网络环境中的“交互”得到了发展与泛化，被认为是虚拟社区中的一群用户在虚拟的网络空间相互作用并可以自由交换角色，是一个过程概念[3]。

正是因为交互研究的跨学科化和网络化，网络交互更加强调“相互影响”这一特征的同时，其类型也变得更加丰富。众多学者从不同角度对交互类型进行了探究，形成了众多分类方法，例如 Moore 的交互分类[4]、Hillman 的人机交互分类[5]、Anderson 的交互分类[6]、Sutton 的替代交互（vicarious interaction）[7]、Gilbert 和 Moore 的交互分类[8]、

Nrothrup 的交互分类[9]、陈丽的教学交互层次塔[10]和 Hirumi 的交互层级模型[11]等。

在教育领域，Moore 认为远程教育中存在三种类型的交互：用户与学习内容的交互、用户与教师的交互、用户与用户的交互。陈丽[10]认为 Moore 提及的三种交互均属于信息交互，因而又补充了界面交互和概念交互两种类别的交互，并提出教学交互层次塔。教学交互层次塔中三个层次的教学交互由浅入深，由具体到抽象，高层次教学交互的开展以低层次教学交互为条件和基础，并进行深入和延展，最终达到更高阶段的层级，产生更高阶段的教学认知。概念交互是教学交互的最终目标，可以用来衡量教学交互是否真正促进了有意义和有效的学习。除此之外，社会学界还依据交互的规模将交互分为人与人的交互、人与群体的交互和群体之间的交互[12]，即人际交互与群体交互两大类别。

3.1.2　教育服务网络中的交互层次和分类

教育服务网络系统是一种以教育服务为核心的虚拟学习社区、网络服务平台或网络社交平台，其中的参与者通过持续不断的人机交互、人人交互、服务交互，使得教育服务、教学资源、教育理念得以传递或交易，进而发生教育服务预期的教育效果。参考教学交互层次塔模型和社会学的交互分类方法，把教育服务网络中的交互分为三个层次：操作交互、信息交互和概念交互，如图 3-1 所示。

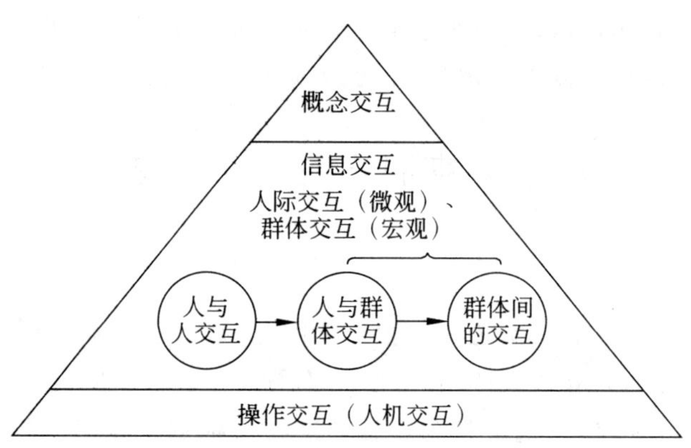

图 3-1　教育服务网络中的交互分类图

操作交互是用户与教育服务网络平台中媒体界面之间的交互，属于人机交互的范畴，是交互的实体形式和发生的基础。例如，用户点击“下一页”按钮跳转到新的学习页面、点击“播放”按钮进行视频学习等。

信息交互是用户与其他用户、教师、教学资源提供者等教育参与者之间的交互，包括教育参与者基于寻找志同道合的朋友、获取信息和娱乐、寻找自我认同感和社会认同感等需求而进行的信息交换和情感交流。信息交互可以进一步分为教育参与者之间的人与人、人与群体、群体之间的交互，其中，人与人之间的交互属于微观的人际交互，人与群体、群体之间的交互属于宏观的群体交互。人际交互是教育服务网络中信息交互的基本形式，例如，用户发表讨论帖、给其他用户发送交流消息、回答他人的提问、对别人的回答进行评论、向他人分享知识等。当把人际交互上升到整体层面来审视，就可表述为群体交互，例如，多人协作完成知识条目的编辑、社群的话题讨论、教育服务的使用评价等。有研究表明，社群只有不断交互才会产生内容、吸引用户加入、凝聚群体关系[13]。在以互联网络为特征的教育服务网络中，知识形成于群体交互过程之中，群体交互产生的群体智慧是互联网知识社群的重要资源，因此，群体交互是教育服务网络不可或缺的交互形式。

概念交互是信息交互的结果，是用户经由信息交互产生的新知识与旧知识的交互。概念交互是用户新知识与旧知识的冲突与融合的过程，类似于知识的建构和内化过程，交互结果体现在用户认知层次或结构的变化上。例如，用户原先认为课堂中师生互动越频繁则教学效果越好，后来通过学习相关理论知识和交流讨论，发现高互动与优成效并不存在必然的因果关系。当这种新的认知与旧认知不一致时，就会发生冲突，导致认知失衡，但在经过类似于同化或顺应的概念交互过程后，新旧认知会达到一种新的平衡状态，产生一种新的认知结构或上升到新的认知层次。

除了教育领域对交互的三个层次分类外，社会学领域将交互分为人际交互和群体交互两种形式。在兼具虚拟社区、社交网络和服务网络特征的教育服务网络中，群体信息交互兼具教育领域和社会学领域的交互特征，落在两种交互分类方式下两类交互的交叉领域，如图 3-2 所示。从主体层次视域来看，群体信息交互聚焦于用户信息层面的交互，而不是用户与界面的操作交互，也不是抽象的概念交互；从主体规模视域来看，群体信息交互关注宏观群体性交互，而不仅仅是个人间的微观人际交互，是个体交互汇聚而成的整体交互。因此，教育服务网络中的群体信息交互属于信息交互层次的群体交互类别，它聚焦于教育服务参与者以教育服务为媒介的信息交互，涵盖了教育服务参与者之间的人人交互、人群交互和群体交互，并以群体交互为主要研究对象。

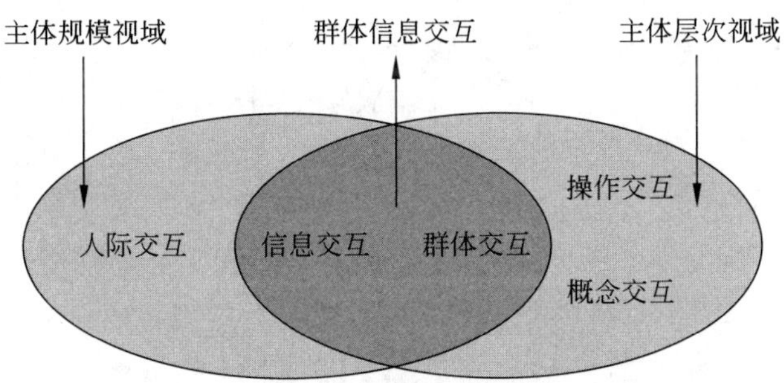

图 3-2　教育服务网络中的群体信息交互

3.1.3　教育服务网络中的信息交互与服务

在教育服务网络中，各种交互都基于或围绕教育服务。在教育服务的生命周期中，有多种用户参与教育服务的信息交互和服务，如图 3-3 所示。教育服务的提供者制作和发布教育服务，对教育服务的服务质量和交付实施负责。在教育服务网络中，教育服务的提供者可以是具有教师资质和能力的人，也可以是具有相关资质或能力的用户。另一类用户是教育服务的请求者、使用者、评价者，他们是教育服务网络中用户在不同服务实施阶段动态扮演的不同角色，例如，在教育服务发现和选择时期，用户充当服务请求者角色，请求满足需求的教育服务;在教育服务实施过程中,用户是教育服务的使用者,体验和感知教育服务带来的服务质量和教育效果;在教育服务实施完成后,用户充当教育服务的评价者,根据自身体会,对教育服务进行评价。在以用户为中心的分布式教育服务网络中,用户在不同交互活动或服务过程中进行不同角色的变换,一些用户发布教育服务供其他用户使用的同时,可能也在请求和使用其他用户提供的教育服务。

为了对教育服务进行标注和质量评判,教育服务网络通常采用多种教育服务评价方式,进行基于评价反馈的教育服务管理,促进教育服务的优胜劣汰,维持教育服务网络中面向教育服务和信息交互的动态生态系统。在教育服务网络的信息生态中,教育服务提供者对教育服务的描述信息、教育服务评价者对教育服务的评价信息是主要的信息来源,教育服务请求者根据教育服务的描述信息和评价信息挑选最优教育服务,教育服务使用者体会教育服务提供者提供的教育服务的服务质量,与教育服务的描述信息和已有评价信息进行比较,产生服务满意度,并给出基于满意度的相应评价。教育服务网络管理系统收集到各种平台数据后,针对不同用户,推出各种管理服务。例如,在网络平台中常见的积分、信誉等激励机制促进用户的活跃度和贡献度;审核和惩罚机制对用户和教育服务进行约束和淘汰;搜索、推送、推荐工具方便人找人、人找服务、服务找人等互联网信息服务。这些管理服务通过对服务和交互数据的收集和计算,为教育参与各方提供了更简洁和个性化的信息服务。

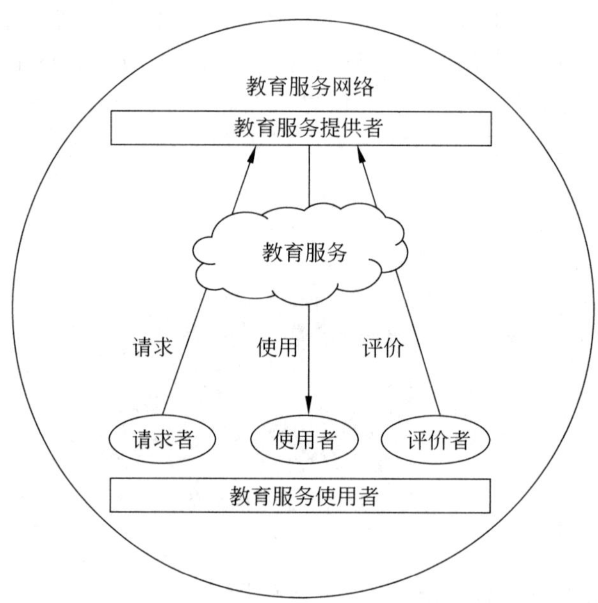

图 3-3 教育服务网络中的群体信息交互与服务

3.1.4 教育服务网络平台群体信息交互研究现状

网络平台的广泛连接性和聚集性导致网络中群体信息交互的动态性和复杂性。众多研究者对网络群体信息交互开展了研究,在教育领域,研究者主要从以下 4 个方面进行研究，即教育网络平台中的群体交互特征分析、群体交互价值应用、群体交互影响因素、群体交互作用效果，研究框架如图 3-4 所示。

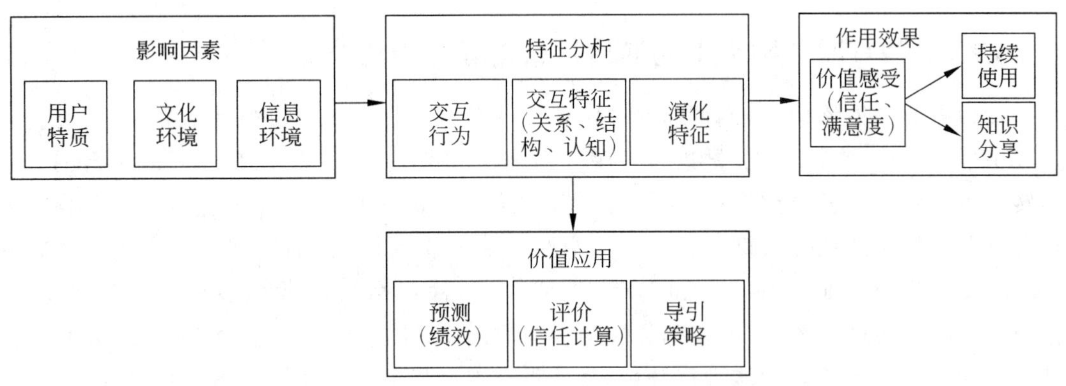

图 3-4　教育网络平台群体信息交互研究框架图

群体交互特征分析是对网络中的交互行为类别、交互关系与结构、交互过程中群体的演化过程进行探究，旨在呈现群体交互的现状和特点。在这类研究中，社会网络分析、内容分析、数理统计和滞后序列分析等是研究者经常使用的研究方法。例如，戴心来等[14]综合使用社会网络分析、内容分析和滞后序列分析，从用户交互的结构形式、交互内容和交互过程三方面深入挖掘虚拟学习社区中用户的交互特征。

群体交互价值应用和特征分析都基于交互数据，但群体交互价值应用更强调利用群体交互的行为数据对某种行为或倾向进行预测、计算用户可信度和基于特征分析结果生成群体深度交互的导引策略。例如，刘迎春等[15]将虚拟学习社区中的用户行为与信任影响因素建立映射关系，通过行为数据来度量用户信誉，并通过实验证明了其有效性。

群体交互影响因素研究是寻找对用户是否参与群体交互起决定性作用的前因变数，目前的研究主要从用户特质、文化环境和信息环境三大方面进行挖掘。例如，陈为东等[16]借助结构方程模型发现，影响学术虚拟社区用户参与社会性交互的主要因素有感知有用性、感知易用性、互惠、趋同性和归属感。

群体交互作用效果研究主要分析群体交互能够给用户或整个平台带来何种影响，这种影响既可能是一种价值感知，也有可能是知识分享和持续使用的行为。徐恩芹[17]对 165 份数据进行相关分析与回归分析发现，师生交互整体及各维度均会对网络学习绩效产生积极的正向影响。同时，群体交互也可能通过价值感知对知识分享或持续使用产生间接的影响。赵呈领等[18]以 S-O-R 模型为理论基础，借助结构方程模型揭示了感知交互性能够通过影响社会临场感和心流体验，从而间接影响持续在线学习意愿。

不难发现，交互特征是对群体交互本身的研究，价值应用是对交互数据价值的挖掘，影响因素是寻找群体交互的前因，而作用效果则是分析群体交互的效益。在教育网络平台上的关于群体信息交互的研究成果一定程度上为教育服务网络中基于教育服务的交互研究提供理论和实践的参考。

3.2 教育服务网络中的群体信息交互分析

3.2.1 教育服务网络中的群体信息交互行为与分类

在教育服务网络中,人们依靠交互行为来交换信息、解决问题和维系关系,并在交互过程中形成社群、生成知识,推进教育服务的实施和改进,促进教育服务网络平台的正常运转。可以看出,交互行为不仅是教育服务网络中活跃度的重要体现与推力,也是保证教育得以顺利发生的核心要素。正是因为交互功能的重要性,目前的网络平台支持各式各样的交互行为。例如,Allen[19] 和 Lu[20] 调研发现,社交网站通常都会提供发布文章、评论、转发、收藏、点赞、关注、分享等社交互动功能。邓胜利等[21] 借鉴 Allen 和 Lu 的调研结果对知乎平台的交互功能进行分析,并依据交互主题和交互方向将知乎中的 17 种交互功能分为用户对其他用户、其他用户对用户、用户对平台、平台对用户四大类。为了便于提取交互行为,为后续研究提供数据基础,有必要对各种教育服务网络中的交互行为及其分类进行探究。因此,在邓胜利的研究基础上,表 3-1 对教育服务网络中的交互行为进行了罗列和特征分析,既从交互行为的主体和方向,又从交互行为的目的或功能视角对交互行为进行分类,以昭示教育服务网络中交互行为的不同特点。

表 3-1　教育服务网络中的交互行为类型

交互功能	功能解释	交互案例		交互类型
		教育服务网络平台	交互行为	
贡献	分享经验心得、发起讨论,提供知识或引发知识创造	MOOC 课程论坛	发帖、讨论	用户→平台
		Stack Overflow 问答社区	提问	
推广	将其他用户的资源进行转发和分享	知乎	转发、分享	用户→平台
评价	对其他用户贡献的资源以打分、投票或评论等形式进行评价	MOOC 课程论坛	评分、评论	用户→用户/平台
		Stack Overflow 问答社区	投票	
		知乎	点赞	
讨论	用户对其他用户提出的问题进行回答、评论或与其直接进行即时沟通	Stack Overflow 问答社区	回答、评论、私信	用户→用户
		Bilibili 弹幕视频网	弹幕	
关注	用户关注其他用户,或对其资源进行收藏	知乎	订阅、关注、收藏	用户→用户
服务	平台向用户提供、推荐资源(学习资源、其他用户)	中国大学 MOOC	提供、推荐	平台→用户
激励	平台收录用户行为和贡献信息,给予特定的标识	计算机技术论坛	好评、精华、热门帖	平台→用户
		Stack Overflow 问答社区	授予徽章	

在按交互主体和方向进行分类过程中,借鉴邓胜利的划分思想的同时,将"其他用户

对用户”一类做舍弃处理，因为它与“用户对其他用户”其实是同一过程的不同表述，仅仅是具体的参照主体不同而已，但需要注意在行为数据上二者具有本质的差异。此外，还将教育服务网络中交互的功能归纳为贡献、推广、评价、讨论、关注、服务和激励七类，并按此框架对交互行为进行分类。

在这些行为类别和交互行为中，尤其需要关注的是贡献、评价、讨论和激励四大类和相对应的用户行为，因为这些行为尤其能够反映用户在教育服务网络平台中的专业度、贡献度和活跃度，是主要的交互行为。同时，用户对教育服务或服务提供者的评价能够在一定程度上体现服务质量，为教育服务网络的质量监控和信任评价提供了可能性。

3.2.2　教育服务网络中的群体信息交互的检测

教育服务网络中的群体交互行为时刻发生着，无论是分析群体交互现状还是探究其价值应用，都需要对交互行为进行检测以获得相应的行为数据。刘三妤等[22]在分析基于社会网络分析的群体交互研究的数据来源时，发现用户交互关系的数据一般通过三种途径进行收集：一是通过问卷调查、访谈等用户自报告的方式采集线下学习中的人际交互关系；二是直接访问网络环境学习系统中按照一定格式存储的学习交互数据；三是借助开发者提供的数据接口 API 或网页标签信息，利用相关程序进行自动爬取。

结合实际的使用情况，可以将教育服务网络中群体信息交互行为检测方式分为两种，即主观测量和客观监控。其中主观测量主要是通过调查问卷，收集教育服务网络用户参与的交互行为。具体来说，为了获取用户参与群体交互的行为种类和频次，可以向用户发放调查问卷，询问在虚拟社区中和谁交互过、与谁较为熟悉、交互的次数等群体交互行为信息，这种交互行为的检测方式常见于群体信息交互现状研究的早期。例如，陈萌等[23]向 45 名专业硕士发放了交互行为调查问卷，获取 QQ 群虚拟空间熟悉的 QQ 昵称、熟悉的真实姓名、经常浏览谁的 QQ 空间以及经常和谁讨论等社会交互信息，并使用社会网络分析方法呈现该 QQ 群虚拟空间的交互网络特征。

另外一种交互行为检测方式是客观监控。大部分网络平台会对用户行为进行记录，形成用户的操作日志，或者直接显示在用户的属性页面中。例如，用户的发帖、给其他用户发送消息、点赞、关注他人等行为，都会被客观地被记录下来，这能为群体交互分析提供最直接的数据。在国外著名的问答平台 Stack Overflow 中，用户对某个问题的回答进行投票的数据实时显示在问答界面，用户获得的信誉值和徽章数呈现在用户信息界面，分别如图 3-5 和图 3-6 所示。当研究者需要将这些行为数据或记录提取出来时，只需要编写爬虫程序或者借助爬虫软件，就可以将行为数据存储至本地的数据库中，再根据自身需要进行探究，对行为数据进行清理、组合、分析与解释。沈洪洲等[24]选取了知乎中“科技”话题下的“计算机科学”子话题，使用 Python 语言在 Scrapy 框架下编写爬虫程序，采集该话题下共计 96 位“优秀回答者” 的提问和回答相关的行为数据记录，以此来实现对“优秀回答者”交互特征的提取。

两种群体交互行为检测方法各有优缺点。主观测量的优点是过程简单、操作方便，但仅适用于获取小样本行为数据，而且调查获得的数据带有主观性误差，会影响分析结果。客观监控获取行为数据的优点是能够获得客观、大量的用户数据，但是爬取过程复杂、数

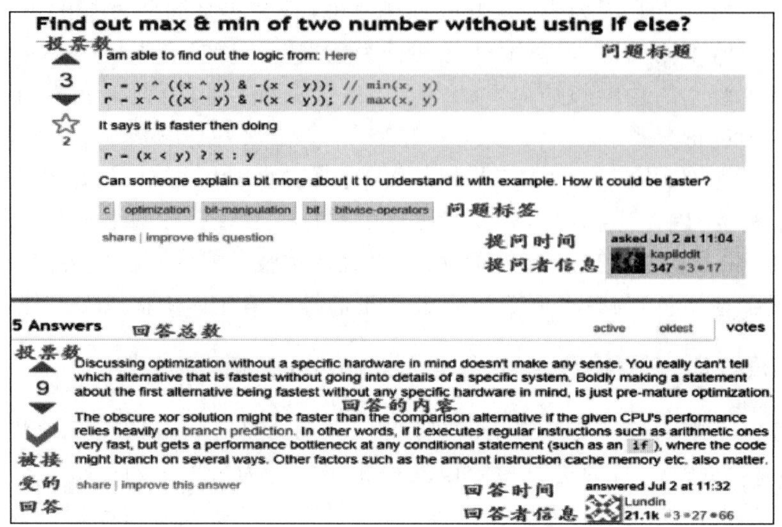

图 3-5　Stack Overflow 问答社区的提问、回答页面

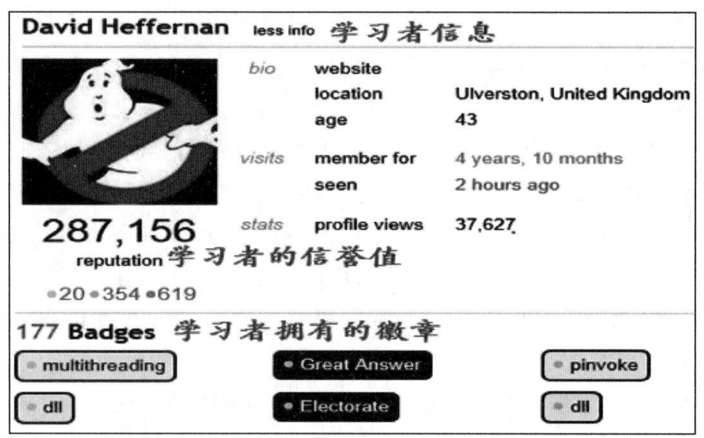

图 3-6　Stack Overflow 问答社区的用户信息页面

据清洗花费大，具有方法使用上的门槛。通过对现有研究的统计，研究者大多使用爬虫技术获取系统客观监控的行为数据，来保证数据的客观性和数量。除此之外，还有极少数研究者借助网络日志方法对教育服务网络平台中的交互情况进行分析，他们通过在网络社区中进行 6～12 个月的观察来获取用户交互数据，但这种行为观察或检测方式存在数据缺乏客观性和违背教育伦理等问题[25]。

3.2.3　教育服务网络中群体交互现状分析

为了反映教育服务网络平台中群体交互的特征，从文献调研和网站调研两个方面梳理现有文献和典型网络平台群体交互的现状。其中，梳理已有的文献结果，可以了解更多类型网络平台中多种类型的群体交互现状，而调研典型的网络平台则能够更具针对性和时效性地勾勒某些类型网络平台的交互面貌。

梳理相关文献发现，已有研究主要从各种交互行为的分布情况、群体交互方向与结构、交互的内容结果来反映交互现状。在探究交互行为的分布情况时，研究者一般通过爬虫技术或人工判断等方式获取发帖、回帖、评论等交互行为数据，再利用统计方法呈现各种行为的数量与差异。例如，白淑英等[1]借助人工观察统计的方式分析 552 人在哈尔滨工业大学紫丁香 BBS 站 8 个讨论区里 7 天时间的发、回帖数据，对用户在不同类型主题帖下的回复数量进行比较。除此之外，还有研究者用帖子的平均评论比(平均每个帖子有多少个评论)和阅读评论比(评论个数/阅读个数)来大概地反映用户间的互动情况。例如，李文昊[26]发现博客之星的博文每 8.2 次的全文阅读会有 1 次评论或回复，认为他们与读者之间有比较好的交互情况。

在交互结构分析的研究中，用户间的交互轮次和交互网络尤为受到关注。为了从交互所形成的回复结构中体现交互的频度和深度，李克东提出了依据交互轮次判定交互程度的具体标准。他认为交流轮次只有一层是浅度互动，交流轮次只有二层是中度互动，而访客与博主之间的回复循环要到三次以上才是有效的深度交流。严亚利等[27]据此分析了教育博客中的回复层次，发现两层以上交互轮次仅占 9%左右，即大部分交流回复为一层的浅度互动。研究者通常还借助社会网络分析来反映交互结构。严亚利等和李文昊等均根据海盐教师博客中的回复情况绘制社会关系网络和计算网络密度、距离，揭示了当时教育博客存在大量边缘参与者、交互程度低和交互距离远的问题，验证了“李克东难题”的存在。

在通过交互内容分析交互现状的研究中，研究者一般将内容分析法与数理统计相结合。Kellogg 等[28]使用交互分析模型来评估用户之间的交互水平，对两门课程的分析结果均显示，大部分讨论仍停留在第一阶段，部分达到第二、第三阶段，几乎没有进入第四、第五阶段，这说明慕课论坛还停留在信息获取阶段，还未成为发展新知识的场所。严亚利等改进交互分析模型，按照知识建构程度将各阶段交互归为浅度交互、中度交互和深度交互，发现浅、中和深度交互比例依次为 68%、18.8%和 13.2%。蔡志斌[29]对知乎中“小米手机”话题的讨论情况进行探究，其中的统计分析结果显示，只提问、只回答和既提问又回答的比例依次为 11%、87%和 2%，用社会网络分析后发现，该话题下的交互网络十分稀疏。由文献梳理的结果可知，各种教育服务网络平台中存在交互活跃度不高、形成的交互网络较为稀疏、交互结构过于简单、交互内容不够深入等问题。

从上述三个方面的文献分析发现，在课程论坛、教育博客等教育网络平台中，交互深度和复杂度都不够，与教育网络平台丰富的人流和资源流形成较大的反差。为了拓展分析的对象，同时验证已有的研究结论，形成对教育服务网络平台交互现状更具针对性与时效性的认识，采用典型网站调研法，对学习论坛这类虚拟学习社区的用户行为和交互情况进行了解和分析。

选取“计算机技术论坛”为网站平台，实施交互信息的收集和分析。利用“八爪鱼采集器”爬取“计算机技术论坛”中资源共享区和问答区(以“综合咨询”标识)两大版块中一年的相关数据，包括用户 ID、用户积分、用户等级、发/回帖时间和在两大版块的发/回帖情况等。爬取的数据显示，论坛共有约 5 万名会员，但在一整年里只有 1391 名用户参与了群体交互。1391 名用户一年共发布 2762 个主题帖，有 17 362 条对这些主题帖的回帖。

进一步对各发帖和回帖数范围段的人数分布进行可视化，如图 3-7 所示，绝大多数参与交互的用户只是偶尔参与网站交互活动，发帖、回帖数少于 3 次的人数占了发帖与回帖总人数的绝大部分。

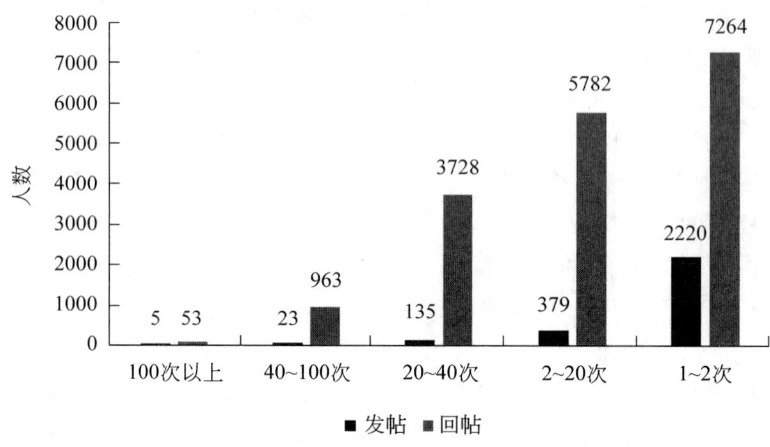

图 3-7　发回帖人数分布图

对"计算机技术论坛"的调研结果与文献调研结果一致，教育服务网络平台中存在非常典型的交互现状，即交互活跃度不高、形成的交互网络较为稀疏、交互结构过于简单、交互内容不够深入等。教育服务网络平台中绝大多数交互行为由少数参与者完成，大多数参与者只是浅尝辄止或潜水观望，较少有深度的群体交互行为发生，不利于知识交流与群体智慧的形成，严重阻碍教育服务网络平台的发展以及与群体交互相关的价值服务功能的实施，有必要对教育服务网络平台的群体交互进行驱动和导引，以创设良好的网络交互氛围和互动环境。

3.3　典型教育服务网络平台中的信息交互及其应用

在网络教育中，有多种形式的教育服务网络平台实施着某种或某些教育服务应用。在不同类别和性质的教育服务网络平台中，网络信息交互的特点和价值不同，产生的数据和信息具有多种格式，蕴含不同的应用价值。从这些交互数据以及交互产生的结构信息可以生成多种有价值的管理信息，帮助教育服务网络平台进行用户管理和服务推荐。

3.3.1　教育资源管理网站信息交互行为及应用

网络教育资源是教育服务网络系统提供的最基本和最常见的教育服务。教育资源管理网站是一种提供网络教育资源服务的网络平台，针对教育资源服务的特点，教育资源管理网站设计了多种机制和服务功能，为教育资源服务的顺利开展提供服务保障。

1. 网络教育资源的特点

网络教育资源是网络教育与信息资源两个概念整合衍生出的新概念，是经过人类开发与组织的信息资源应用于网络教育领域的集合，它具有智能性、有限性、不均衡性和整体性等特征[30]。网络教育资源归根结底是一种信息资源，或者说是信息资源的一个子集，具有如下特点[30]。

（1）分布广、传播快、数量大、增长快。随着网络技术和应用的发展，用于网络教育的网络教育资源以飞快的速度传播并迅速增长。

（2）多类型、多媒体。数量巨大的网络教育资源来源于不同学科、不同领域、不同语言，并以文本、图像、音频、视频、软件、数据库等多种形式存在和展现。

（3）无序性、不稳定性。互联网络的开放性和动态性导致网络教育资源的组织管理并无统一的标准和规范。如果不加以管理和规范，整个网上的教育资源将处于无序、不稳定的状态。

（4）质量良莠不齐。网络教育资源发布和使用具有很大的自由度和随意性，如果缺少质量控制和管理机制，网络教育资源将繁杂、混乱，质量良莠不齐，存在安全隐患，给用户选择、利用网络教育资源带来障碍。

基于网络教育资源的上述特点，必须对其进行合理管理，建立相应的质量管理机制，对使用和提供教育资源服务的用户进行行为规范，使大量、繁杂的网络教育资源能够得到合理和高效的利用。

2. 网络教育资源管理的服务机制

为了使网络教育资源能达到合理高效的利用，教育资源管理网站设置了多种管理服务机制，通过设置一定的网络交互行为，对教育资源服务进行质量管理，同时，对教育资源服务的用户进行用户管理。

1）用户评价机制

教育资源管理网站采用用户评价机制来评定教育资源的服务质量或者教育资源提供者的服务能力。常用的用户评价机制采用以下 4 种评价方式：星级评定、质量评价、评论发表和标签创建[31]。

（1）星级评定。星级评定是教育资源使用者对教育资源整体感观进行的一种较为主观的评价，评价结果利用“标星”的方式显示，1 颗星代表 1 分，5 颗星代表满分，所有经过用户评星的教育资源会由系统自动计算出星级平均得分，记录在教育资源的星级属性中。星级评定是对教育资源的综合评价，具有一定的主观性和笼统性，但可以为教育资源提供最直接的优劣证据。

（2）质量评价。质量评价是教育资源使用者在实际使用后，通过填写质量评价表进行评价。这样评价更科学、严谨，结果更可靠、合理，对其他用户选择教育资源更具权威性和指引性。教育资源的质量评价数据由系统自动计算出平均得分，记录在教育资源的属性表中，作为教育资源质量好坏的参考证据。

（3）评论发表。评论发表是指教育资源使用者根据自身对教育资源的体验而对教育资源进行的文字评论。评论的内容可设计成相关的模块或维度，如教育资源的使用对象、使用方法、使用效果和使用建议等，这样得到的评论将更有针对性。一方面，教育资源提供者可以从评论中得到使用反馈和建议，进行有针对性地更新和升级教育资源；另一方面，其他用户可以从评论中获取更多关于资源的可用信息。但是，关于教育资源服务的评论使用的是自然语言，对评论的进一步分析和处理依赖自然语言处理的效率和效果。

(4) 标签创建。标签创建是指教育资源使用者使用关键词标识特定的教育资源，如按照教育资源质量的高低、使用对象和用途的不同创建不同的标签，以起到评价和标记教育资源的作用。

上述几种类型的评价方式是典型的用户行为，这些评价行为为教育资源的质量判定、类别标记、使用情况等各方面提供了数据和信息，对教育资源的查找和分类提供了依据。

2) 网络计量评价机制

除了使用用户的评价数据外，教育资源管理系统可以收集和统计用户与教育资源交互的相关信息，通过分析，了解用户对教育资源的态度，进而反向映射出教育资源的质量[31]。网络计量评价一般收集具体用户特征和资源访问情况两类信息，之后可建立映射达到评价教育资源的目的。表 3-2 列举了部分网络计量评价使用的评价指标以及这些指标可能映射的关于教育资源功能质量和使用质量的相关信息。

表 3-2　网络计量评价的指标映射表

评价指标	映射内容
用户角色	呈现使用人群特征，反映不同人群对教育资源的不同需求
个人信息	呈现个人教育资源使用轨迹，便于教育资源和网站的优化
访问次数	教育资源的关注度
浏览时间	教育资源的受欢迎程度
下载次数	教育资源的知识性和可编辑性
评价次数	教育资源的关注度和可编辑性
定性评价数据	包括好评、差评和追评的数量和具体内容，呈现出用户对教育资源的支持度；评论内容数据可以作为修改意见反馈给教育资源提供者，供其用于改进和升级教育资源

3) 用户积分机制

用户积分机制主要是通过计算用户与教育资源交互的历史数据(如评价数据)，以积分的形式赋予用户，用户使用积分更换更多的网络权利。通过这种利益挂钩的积分机制设计可以促进用户更多更好地参与教育资源交互活动，形成良性循环。

一种“数字资源券”的积分机制运行流程如下：①新用户加入教育资源管理平台后，平台给新用户发放一定额度的数字资源券；②当用户的“数字资源券”消耗完后，用户利用积分在平台兑换新的数字资源券；③用户积分可通过用户与教育资源的各类交互活动，如使用、评价、上传、转发等获得。

4) 用户信誉机制

用户信誉机制主要是通过收集用户的行为数据计算用户信誉值，作为用户的属性记录在用户属性表中。用户的信誉可以作为控制用户评价的权重，以提高用户评价的准确性[31]。信誉值来自用户的一些好的行为数据，例如，在用户进行评价时，如果对教育资源的评价越接近教育资源的真实质量，其信誉值就越高；用户信誉值越高，他给出的评价的权重就就越大，对教育资源综合的评价得分的贡献度就越大。此外，用户信誉值与用户积分可以相互转换，高信誉的用户可以兑换更多的积分，用于进行更多网络权利和利益的换取，这样有利于促进教育资源服务网站用户的积极性，特别是做有益行为的积极性。

上述教育资源管理网络提供的管理服务措施是针对教育资源的特点而设置的，通过定制一些类似评价的网络交互活动，收集更多的交互数据，结合网站自己收集的教育资源使用数据，形成以评促选、以评促改的良性教育资源管理生态；通过对交互行为数据和信息的记录和计算，形成积分和信誉，进一步对教育资源管理网站的用户进行管理，鼓励用户的贡献行为，形成积极、有益的教育资源应用环境。这些服务机制的设计和实施，方便了教育资源管理网站的用户，增加用户对教育资源以及教育资源管理系统的信任，促进了教育资源管理网站的发展。

3.3.2　技术论坛信息交互行为及应用

技术论坛是指基于传统网络技术搭建的 BBS，用户可以在论坛社区内查找感兴趣的资料和话题、提出或者回答问题、获取积分并行使与其身份匹配的社区权利。技术论坛常常聚集具有相同爱好或者相同行业特征的群体，在此可以学习最前沿的知识或技术，认识志同道合的朋友，分享学习和交流经验。天涯论坛、“小木虫”、CSDN 论坛、经管之家、计算机技术论坛等是不同技术主题下的常用技术论坛。

1. 常见的技术论坛简介和存在的问题

CSDN (Chinese Software Developer Network)是专业的 IT 社区，创立于 1999 年，为软件开发者提供知识传播、在线学习、职业发展等全方位服务。截至 2020 年 8 月，CSDN 拥有超过 3100 万注册会员，Alexa 全球网站综合排名第 26 位。CSDN 是国内 IT 行业覆盖最全的一个社区，有很多的高手隐藏于此，很多学者、研究生等高层次人才在 CSDN 发表博客，海量的 IT 工作人员也都活跃于此，是国内影响最为深远的技术论坛之一。

“小木虫”论坛是学术信息交流性质的综合科研服务网站，是一个独立、纯学术、非经营性的免费论坛，是国内比较有影响力的学术虚拟社区之一[32]。该论坛始建于 2001 年，具有旺盛的人气、良好的交流氛围及广阔的交流空间，聚集众多科研工作者进行学术资源分享和经验交流。“小木虫”论坛具有很强的学术特性，论坛涵盖化学、生物、医药、材料、地理、食品、理工、信息、经管、外语等几乎所有学科，包括基金申请、专利标准、留学出国、考研考博、论文投稿、学术求助等常用的学术交流版块[33]。

技术论坛在基于网络的学习中发挥着不可替代的作用，被称为众多学习爱好者的虚拟之家。经过十多年的发展，技术论坛也迎来了发展瓶颈，出现了一些问题。在“小木虫”之类的学术论坛里，讨论的话题往往带有一定的专业性，不易引起普遍关注，因此，受制于用户的受教育程度和知识领域的有限性，技术论坛的信息交流是有限的，用户通常会选择自己擅长或感兴趣的领域进行有限的知识分享[34]。另外，网站论坛是知识交流与共享等活动的唯一渠道，若找不到论坛入口则无法参与信息交流和互动。论坛的互动模式往往带有时间滞后性，难以实时回应用户的请求，导致知识共享的效率偏低[35]。

论坛交流信息的不畅直接导致社区成员的参与度不高，参与评论的用户少，能给出丰富内容的评论少之又少。例如，在“小木虫”论坛，社区成员中大部分是知识或话题的浏览者，他们通常只通过社区获取知识，很少贡献知识。因此，陈姝彤认为知识推送服务的应用能够提升用户对“小木虫”的好感度，成员设定专业学科后，“小木虫”根据用户的历史知识行为，定位成员需求，为其提供知识推送服务，让成员及时获取知识的同时也提醒他们多参与社区内活动[36]。

除此之外，技术论坛的管理机制有待进一步加强，需要推出能真正促进用户深入交流的管理制度，实施有针对性的主动服务，减少用户检索知识的成本，增加用户对论坛的黏性。

2. 技术论坛的用户等级制度

针对用户群体特点和技术内容的特点，不同论坛给出了不同的用户行为管理措施，以此来规范用户行为，提高有贡献的社区行为，为社区持续发展服务。

1）CSDN 积分分类和用户等级[37]

CSDN 制定的用户准则中，用户参与论坛活动和对论坛的贡献可以获得相应的积分和勋章，其中用户的积分与用户的行为密切相关。其积分分类如表 3-3 所示。

表 3-3　积分分类

分　类	说　明
专家分	用来衡量用户的技术水平，以及用户的热心程度。来自于回答其他用户的问题，发帖人结帖时给分所得
可用分	用来发帖，鼓励用户参与回复，且是对正确回复的一种肯定。来自于用户每天登录论坛且参与讨论所得
可用分到专家分的转化	帖子发出后在一定时间内，帖主、版主或管理员对回复进行给分结帖，即完成可用分到专家分的转化

论坛积分分为专家分和可用分两种。专家分是衡量用户技术水平的主要标准，是用户在论坛的相应版块技术地位的标识，也是用户升级的依据。专家分分为三种，分别是论坛专家分、技术专家分、非技术专家分，分别由在相关论坛、技术版块提供相关支持和服务工作而获得。

论坛用户的可用分是通过参加论坛的各种任务获得的，论坛的任务包括每日任务和每周任务。在任务中，要完成相应的发帖、回复、结帖等任务，保持每日、每周的活跃度和参与度。可用分可以转化为专家分，专家分是由参与回复的帖子结帖获得的，即由发帖者给予最佳回复者一定的专家分。

具有一定积分的用户，由系统划分为不同的等级。等级与版块内容相关，等级高低显示用户的知识水平、感兴趣的话题、关注内容等信息。CSDN 论坛对于等级的规定和对应积分值的要求，如表 3-4 所示。

除了积分外 CSDN 还有一套勋章机制和版主管理机制，都是在收集用户日积月累的行为数据的基础上，根据他们的活跃度和贡献度等信息，予以他们特殊的荣誉和权限。

表 3-4　用户等级说明

等级大小	要求的积分值	等级大小	要求的积分值
T1	0	T9	50 000
T2	100	T10	100 000
T3	500	T11	200 000
T4	1000	T12	300 000
T5	2000	T13	500 000
T6	5000	T14	800 000
T7	10 000	T15	1 000 000
T8	30 000		

2）小木虫社区中用户角色和等级

"小木虫"的成员主体根据角色和权限分为主管区长、主管版主、实习版主、专家顾问及普通成员等。区长、版主、专家顾问通常是领域内资深的科研人员，负责版块成员及帖子的管理和评价，维护社区平台的日常运行秩序。参与平台获得的成员皆被称为"虫友/虫子"，"虫子"之间通过发帖、回帖的形式进行共享和交流，积极参与活动者会得到一定的虚拟金币、星星等奖励。金币和星星数、用户组头衔和级别头衔等是成员在平台贡献度与威望的象征，又是一种非常有效的激励措施，鼓励平台成员多分享、多交流，积极参与平台的共建[38]。

以虚拟金币数和星星数为依据，按参与深度和贡献程度的不同，"虫友"用户头衔包含10个等级，0个以下金币的被称为无虫，拥有0～10个金币的为新虫，其后按金币数的逐级递增，依次有铁虫、铜虫、银虫、金虫、木虫、铁杆木虫、至尊木虫、木虫之王，最高级别的是神虫浮云。级别越高的"虫子"，在本论坛中拥有的特权就越多[38]。

从上述两个技术论坛的情况介绍可以看出，技术论坛存在用户多、版块多、帖子多等现象，有很明显的信息过载问题。为此，技术论坛对用户的主要交互行为进行了规范，并通过收集用户的交互行为，计算用户的参与度和贡献度，以积分、用户等级等形式标记用户的有效、有用行为，这种以交互行为得出的等级用户在论坛有一定的权限、地位和威望，具有较高积分或等级的用户是论坛某个或某些方面的权威，他们发布和回复的帖子和内容，会更可靠、更有影响力，会得到更多普通用户的信任。

3.3.3　社会化问答系统信息交互行为与分析

1. 典型的社会化问答系统简介

随着网络信息技术的不断进步，传统问答系统已经不能满足人们的需求，国内外相继涌现出多个社会化问答系统。社会化问答系统是一种虚拟学习社区，是基于互联网技术所形成的公共社交知识平台，它向用户提供知识答案的同时也提供了一个可加入的社会化网络关系网[39]。

相比于传统的虚拟学习社区，社会化问答系统具有以下特征：①社会化问答系统具有知识学习和社交互动双重属性，以社区、用户关系以及内容运营作为基础，是能实现社交功能的知识共享平台；②社会化问答系统中的知识和信息通过用户提出问题与回答问题形成的知识节点和用户间交流互动形成的用户节点两种方式进行传播；③社会化问答系统以问题为中心的组织形式使得知识交流更为深入、更具针对性；④社会化问答系统通过点赞、收藏、认证、信誉、徽章等机制对回答内容和用户专业度进行评价，从而帮助系统筛选出优质回答。

1）知乎

知乎作为国内典型的社会化问答社区之一，其信息质量较高，公信力较强，用户数量庞大。用户可以在知乎社区中围绕自己感兴趣的话题进行讨论，和他人分享自己的知识、经验以及见解。早期的知乎采取封闭运营模式，以“邀请制”的方式让用户进行实名注册，汇集了各行各业的精英群体，社区问答内容的可信度较高，信任机制的建立较为容易，成员个体的信誉值较高。随着知乎影响力不断上升和问答社区建设逐步成熟，2013 年，知乎开始面向公众开放，用户只需经过简单注册便可以进入问答社区。随着用户的不断增多，知乎问答社区讨论话题的广度和深度也逐渐扩大。

（1）知乎问答机制。

知乎用户在注册时会对自己进行定位，选择自己擅长的领域。用户通过提出问题，邀请其他用户回答或者其他用户出于兴趣而进行回答的形式，吸引更多用户参与其中，从而形成知识的共享机制。用户在参与讨论或者回答他人问题的同时，也在积累社会信任和信誉。用户在回答问题时，尽可能选择与自己领域相关的话题，如果问答范围超过了自己所标注的认知领域，回答的可信度会大大降低，用户自身的信誉值也会下降。同时，知乎的信息推送采取“威尔逊法则”，前期答案发布后，点赞数越高，表明回答的内容可信度越高，越容易被系统推荐；若有人不赞同该观点且反对的人数较多，系统则会对回答进行再排序，将大多数人认同且可信度高的回答推送给用户。

（2）知乎社区成员分类。

从知乎用户知识共享行为的行为模式来看，可以将用户分为两大类：知识回答者和知识接收者。知识回答者（下文简称为回答者）指在社区中提供的知识远大于接收的知识，而知识接收者（下文简称为接收者）则主要以浏览和学习为主，几乎不贡献知识。在知乎社区中，有接近 90%的用户几乎不提供知识，是纯粹的接收者，只有 1%的用户在社区中积极贡献知识，属于典型的回答者[40]。作为提供知识的回答者，其可信任度和信誉值远大于接收者。

（3）个人与机构认证。

用户申请了知乎账号之后，可以进行自我认证或者机构认证。知乎对用户账号信息的真实性进行审核后，会在账号主页以及用户名旁边带上蓝色的认证标识。认证账号在进行相关领域问题回答时，阅读量会增加，回答的权重也会变大，更易与他人建立信任关系。个人认证与机构认证涉及科研、互联网、医疗健康、教育、工程建造等多个领域。通过查找认证账户，用户能够快速地找到相关领域的高质量回答者，高质量回答者的问答内容被多数接收者认可，其真实性和可信度较高。

(4) 积分机制。

知乎不实行积分机制，原因是实行等级积分制度很容易产生低质量刷屏式的回答，导致社区内的问答质量下降。但是，在知乎平台中，用户发布的文章数量，回复的问题数量，收到的赞、感谢、收藏数，关注数等可以量化的数值，都能被看作是用户的隐性积分，即用户可信度。当用户的发文量和被点赞数以及收藏和关注度较高，其对应的隐性积分也就相对较高，用户个人的信誉值和回答的权重值也会增加。

(5) 徽章中心。

徽章中心可以直观地记录每一位用户的社区行为，是一个鼓励大家在社区内进行正向互动的措施。用户通过赞同、回答问题等行为获得徽章奖励，提升徽章等级。当用户出现回答内容被折叠、建议修改、删除等情况后，徽章会被降级，严重时会被取消。部分徽章获得机制如表3-5所示。

表3-5　知乎徽章获得机制(部分)

徽章说明	获得条件
笔耕不辍	连续回答问题的天数，达到标准后即可获得
乐于交流	对回答、文章和想法发表评论，达到对应次数即可获得
知无不言	回答问题的次数达到对应的标准即可获得
专栏作家	开通专栏并且关注专栏的人数达到1000人即可获得
博闻强识	获得“优秀回答者”认证之后即可获得

(6) 惩罚机制。

作为开放的网络问答平台，每名用户都能在知乎社区中发表自己的观点。用户可以主动发起问题或者话题，寻求他人的解答和帮助；也能通过主动搜索或者被邀请的方式来解决他人的疑问。随着知乎向公众开放，用户数量不断增加，大量用户的加入导致知乎中低质量回答者的比例上升，知乎早期建立的“高质量”“高信度”的问答机制被打破，用户水平和问答质量出现参差不齐的情况，这不利于问答社区信任机制及信誉机制的建立。

对此，知乎发布了《知乎社区管理规定》来规范和维护社区内的知识分享问答机制。如果用户在与自己相关活跃领域相差较大的问题下进行回答，系统会判定其定位不清晰，从而减少该回答的推荐，该回答的认可度也会降低。当某一问题的回答数量过多，系统也会折叠认可度相对较低的答案，并且谣言和不当内容不需过多外部干涉便会迅速折叠[41]，保留相对较为权威或者可信度较高的回答。当用户出现违规现象，知乎会依据其违规情节的严重程度，对账号进行为期1～7天或者永久禁言处罚。

2) Stack Overflow

Stack Overflow成立于2008年，是国外知名的计算机编程知识问答社区，被软件开发者广泛地应用于知识分享和获取[42]。问答社区致力于为开发者提供一个提出问题和回答问题的虚拟学习平台，用户可以在社区中免费提交问题、浏览问题、回答问题以及索引相关内容。在社区中，用户通过参与互动和回答问题来获得相应的分数和荣誉，获得的荣誉和分数越高，相应能使用的社区特权就越多。

(1) Stack Overflow 问答社区中用户行为。

Stack Overflow 是最大的在线问答网站，程序员在这里提问和回答与程序设计相关的问题。它提供了 Wiki 风格的编辑，包括一个投票、徽章和用户信誉的系统，以确保高质量的、经过评审的答案。

Stack Overflow 问答社区中的用户有多种交互行为，其中，以下 4 种是最主要的行为[43]：

① 提出问题：任何注册用户都可以提问，一个问题可以被投票赞成或反对。一个很难但很重要的问题通常会通过投票来获得更多的关注，重复或模糊的问题通常会被否决。

② 回答问题：任何注册用户都可以提供现有问题的答案，一个问题可以有多个答案，答案是按总投票数排序的。

③ 编辑：注册用户可以对一个问题或答案进行小的修改或建议。编辑有助于使问题和答案对未来的用户更易阅读和理解。

④ 投票：注册用户可以投票赞同或否决问题和答案，但不能编辑。投票对于优质问题和答案得到关注至关重要，即让优质问题和回答排在更靠前的位置，不好或不正确的问题和回答跌至更低的位置，让用户更方便地看到相对优质的问题和回答。投票对用户的信誉有加分作用，投票结果让持续提供有用内容的用户赢得一定的信誉，并在网站上获得更多特权。投票还是网站领导层的形成方式之一，投票多的用户不断升级到更高的管理岗位，承担更多的管理任务，拥有更多的社区权力[44]。

(2) 信誉机制。

Stack Overflow 使用竞争机制来吸引和奖励用户的参与，这些机制包括信誉评分、赞成投票、不赞成投票、奖励和徽章。这些机制创造了一个双赢的局面，既帮助问答社区吸引更多的用户，并确保其可持续性，又能激励用户提高他们的可持续学习动力[45]。

问答社区有专门的对用户行为进行定量评估的机制，用户参与社区的每项活动都可以获得相应的分数和荣誉。信誉是用户可以得到的一种奖励式荣誉，是社区对用户信任程度的粗略度量[46]。信誉分数的增加来源于以下几种方式：提问或回答帖子的投票、收到的奖励、对其他帖子的编辑[47]，部分信誉值得分如表 3-6 所示。例如，当一个问题被投票(点赞)时，提问者获得 5 分；当一个问题的回答被点赞，回答者获得 10 分；一个答案被接受为最佳回答时，回答者得 15 分，接受者也会相应地得到 2 分。

表 3-6　Stack Overflow 社区内信誉的得分机制(部分)

动　　作	信誉值得分
问题被投票(被否决)	+5(−2)
答案被点赞(被否决)	+10(−2)
答案被接受	+15(+2 给接受者)
答案被打赏(被踩)	+全额赏金(−全额赏金)
踩一个答案	−1

在 Stack Overflow 内，用户每天最多只能获得 200 信誉值，但赏金奖励不受每日信

誉值的限制。

当用户不断地参与社区问答活动并获得一定的信誉值后，用户将被授予社区层面的一些特权，信誉值越高，社区的特权越丰富。当用户刚创建个人账户时，会被授予创建帖子的最基本权限；任何达到最高信誉得分 25 000 的用户将会拥有最高权限，即能够访问内部和谷歌网站分析的权限[47]。Stack Overflow 中基于信誉值授予使用者的特权如表 3-7 所示[48]。

表 3-7　Stack Overflow 社区中特权的信誉值要求（部分）

授予权力	说　明	信誉值要求
创建帖子	提出问题或答案	1
参与小区	讨论网站本身：错误，反馈和治理	5
创建维基帖子	创建可以被大多数用户轻松编辑的答案	10
投票/旗标	指出问题和答案有用性/通过标志使内容引起用户的注意	15
聊天交流	参加本网站的聊天室	20
到处评论	在其他人的帖子上发表评论	50
设置赏金	在问题上提供一些信誉作为赏金	75
创建聊天室/编辑小区维基	创建新的聊天室/协作进行维基帖子的编辑和改进	100
否决	指出问题和答案无用	125
查看问题投票数	查看和投票关闭/重新打开自己的问题	250
编辑问题和答案	对任何问题或答案的编辑会立即应用显示	2000
创建标签同义词	确定哪些标签与其他标签具有相同的含义	2500
关闭并重新投票	说明确定帖子是主题外还是重复	3000
使用主持人工具	访问报告、删除问题、查看评论等	10 000
保护问题	将问题标记为受保护	15 000
访问网站分析	访问内部和谷歌网站分析	25 000

(3) 徽章制度。

Stack Overflow 有一个徽章奖励系统，用户在参与不同的社区活动时，社区根据用户的贡献程度授予用户相应的徽章，以鼓励用户持续参与社区活动。徽章是除信誉外的另一个鼓励用户对社区做贡献的激励机制。

徽章分成金、银、铜三个等级，用户获得金、银、铜徽章的难易程度不同，如表 3-8 所示。铜徽章是最容易获得的，与基本的操作有关，比如发帖或回答问题；经常参与问答网站的活动可能会获得银徽章，当用户收到银徽章时，表明他们已经处于一个经验丰富参与者的水平，他们具有致力于参与社区活动和互动的长期目标；金徽章是最难获得的，用户不但承诺持续参与社区活动，还要有一定的奉献、技能和知识。在回答质量、能力和对社区贡献方面最高级别的金徽章是“Great Answer”，获得“Great Answer”徽章的用户在回答问题时会表现稳定并有可预期的回答质量[49]。用户拥有的徽章信息记录在用户信息页面,进入用户个人中心的界面,可以查看他获得的徽章、信誉值等情况[50]。

表 3-8 Stack Overflow 中的回答徽章

徽章等级	回答徽章	说明
铜	解释者,漂亮的答案,复兴,自学,老师	铜徽章鼓励用户尝试网站上的新功能。它很容易得到
银	开明的,精炼者,多面手,古鲁,救生衣,好答案,死灵法师,坚韧	银徽章比铜徽章少见。用户需要规划一定的策略来获得一个
金	光明者,救生艇,答案很好,平民主义者,无名英雄	金徽章用以表彰社区成员的重要贡献。它很少被授予

2. 社会化问答系统优秀回答者识别应用现状

随着社会化问答系统的不断发展,注册以及使用人数都呈现大幅增长。以知乎为例,截至 2018 年 11 月底,知乎用户突破 2.2 亿,问题数量超过 3000 万,回答数量超过 1.3 亿。可见,社会化问答社区已经发展成为多元化且机制完善的大型知识分享平台,是人们日常获取信息与知识的重要途径[51]。随着社会化问答社区使用人数逐渐增加及规模的不断扩大,用户生成的问题和答案数量也越来越多。问答社区以其开放性及社会化的特点促使用户大规模地参与到问题提出和答案生成的同时,也使得问答社区内用户生成的答案质量良莠不齐,甚至会出现虚假消息来混淆视听。

当然,不可否认的是,社会化问答社区中仍存在大量优秀回答者,而优秀回答者最重要的组成部分之一就是意见领袖。通常来说,意见领袖是网络社区中的活跃分子,是积极的信息传播者;意见领袖是社区中的明星人物,能够吸引大量关注、激发更多讨论;意见领袖也是社区中的意见风向标,为社区讨论设置议程,并影响社区中的舆论导向。意见领袖的专业性和可信度是其在网络社区中建立信任和增加影响力的重要因素[52]。意见领袖发表的言论以及推荐的内容都会通过信任机制影响其他用户的信息接受意愿。当回答者积极地在相关话题中实名回答问题并且信誉值较高,其身份可以被定义为"意见领袖"。

1) 知乎问答社区优秀回答者

在知乎问答社区中,当用户在特定话题下实名创作了大量可信度和专业性较高的内容时,其个人主页以及用户名旁边会带上橙色星号的"优秀回答者"标识。当某一话题回答数量足够多时,系统就会自动计算"优秀回答者"。"优秀回答者"的计算主要参考用户在特定领域内的话题权重。话题权重体现用户在话题下的活跃情况、回答内容质量和其他用户对他的认可程度。当用户在某个话题下的权重到达特定数值,并且符合专业、认真、友善的社区精神,没有发生过严重违反知乎社区管理规定的行为,就会成为该话题的优秀回答者[53]。成为优秀回答者意味着用户的话题权重增加,回答的可信度和被推荐的概率也会增加。"优秀回答者"标识的推出一定程度上帮助用户提高了搜索和获取特定领域内专业知识的效率。

2) Stack Overflow 问答社区优秀回答者

Stack Overflow 问答社区的用户信息数据中包括用户信誉值和徽章个数,可用于识别高信誉用户和具有特殊能力的用户。问答社区的问答数据中包含用户以往的回答记录和这些回答的投票信息，利用这些信息可以计算每个用户在不同知识领域的专业可信度。通过用户的专业可信度、信誉值和徽章，可以发现三类高可信回答者，分别是高信誉回答者、徽章回答者、专业可信回答者[49]。

（1）高信誉回答者。

虚拟学习社区借助信誉系统来提高用户的参与动机和问答内容的质量[54]。Stack Overflow 问答社区记录了用户长期的问答、评论行为和评价反馈，并给予一定的信誉奖励或惩罚，用信誉值表示用户的可信赖程度，即信誉值越高的用户，越值得信赖。他们是社区良性发展的推动者。

（2）徽章回答者。

在 Stack Overflow 问答社区，如果用户在某个知识领域或行为中有特殊贡献，将被授予徽章。例如，用户在回答问题时的良好表现会被系统奖励一定的积分，达到一定积分的用户将被授予回答徽章。如果想了解用户得到的徽章情况，打开用户的个人信息页面，就能够看到他获得的具体徽章类型和级别。

（3）专业可信回答者。

在 Stack Overflow 问答社区，提问者为问题设置了 1～5 个 Tags，来表示问题所属的知识领域，用户可以通过指定的 Tag 搜索、浏览感兴趣的相关问题并进行评价和回答。Stack Overflow 问答社区的每个用户都有特定的兴趣点，也乐于参与感兴趣的问答活动，但不同的用户在不同知识领域的专业水平、回答问题的质量、提供回答的可信度不尽相同，需根据其以往的回答信息加以鉴别和区分[49]。

3. 知乎中优秀回答者的互动特征分析

知乎问答社区有丰富的用户交互行为。在某个话题的某个具体问题下，用户之间的交互既有一定的内容特征，也有一定的结构特点。例如，在 A 发布的问题的讨论和回答中，多个用户可对问题进行回答，对每个回答，又有多个用户可以进行评论和点赞。对评论区中的评论，用户还可以继续进行评论和点赞。显然，这种互动的结构是一种类似于树形的层次结构。

王越[55]将用户在知乎中的行为归纳为提问、回答、浏览、编辑、评论等 10 种行为。为了更有针对性地对知乎的用户行为模式进行表征，选取表 3-9 所示的 5 种主要行为为研究对象，结合知乎中优秀回答者识别机制，将优秀回答者的互动行为特征划分为属性特征和结构特征，如表 3-10 所示。属性特征是指用户自带的本质特征，包括回答排名、获赞数量、回答字数、时间跨度、更新回答等。结构特征是指用户互动中形成的某种结构的特征，包括交互广度、交互深度、交互层次等。

表 3-9 知乎用户的主要行为

行　　为	具体内容
提问	提交问题名称、描述、所属话题等信息
回答	发布回答，可随时修改

续表

行　　为	具 体 内 容
评论	对问题、回答进行评论
点赞	对某个回答表示赞同
编辑	对提供公共编辑的话题及问题进行再次编辑

表 3-10　知乎用户互动特征表

互动特征分类	特 征 表 述	具 体 内 容
属性特征	回答排名	当前回答在该问题下所有回答里的排名
	获赞数量	用户对某个回答表示赞同的数量
	回答字数	用户对某个问题的回答的总字数
	时间跨度	用户在该话题下持续活跃的时间长度
	更新回答	用户对某个回答是否进行再次编辑
结构特征	交互广度	用户回答或评论后，有多少其他用户对其进行了回复。若 A 回答了一个问题，B 和 C 对 A 进行了回复，则 A 的广度为 2
	交互深度	目标用户下发生交互层次的总和。若 B 评论了 A，C 评论了 B，则 A 的深度为 3
	交互层次	用户发生交互所在的层次。规定回答者回答问题的层次为 1，评论者对答案进行评论的层次为 2，以此类推

1）数据的获取及回答者互动层次模型的构建

在以往的用户行为特征研究中，数据来源主要包括公开数据源、企业提供的用户日志、企业 API 接口以及使用编程语言编写数据爬取程序[56]。由于知乎未提供公开的数据集和 API 接口，也无法与企业沟通获得用户日志，因此需要专门编写程序以获取相关的问答数据。我们使用 Python 网络爬虫技术对知乎中的相关数据进行爬取。由于知乎的整体数据量较大，而且大量爬取会对网站造成影响，所以，我们选择“Linux 操作系统”话题下官方认证的 3 个优秀回答者（如图 3-8 所示）回答的 324 个问题进行数据获取，爬取每个问题下包括优秀回答者在内的所有回答者及评论者信息，每个回答信息包括用户名、用户 ID、内容、对哪个用户的回答或评论（被回复者 ID）等。需要说明的是，知乎对用户提问与回答提供匿名功能，在获得的用户信息中包含了一些匿名用户，为了保障数据的合理性，在处理数据时删除了匿名用户，防止匿名用户对分析结果造成影响。

图 3-8　“Linux 操作系统”话题下官方认证的 3 个优秀回答者

为了更好地表达回答者互动层次模型，以某一回答下的评论区为例，演示回答者互动层次模型的构建过程。图 3-9 是 5 个知乎用户之间的互动回答或评论的过程，将每个回答或评论的用户均视为一个节点，他们之间的回复、评价的有向关系记为节点之间的有向联系，由此形成一个具有节点和节点之间联系的社会网络。

图 3-9　知乎问答互动的一个页面截图

把图 3-9 所示的问答互动转化为图 3-10 所示的节点结构图，其中，节点表示参与问答互动的用户，用他们名字的首字母或汉字进行区分，节点间的有向关系表示节点对节点的回复或评论关系。对于同一个回答的评论，若某用户多次回复同一用户，则均视为对首次出现节点的评论。如图 3-10 所示，“Y”两次回复了“智”，两个“Y”节点均指向首个“智”节点。这样处理后，对于多次出现的用户，其结构信息主要集中于第一个节点中，方便后续的数据处理。

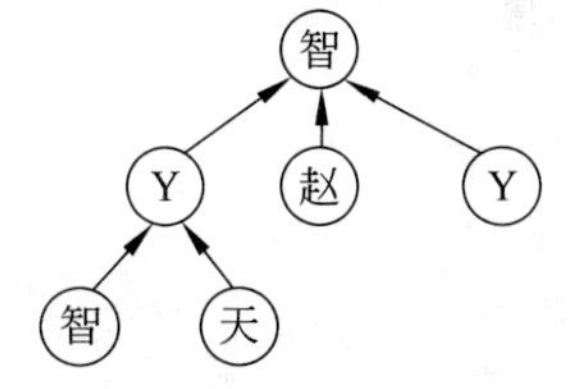

图 3-10　问答互动层次模型图

根据图 3-10 的结构，计算每个节点的深度、广度和层次，将所收集到的问题按照时间顺序进行排序，按上述方法进行计算，得到该话题下所有问题的回答者互动层次结构信息表，如表 3-11 所示。

表 3-11　回答者互动层次结构信息表

用户名	所在层次	广　度	深　度	节点类型
智	1	3	3	根
Y	2	2	2	根

续表

用　户　名	所在层次	广　度	深　度	节点类型
赵	2	0	1	叶子
Y	2	0	1	叶子
智	3	0	1	叶子
天	3	0	1	叶子

进行数据分析前，首先剔除回答者数量小于 3 的问题。这些问题由于问答互动的数据量少，不构成统计意义。在剩下的问题中，3 位优秀回答者的回答数分别是：pansz 的回答数为 174，马宏菩的回答数为 44，冯东的回答数为 67。处理后的数据信息如图 3-11 所示，其中，depth 字段表示交互深度，breadth 字段表示交互广度，position 字段表示回答所在的层次，rank 表示回答的排名，vote 表示回答的获赞数，len_content 表示答案或评论的字数，create 表示答案的创建时间，update 表示答案的更新时间(若无更新则等于创建时间)，occurrences 表示用户在该回答及其评论中出现的总次数，sum 是该提问下有多少条回答，is_change 表示答案是否进行过更新(0 表示无修改，1 表示有修改)。

	name	depth	breadth	position	rank	vote	len_content	create	update	occurrences	sum	is_change
0	pansz	4	6	1	1	63	188	2020-06-29	2020-06-29	1	16	0
1	pansz	4	59	1	1	518	257	2020-06-11	2020-06-11	7	39	0
2	pansz	3	10	1	1	56	96	2020-06-02	2020-06-02	1	16	0
3	pansz	4	13	1	2	69	213	2020-05-30	2020-05-30	4	56	0
4	pansz	4	24	1	1	189	235	2020-05-23	2020-05-23	3	36	0
⋮	⋮	⋮	⋮	⋮	⋮	⋮	⋮	⋮	⋮	⋮	⋮	⋮
280	冯东	1	0	1	1	0	224	2011-08-13	2011-08-13	1	4	0
281	冯东	1	0	1	10	5	90	2011-08-08	2011-08-08	1	290	0
282	冯东	4	60	1	1	424	201	2011-07-11	2011-07-11	3	35	0
283	冯东	3	8	1	13	33	164	2011-07-06	2012-01-18	6	30	1
284	冯东	3	2	1	5	4	68	2011-04-22	2011-04-22	3	34	0

图 3-11　统计后的优秀回答者互动问答的结构信息表

为了表征知乎中优秀回答者的问答交互行为，在获取他们问答数据的基础上，得出他们与其他用户之间的互动问答的结构模型，进而获得这些问答互动过程的属性特征和结构特征。在 Python 中，对这些优秀回答者的这些互动数据进行分析对比，以展现优秀回答者在回答互动中的特征。

2）优秀回答者互动问答行为的属性特征分析

（1）优秀回答者回答排名分析。

优秀回答者一般是比较资深和专业的回答者，如果他参与互动回答，一般能提供一个较好的回答。知乎官方为每个回答都进行了排序，即好的回答排在更靠前的位置，方便用户阅读。根据知乎对回答者回答的排名，对三名优秀回答者的所有回答的排名情况进行统计，结果如图 3-12 所示。

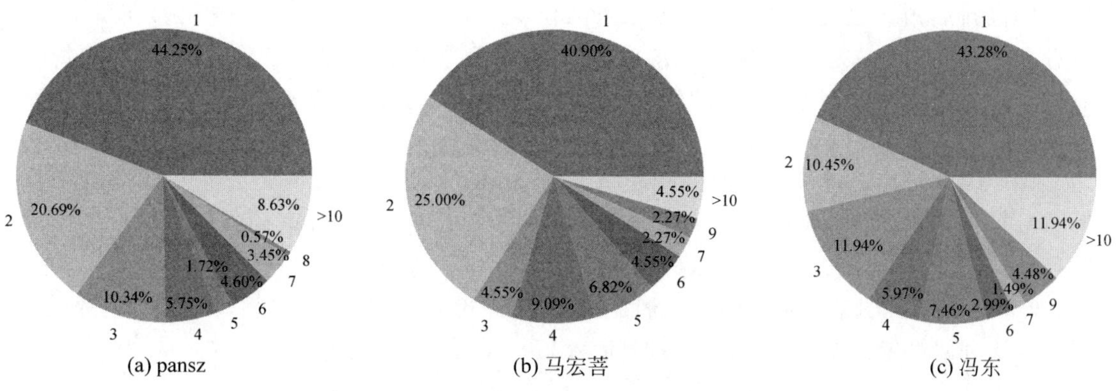

图 3-12　优秀回答者回答排名统计图

图 3-12 中扇形外的数字表示三位优秀回答者的回答分别在其对应问题下的排名。从图 3-12 所示的统计中可以看到，优秀回答者回答处于排名第一的比例均在 40%左右。pansz 排名前三的回答的总占比达到了 75%以上，说明 pansz 的回答得到了很大的肯定，取得了很好的回答效果。马宏菩和冯东的前三排名回答也很多，说明他们作为优秀回答者，在回答质量上是很值得肯定的。

(2) 优秀回答者获赞数分析。

知乎平台中，用户可以对其点赞表示同意或肯定。回答的获赞数直观地反映出回答的质量。对三位优秀回答者的回答的获赞数进行统计分析，采用核密度估计(Kernel Density Estimation)图(下面简称 KDE 图)展示三位优秀回答者在获赞上的比例密度关系。核密度估计是在概率论中用来估计未知的密度函数，属于非参数检验方法之一。

优秀回答者的 KDE 图如图 3-13 所示。

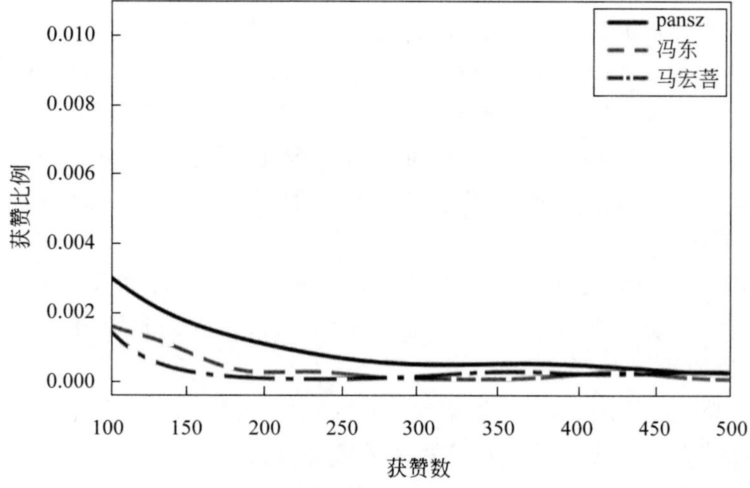

图 3-13　优秀回答者获赞数 KDE 图

结合图 3-12 和图 3-13 发现，pansz 获得高赞的比例大于其他两位优秀回答者，且其回答的高排名占比也更高，马宏菩和冯东两位优秀回答者的回答排名占比和获赞 KDE 也存在一定的对应关系。因此可以得出，获赞数与回答排名具有一定关联性，更多的赞同有助于回答排名上升，排名靠前的回答更容易获得更多的赞同，更多的赞同意味着这个回答获得了广泛认可。

(3) 优秀回答者获赞数的时间变化分析。

长期持续地参与社区回答是一个值得肯定的用户行为，问答社区用活跃度来度量用户的这种持续的贡献，具有较高活跃度的用户可能会有更高的回答权重，获得更高的回答排名，即有更多的话语权。为了表征优秀回答者的活跃度，以 x 轴表示时间，y 轴表示获赞数，对三位优秀回答者的获赞数进行随着时间(2011—2019 年)可视化展示，如图 3-14 所示。

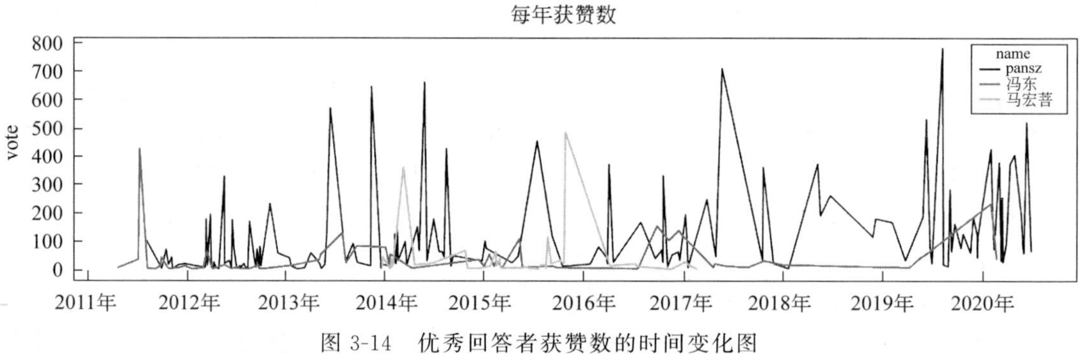

图 3-14　优秀回答者获赞数的时间变化图

从图 3-14 可见，三位优秀回答者在"Linux 操作系统"话题下回答问题的时间跨度都很长，且有一定的连续性。其中，排名第一的优秀回答者 pansz 活跃的时间跨度最长，最具有连续性，没有出现一年以上的时间断档。排名第二的优秀回答者马宏菩活跃的时间跨度最短，排名第三的优秀回答者冯东虽活跃时间较长但出现两次明显的一年以上的时间断档。

(4) 优秀回答者获赞数与回答字数的关系分析。

获赞的回答一般认为是质量较好的回答，优秀回答者的回答一般有较多的获赞数，通过统计优秀回答者获赞数与回答字数的散点分布发现，优秀回答者的回答获赞数与字数散点分布较为分散，无法直观地看出其分布规律。因此，采用 lmplot 建立回归模型，旨在创建一个方便拟合数据集回归模型的绘图方法。如图 3-15 所示，图中横轴表示回答字数，纵轴表示获赞数。

从图 3-15 拟合的回归线可以发现，回答者的获赞数和答案字数呈正相关。其中，马宏菩和冯东的回归线大致吻合，排名第一的优秀回答者 pansz 的回归线斜率明显大于其他两位优秀回答者，这说明 pansz 的回答质量显著高于其他两人，更受广大用户认可，回答的字数在一定程度上反映回答的好坏，回答字数、回答排名和获赞数在一定程度上存在关联。

(5) 优秀回答者是否更新回答对获赞数的影响分析。

知乎平台中，回答者可以对自己的回答再次进行编辑或在已有回答的基础上发布新的回答，这种情况发生在回答者在与其他用户交互过程中，发现自己回答中的不足之处，于是编辑更新已有的回答，以保障回答的完整性和专业性。因此，比较更新过的回答与未

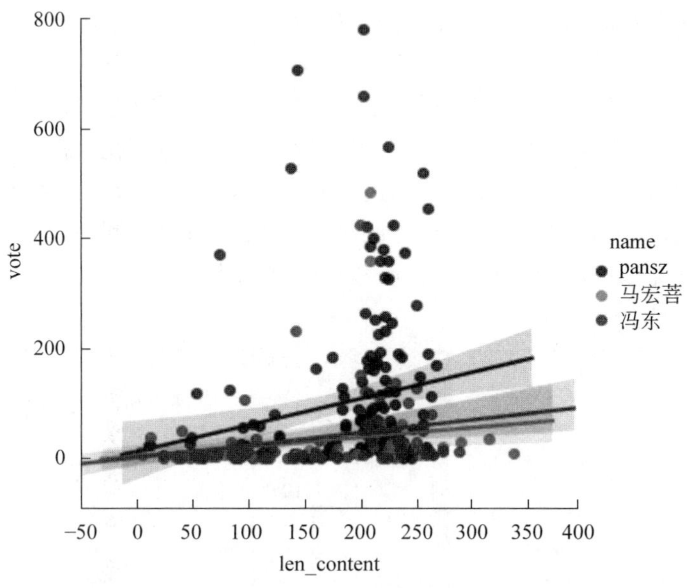

图 3-15　优秀回答者回答字数与获赞数的 lmplot 图

进行更新的回答最终获得的用户认可程度显得十分有必要和有意义。

由于数据限制，本研究取了三位优秀回答者中的两位（pansz 和冯东），分析其更新回答对回答获赞数多少的影响。图 3-16 采用了 KDE 图与直方图相结合的可视化方法，展示了更新回答与未更新回答在获赞数上的情况。其中，蓝色表示未更新的回答，橙色表示更新过的回答。

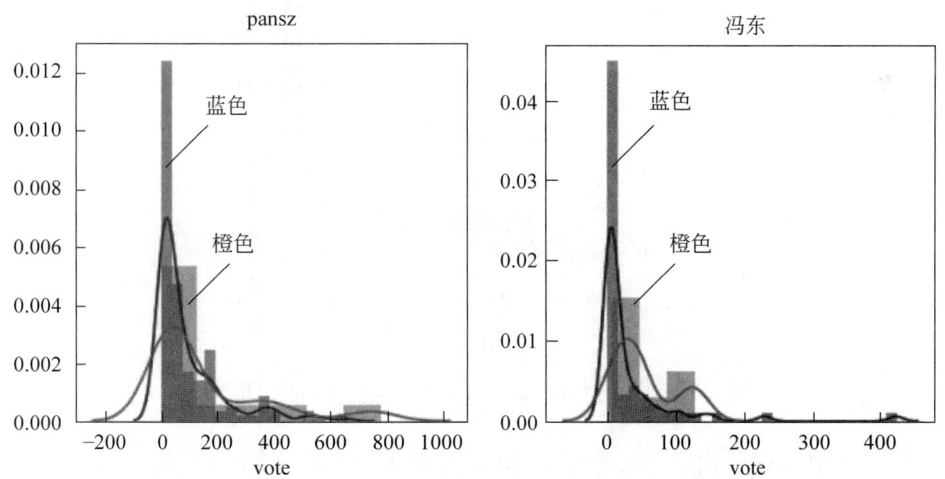

图 3-16　优秀回答者更新答案与获赞数的关系

注：横轴表示获赞数，纵轴表示获赞比例

从图 3-16 可以发现，两位优秀回答者经过更新的回答的获赞数概率高于未更新的回答的获赞数概率，当回答者修改了回答，一般会进一步提高回答的质量，高质量的回答能够获得更多用户的点赞认可。

3）优秀回答者互动问答行为的结构特征分析

（1）优秀回答者问答行为的结构特征可视化。

优秀回答者参与的问答一般会引来更多的参与以及更多的互动交流。为了直观展示优秀回答者在互动广度和深度上的二维关系，选取 KDE 图进行数据可视化。首先，根据表 3-11 中的广度和深度计算对每个样本进行标记，然后再将所有样本点进行叠加，最后再归一化计算其分布密度，形成深浅不一的密度区域。如图 3-17 所示，图中 x 轴表示互动深度，y 轴表示互动广度，颜色深浅表示分布密度的大小。

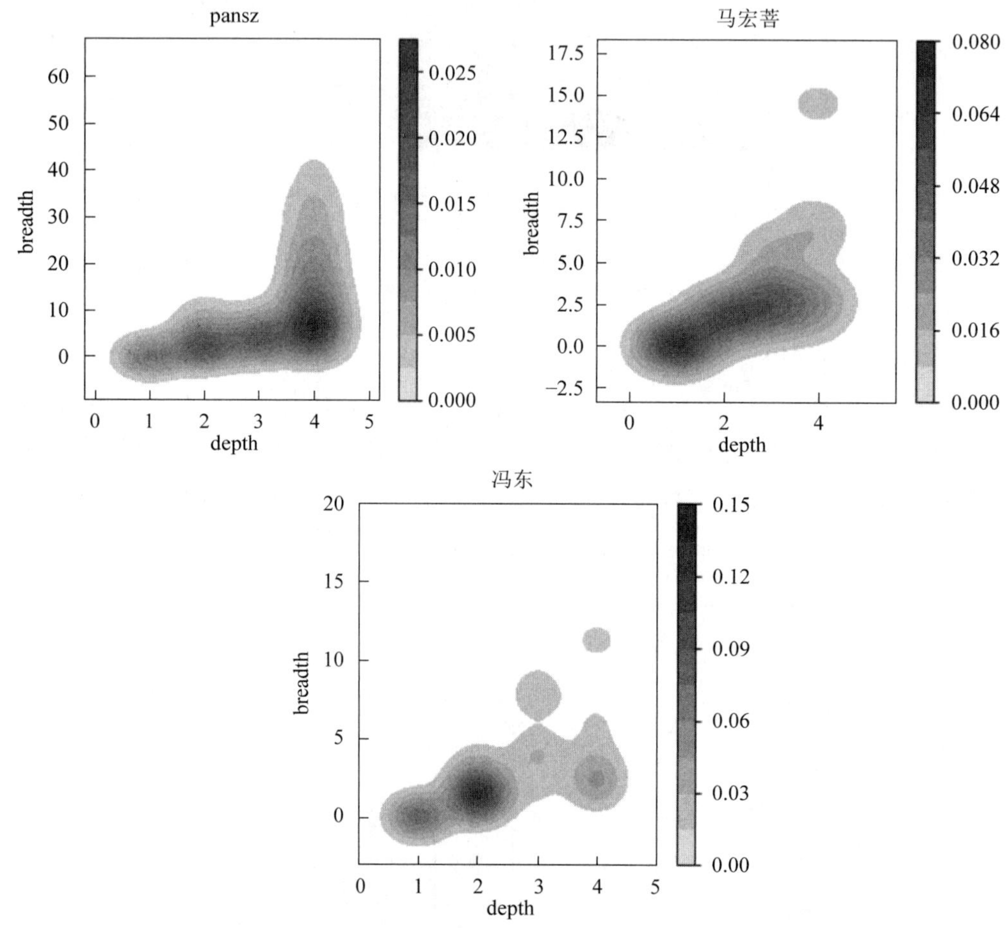

图 3-17　优秀回答者互动深度与互动广度的 KDE 图

从图 3-17 中可以看出，pansz 的互动深度大概率分布在 4，互动广度接近 10。而其他两位优秀回答者在互动的深度和广度上较为相似，但都不如前者。通过结构信息可以看出，在三位优秀回答者中，pansz 更为出色，他的回答较容易引发更深的讨论，吸引更多的用户进行评论。

（2）优秀回答者互动次数分析。

优秀回答者在问答互动行为的结构（深度、广度）上具有一定优势。互动深度和广度与交互程度相关，回答者的互动深度越深、广度越广，则交互程度越深；反之，互动程度越深，则互动深度越深、广度越广。对比三位优秀回答者互动次数的占比情况，如图 3-18 所示，图中扇形外的数字表示互动次数。

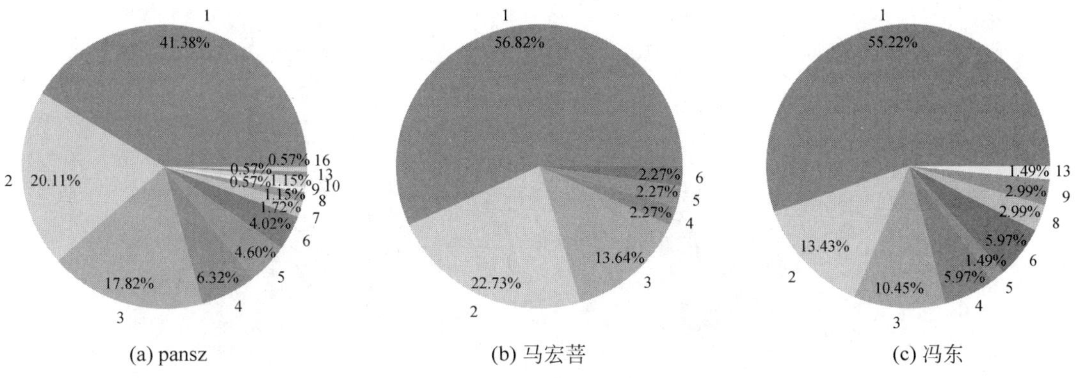

图 3-18　优秀回答者互动次数统计图

从图 3-18 中可以看到，三位优秀回答者与其他用户互动次数在两次或两次以上的比例均较大，说明他们与其他用户发生了较大概率的多次交互。其中，排名第一的优秀回答者 pansz 与其他用户发生两次或两次以上互动的回答的比例超过了 50%，说明他在大多数问答中都与其他用户发生了交互关系，提高了他在互动广度和互动深度上的数值，这个结果符合知乎对他的优秀回答者的排名。

(3) 优秀回答者是否更新回答对回答结构的影响分析。

在优秀回答者的互动问答行为的属性特征分析中，更新回答会促进回答的获赞数，可以进一步分析更新回答是否对回答的结构特征有影响。选取三位优秀回答者中的两位(pansz 和冯东)，从结构特征的角度，分析更新回答与未更新回答在互动广度和深度上是否有积极或消极影响。分别如图 3-19 和图 3-20 所示，图中蓝色(深色)表示未更新的回答，橙色(浅色)表示更新过的回答。可以看出，更新回答对互动深度和广度都有非常明显的影响，交互广度显著变广，交互深度也略有加深。

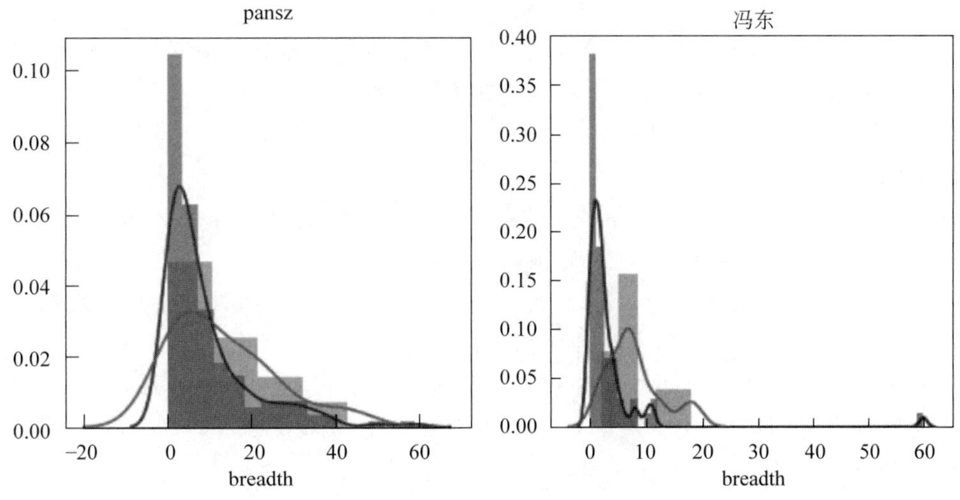

图 3-19　优秀回答者更新回答与广度的关系图

注：横轴表示广度，纵轴表示广度占比

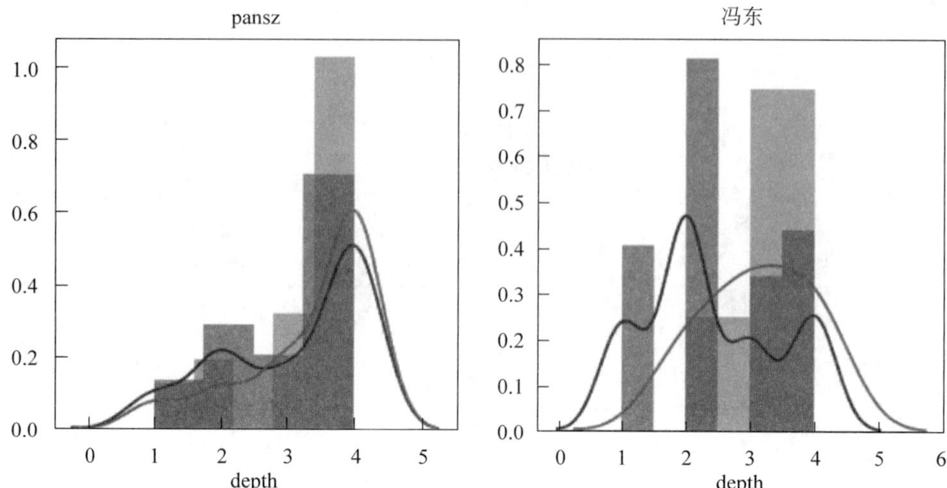

图 3-20 优秀回答者更新回答与深度的关系图

注：横轴表示深度，纵轴表示深度占比

因此，更新回答无论是在结构上还是在获赞数上，都会取得更好的表现。回答者一次又一次对回答进行修改、完善，使回答质量不断提高，高质量的回答吸引更多的用户参与互动和点赞认可，推动了交互深度和广度的提升。

4. 基于互动特征的优秀回答者识别策略

知乎中的优秀回答者识别的标准是用户在特定领域内的话题权重，体现在特定话题下的活跃情况、回答内容质量和其他用户对他的认可程度。根据上文对知乎优秀回答者的问答互动行为的属性和结构特征的分析，可以归纳出以下优秀回答者识别策略。

(1) 实名守法：根据知乎官方优秀回答者的识别机制，优秀回答者必须实名回答问题，且没有发生过严重违反知乎社区管理规定的行为。

(2) 广受认可：根据图 3-12 和图 3-13 可知，优秀回答者的回答排名靠前，并且能收获大量其他用户的认可(点赞、喜欢和收藏)。

(3) 积极活跃：根据图 3-14 可知，优秀回答者长期活跃在该话题的互动问答活动中，没有长期的时间断层，回答质量不会出现明显下滑的情况。

(4) 保证质量：根据图 3-15 可知，优秀回答者的回答篇幅长，内容翔实，质量高，甚至可以图文结合。

(5) 意见主导：根据图 3-17 和图 3-18 可知，优秀回答者互动深度较深、广度较广，能与较多的用户进行讨论交流，起到意见领袖的作用。

(6) 精益求精：根据图 3-16、图 3-19 和图 3-20 可知，优秀回答者会积极地与评论用户展开互动，并根据互动情况，不断补充和修正回答。

以知乎为代表的社会化问答系统通过问答交互的形式，促进用户间的知识分享和传播。优秀回答者是问答活动的领头人，是推动交互产生和深入的主要力量，是得到广泛认可和信任的意见领袖。

3.3.4　教育服务网络群体信息交互的深度促进策略

分析教育服务网络系统中用户信息交互和互动行为的特点发现，信息交互和互动行为是教育服务网络系统的生命之源，是推动教育服务网络系统运营和发展的主要动力，各种教育服务网络系统都在致力于保障和促进信息交互和互动行为的发生和发展。信息交互和互动行为受很多因素影响，可以通过一定的策略促进信息交互和互动行为的发生和深入，进而促进教育服务网络系统的发展。

在图 3-4 所示的教育服务网络群体信息交互的研究谱系中，群体交互影响因素和群体交互价值应用及特征分析这两个研究方向最具有探究促进群体信息深度交互策略的研究价值。关于群体交互的影响因素，现有研究主要从用户特质、文化环境和信息环境三大方面进行挖掘，其中用户特质里的动机、文化环境中的信任和信息环境中的交互功能是促进深度交互的直接因素。价值应用中包含基于群体互动分析结果的交互导引研究，它是基于现状的反馈来指导针对性的施策，可以从价值应用的数据分析结果出发，设计相应的深度交互导引策略。从影响因素出发的策略研究采用的是"干预因、影响果"的交互驱动方式，具有直接、根本的促进深度交互的可能性，而从价值应用视角的策略研究，是依据价值证据的客观、针对性地提供导引和调整深度交互，两者结合，共同促进和引导群体交互的深入。

1）群体交互影响因素视角的策略

从群体交互影响因素出发制定深度交互策略是一种从"因"影响"果"的策略制定方法。可以从满足用户动机、营造信任环境和优化交互功能三个主要方面进行促进深度互动的策略设计。

首先，满足用户动机是用户参与交互的驱动因素。参与社群交互的目的多种多样：寻找志同道合的朋友、获取信息娱乐、寻找自我认同感和社会认同感等。对于每个用户来说，参与交互的主要动机都可能不同，因此需要明晰用户有哪些动机和主要动机是什么。在了解用户主要动机后，就可以对症下药式地进行调整。例如，很多社会认同感是驱使很多用户参与交互的主要动机之一，那么就可以考虑满足活跃用户的"外在奖励""名声"和"形象"等个人外在动机。依据交互行为度量用户的社区贡献度，给予积极参与交互的用户高信誉值、活跃度（或积分、徽章等形式），就是一种从满足个人外在动机的角度促进用户交互的策略。著名的 Stack Overflow 问答社区便是使用"徽章""信誉值"等激励措施促进用户交互，提高用户对社区的黏性，使社区用户始终保持高活跃度。满足用户动机的交互促进策略与刘艳春借助扎根理论得出的"通过建立激励机制提升在线深度互动的趣味性"这一深度互动促进建议相一致[57]。

其次，营造信任环境促进持续的用户交互。用户的信任会在一定程度上决定其是否参与群体交互以及参与群体交互的频率和时长等，构建信任、有黏性的社区环境是网络平台取得成功的关键因素。Rothaermel 等[58]学者认为，信任在影响网络社区成员行为方面扮演了重要角色，当社区成员信任社区环境以及社区中的其他用户时，人们行事会更加积极主动。基于此，为了营造信任环境，一方面可以采取实名认证和建立基于行为的信誉机制，来促使用户产生积极、正面行为，减少人际间的不信任感；另一方面，引入第三方认证、构建基于评分的质量监控机制，减少低质内容和服务的出现，预防不安全的用户行为的出现。当用户对教育服务网络中的用户、服务和平台都具有较高的信任感时，会感觉身处值得信赖的环境，不会担心个人隐私泄露、获得错误信息和受到消极反馈等风险，从而积极地参与教育服务网络中的群体交互。

最后，优化交互功能能够便于用户的交互行为。通过梳理用户分享意愿、持续使用意愿和参与意愿影响因素等研究发现，交互功能的易用性能够显著影响用户参与行为。因此，可以将交互功能设置得更符合用户的行为习惯、更满足用户多样的社会交换需求，即通过让交互功能变得易用和丰富来优化交互功能，从而提高用户参与群体交互的意愿。陈为东在通过结构方程模型方法得出交互影响因素基础上，提出的“引入情感化设计理念增强学术虚拟社区的感知易用性、感知有用性和归属感”社会性交互优化策略[16]与此策略异曲同工。

2）群体交互价值应用及特征分析视角的策略

通过分析群体交互的应用结果和特征来制定深度交互策略是一种从应用价值导引的策略设计，其策略类型主要是调整和引导型的。根据网络平台群体交互应用的价值趋向，主要从角色机制、推荐机制和归纳机制给出深度交互导引策略。

首先，角色机制需要分析交互中问答的问题和答案，归纳用户愿意积极参与的问题和评论类型。陈远等[59]从结构洞位置和中心度位置对虚拟社区交互网络进行分析，成功识别了科学网博客中的意见领袖角色，并证实他们在促进互动的重要作用。刘艳春等[57]学者也认为，教学情境、知识氛围、支持服务作为外部情境因素，是深度互动行为的强化因素。为了更好地发挥意见领袖的关键支持服务作用，应该通过交互分析更加深入地探究意见领袖的引导策略。即一方面可以基于内容分析法研究什么类型、哪种问法的帖子易得到回答、易引发多层次互动，明确意见领袖如何通过发帖促进互动；另一方面可以基于内容分析法研究哪种对帖子的回复能引发后续对回复的评论，将互动向纵深化推进，明确意见领袖如何回帖引发多层互动。现有的一些交互分析研究结论揭示了意见领袖在教育服务网络中的潜在价值，也为具体交互促进行为提供了参考。例如，郝祥军等[60]借助实验研究方法发现，在线学习论坛中在合适时机向用户提供合适的问题支架能够促进在线知识交互。黄梦婷等[61]通过分析知乎 220 例协作数据，探究用户之间的协作发起和响应、协作内容的类型以及效果是否存在差异，发现交互性较强的发起动作更能获得回应。

其次，推荐机制能够引发更准确的互动，从而促进群体交互。当用户遇到问题或需要与人协作学习时，系统可以利用各种信息向用户推荐相关的问题、答案和用户，让用户间借助问题这一纽带，形成交互行为。这又与陈为东提出的“采纳知识融合技术提高虚拟学术社区信息资源的可用性和可接受度”这一社会性交互优化策略不谋而合[16]。

最后，归纳机制是指平台适时归纳总结用户对高热度典型问题的关键讨论过程和结果，帮助用户形成对该问题更准确、客观、全面的认识，促进用户对群体交互知识产物的充分吸收，促进用户生成知识的传播，凝练社区集体智慧。另外，对没有定论的话题和讨论，平台能及时归纳总结阶段讨论结果，指出尚未深入讨论或被忽视的重要角度与细节，以促发用户更精确的互动讨论，促进交互的纵深发展。归纳机制是对网络平台的高阶要求，网络平台可以充分发挥意见领袖、版主的作用，由他们对值得深入交互的问题进行归纳、总结和拓展、引导，方便用户对历史互动的阶段结果所蕴含的信息充分吸收，引导用户进入下一阶段的深入互动和交流，从而促进生成性知识传播和引发更深层次的互动。

3.4 两种视角下基于交互的信任生成研究

3.4.1 群体信息交互和信任影响因素的联系

随着虚拟空间交互研究的深入，教育服务网络中群体交互研究已经形成了以特征分析、价值应用、影响因素和作用效果四大方面的研究谱系。值得一提的是，价值应用、影响因素和作用效果三部分都有信任的踪迹，可以说信任研究是群体交互研究的一个重要组成部分，有必要从价值应用、影响因素和作用效果三个方面揭示群体交互与信任的复杂关系。

从影响因素来看，用户特质、文化环境和信息环境是影响用户参与群体互动的三大主要方面，而信任便是文化环境和信息环境中的重要维度之一。换句话说，信任会在一定程度上决定用户是否参与群体交互以及参与群体交互的性质与频率等，因此，以信任为代表的社区环境维护长期以来被视作教育网络平台取得成功的关键因素。

Kankanhalli[62] 和 Rothaermel 等[58] 学者认为，信任在影响网络社区成员行为方面扮演了重要角色，当社区成员信任这个环境以及其他人的时候，人们行事会更加积极主动。Ridings 等[63] 认为在一个网络社区当中，社区成员信任其他成员将会促进社区交互，例如与他人分享知识或者从社区中搜寻信息。Smith[64] 研究了网络社区中推荐的影响，发现社区成员间的信任会引起成员更愿意接受推荐系统的推荐。Wu 等[65] 认为信任缺乏是线上活动最主要的困难，在不易保持忠诚的环境中，网络社区要鼓励成员互相信任并且鼓励他们忠诚，信任的环境可以吸引个体加入网络社区并对其忠诚。

从作用效果来看，群体交互能够促进信任感的产生。关于信任的文献通常使用“前因—信任—结果”模型来对信任影响因素的决定因素进行研究。信任的前因有多种分类，其中一种是信任形成机制。Ridings 等将信任的前因分为 4 类：①基于知识的信任，关注于通过重复交互建立的信任；②基于认知的信任或初始信任，关注于通过初始印象而不是一段时间的重复交互建立的信任；③基于机构的信任，关注于依靠一个机构或第三方来建立信任；④基于人格的信任，指个体人格会影响信任建立。Zucker[66] 指出 3 个建立信任的机制：①基于过程的信任，与基于知识的信任意思相近；②基于特征的信任，指信任的建立是基于特征相似性，例如家庭、族裔或种族、爱好等；③基于机构的信任。在这两种信任前因分类中，都将群体交互视为产生信任、维持信任的重要因素。Tung 等[67] 证实，相较于交互程度低的成员，交互程度高的成员对网站或服务提供者拥有更高的信任水平，而在信任的环境中，会产生更积极的教育服务成效。

从应用价值来看，群体交互产生的数据可以作为信任生成的客观行为证据，计算用户或服务的信任，或者信誉。为何信任能够计算？基于预测可能性的概率观点认为，信任是在过去经验的基础上得出的对未来行为的可能性的预测和期望。也就是说，信任实际上可以理解为用户的一种期望值，它是可以通过过去的经验数据度量和预测的。那么，为何用户行为可以用来计算信任？结合概率观点的信任定义和Gefen与Zucker的信任建立机制，群体交互行为能够影响信任的建立，也能作为计算信任值的客观的"过往经验数据"。因而，选取合适的行为数据进行信任计算，对交互行为是否生成信任进行量化表示。

与信任密切关联的信誉，同样可以进行计算。研究者在多个研究问题上采用基于用户行为的信誉评价机制并提出基于用户信誉等级的内容质量预判模型。雷雪[68]总结出用户信誉评价的步骤分为事件监控、指标量化和结果呈现三部分，并依此探究运用"用户评分""内容添加""内容修改""内容删除"和"版本回退"等行为数据来评价学术Wiki社区用户信誉的策略。李慧等[69]针对Wikipedia中词条编辑的特点，将作者的"插入"与"删除"操作细分为6个具体行为指标，用这些行为指标对作者信誉进行评价。金燕等[70]综合运用用户驱动和内容驱动的信誉评价策略，提取出直接或间接影响UGC内容质量的"创建""评论"和"转发"等7种行为，并运用通过专家评分法得到的指标体系获取信誉得分，据此预判不同信誉区间用户在表现期所产生内容的质量高低。

综上所述，信任与群体互动能够相互影响、互为因果。信任能够决定用户参与群体互动的行为，而群体互动也能促进信任的产生。根据信任的定义、信任的生成机制和群体互动对信任的影响，可以合理地利用群体交互行为数据对信任生成模型、信任计算模型进行研究。

3.4.2 结构视角下的历史交互与信任产生

网络虚拟社会与现实社会具有类似的信任产生机制，Zucker等学者提出的信任产生方式为网络环境下信任的生成和计算提供了很好的指导。依据Zucker的研究结论，从网络实体间的历史交互活动的行为数据中挖掘生成基于历史经历的信任，通过计算网络实体的社会化特征的相似度生成基于社会特征的信任，通过获取实体所在团体、组织、系统的关于生成信任的线索生成基于组织的信任。

在此研究领域，Abdul-Rahman与Hailes等提出融合信任和信誉两种概念计算虚拟社区中的信任值，通过信任者个体与被信任者间的历史经验和交互情况来判断信任，通过其他人对被信任者的评价、态度和意见来判断信誉[71]；Yu在Abdul-Rahman的模型基础之上，使用证据理论统计、传递信任者之间的信任评价[65]；组织信任的研究热点，主要集中在组织关系内部的组织诚信、组织承诺及领导风格等组织变量关系方面的研究，如Mayer[73]等提出整合组织承诺和组织信任关系的组织信任整合模型，并进一步探究了绩效评价系统对信任影响的研究。由此看来，已经有多领域的学者从结构的角度探究历史交互、社会特征与组织对信任的影响和生成的作用。

3.4.3 数据视角下的用户行为驱动信任生成

从数据视角的信任生成是对信任程度的计算，一种是基于用户对服务、产品和用户的评分数据来计算信任，即用户驱动；另一种是从用户产生的行为数据来评价其信誉，即内容驱动。

在服务计算环境下，信任的表达、模型、计算存在很大的主观性以及信息的冗余性，加之上下文及应用需求的不同，信任很难有统一的模型，信任计算最简单直接的方法就是直接用信任双方产生的数据信息来计算。例如，eBay 购物网站上通过统计好评和差评之间的数量差异来计算信任值[74]。Beth 等在其构建的信任计算模型汇总引入了经验的概念来呈现并计算信任的关系，提出了信任程度评估的通用计算方法。例如，在交易中以交易失败记为否定经验，交易成功记为肯定经验，然后对比肯定经验和否定经验的差值，则交易对象交易成功的概率就代表其信任程度[75]。还有许多信任计算模型使用信誉计算信任。此外，不同信任模型往往侧重于某个网络环境下信任某个方面的特征，如社会网络中的传递性特性[76]。电子服务中的信任关系[77]。服务网络中的信任属性和维度[78]等。Huang 等从基于社会网络的信任所具有的传递性角度，给出了基于本体的信任语义描述，特别定义了信念信任和能力信任不同的传递语义[76]。Jøsang[79]从主观逻辑的角度认为信任存储在信念观点中，表示成四元组(b,d,u,a)，其中 b、d 和 u 分别代表信任、不信任和不确定，$b,d,u\in[0,1]$，且 $b+d+u=1$，参数 $a\in[0,1]$ 表示在没有证据的情况下基准率(Base Rate)的概率，用来计算一个观点的概率期望值。Jøsang 还定义了不同观点传递的打折因子和聚合的共识因子使信任在网络中传递和聚合更有意义。

上述研究利用各种理论和方法探讨了各种网络应用环境下信任计算方法，这些方法针对具体网络结构和应用环境的特点，构造有针对性的信任模型和方法，虽然能解决实际问题，但扩展性不强，依赖网络规模和结构，很难形成统一的信任计算范式。在上述成果的启发下，本节针对教育服务网络结构特点和用户行为特点，研究影响信任的多维属性及其传播规律，设计了基于语义的、细粒度的信任认知、度量、传播、融合的方法，研究教育服务网络中信任的作用，并利用信任实施可信教育服务推荐，满足教育服务网络对可信和多样性的推荐需求。

本章小结

为了系统论述教育服务网络中的交互与信任，本章涵盖了教育服务网络中的交互、教育服务网络中的群体信息交互研究、教育服务网络中的信任与交互三大部分的内容。教育服务网络中的交互部分旨在明晰本研究的“群体信息交互”这一核心概念，并梳理形成群体信息交互研究现状，为本章其他部分的内容提供分析框架；教育服务网络中的群体信息交互研究中，对群体交互行为分类与检测、典型教育服务网络系统中的信息交互和互动行为的特点、群体交互的深度促进策略进行了详述；最后，从结构和数据的视角，分别阐述交互产生信任、交互数据驱动信任生成的可能性。本章所梳理的概念范畴为后续的应用明晰了场域，提及的交互行为与各种服务将在不同场景中得到细化，而初步揭示的交互与信任的关系则为后续章节的信任生成奠定基础。

参考文献

[1] 白淑英，何明升. BBS 互动的结构与过程[J]. 社会学研究，2003(5)：8-18.

[2] Wiener N. Cybernetics or control and communication in the animal and the machine[M]. Technology Press，1948.

[3] Jones Q，Rafaeli S. Time to split，virtually：'Discourse architecture' and 'community building'

create vibrant virtual publics[J]. Electronic Markets, 2000, 10(4): 214-223.

[4] Moore M G. Three types of interaction[J]. The American Journal of Distance Education, 1989, 3(2): 1-7.

[5] Hillman, D. C. A., Willis, et al. Learner-interface interaction in distance education: An extension of contemporary models and strategies for practitioners[J]. The American Journal of Distance Education, 1994, 8(2): 30-42.

[6] Anderson, T. Modes of Interaction in Distance Education: Recent Developments and Research Question. Moore, M. & G. Anderson, G. (Eds.), Handbook of Distance Education[M]. NJ: Erlbaum: Mahwah, N. J. : L. Erlbaum Associates, 2003: 129-144.

[7] Sutton, L. A. Vicarious Interaction: A Learning Theory for Computer-Mediated Communications [DB/OL]. (2000). http://www. eric. ed. gov/ERICWebPortal/conTentdelivery/servlet/ERICServlet? accno=ED441817.

[8] Gilbert, L., Moore, et al. Building interactivity into web courses: Tools for social and instructional interaction[J]. Educational Technology, 1998, 38(3): 29-35.

[9] Northrup, P. A framework for designing interactivity into web-based instruction[J]. Educational Technology, 2001, 41(2): 31-39.

[10] 陈丽. 远程学习的教学交互模型和教学交互层次塔[J]. 中国远程教育, 2004, (3): 24-28, 78.

[11] Hirumi, A. A framework for analyzing, designing, and sequencing planned e-learning interactions [J]. The Quarterly Review of Distance Education, 2002, 3(2): 141-160.

[12] 郑杭生. 社会学概论新修精编本[M]. 2 版. 北京: 中国人民大学出版社, 2015.

[13] Blanchard A L, Markus M L. Sense of virtual community-maintaining the experience of belonging [C]//Proceedings of the 35th Annual Hawaii International Conference on System Sciences. IEEE, 2002: 3566-3575.

[14] 戴心来, 刘聪聪. 基于学习分析的虚拟学习社区深度交互研究[J]. 现代远距离教育, 2019(5): 51-58.

[15] 刘迎春, 谢年春, 李佳. 虚拟学习社区中基于用户行为的知识贡献者信誉评价研究[J]. 现代情报, 2020, 40(3): 117-125.

[16] 陈为东, 王萍, 王美月. 学术虚拟社区用户社会性交互的影响因素模型与优化策略研究[J]. 情报理论与实践, 2018, 41(6): 117-123.

[17] 徐恩芹. 师生交互影响网络学习绩效的实证分析[J]. 电化教育研究, 2016, 37(9): 61-68.

[18] 赵呈领, 王娴, 马晨星. 感知交互性对在线用户持续学习意愿的影响: 基于 S-O-R 视角[J]. 现代远距离教育, 2018(3): 12-20.

[19] Allen S M, Chorley M J, Colombo G B, et al. Exploiting user interest similarity and social links for micro-blog forwarding in mobile opportunistic networks[J]. Pervasive and Mobile Computing, 2014, 11: 106-131.

[20] Lu X, Yu Z, Guo B, et al. Predicting the content dissemination trends by repost behavior modeling in mobile social networks[J]. Journal of Network and Computer Applications, 2014, 42: 197-207.

[21] 邓胜利, 蒋雨婷. 用户交互特征对知识付费行为预测的贡献度研究[J]. 图书情报工作, 2020, 64(8): 93-102.

[22] 刘三女牙, 石月凤, 刘智, 等. 网络环境下群体互动学习分析的应用研究——基于社会网络分析的视角[J]. 中国电化教育, 2017(2): 5-12.

[23] 陈萌，汤志伟. 社会网络分析法在 QQ 群虚拟学习社区中的应用分析——以某专业硕士 QQ 群为例[J]. 电子科技大学学报(社科版)，2011，13(3)：74-77.

[24] 沈洪洲，史俊鹏. 基于人类动力学的社会化问答社区优秀贡献者行为研究——以“知乎”为例[J]. 情报科学，2019，37(5)：85-91.

[25] Longstaff E. Ritual in Online Communities：A Study of Post-Voting in MOOC Discussion Forums [J]. International Journal of Human Computer Interaction，2017，33(8)：655-663.

[26] 李文昊，王继新，白文倩. 从社会网络分析看海盐教师博客[J]. 中国电化教育，2010(7)：86-90.

[27] 严亚利，黎加厚. 教师在线交流与深度互动的能力评估研究——以海盐教师博客群体的互动深度分析为例[J]. 远程教育杂志，2010，28(2)：68-71.

[28] Kellogg S，Booth S，Oliver K. A social network perspective on peer supported learning in MOOCs for educators[J]. The International Review of Research in Open and Distributed Learning，2014，15(5)：263-289.

[29] 蔡志斌. 知乎社区成员互动关系研究——以“小米手机”话题为例[J]. 图书情报工作，2016，60(17)：88-93.

[30] 邢冰. 知识管理在网络教育资源管理中的应用研究[D]. 上海：华东师范大学，2004.

[31] 柯清超，郑大伟，张文，等. 国家教育资源公共服务平台评价机制研究[J]. 中国电化教育，2016(9)：8-15.

[32] 郑璐. 论坛虚拟学习社区的知识交流模式——以“小木虫论坛”为例[J]. 高校图书情报论坛，2014，13(1)：37-39.

[33] 曲蓉. 高校研究生如何利用网络资源[J]. 内蒙古科技与经济，2011(24)：94-95.

[34] 贾梦久. 基于 SNA 的论坛参与者知情同意认知情况研究[D]. 太原：山西医科大学，2018.

[35] 郑康杰. 基于云共享的虚拟学术社区构建研究[D]. 福州：福建师范大学，2018.

[36] 陈姝彤. 虚拟学术社区知识推送服务研究[D]. 长春：吉林大学，2018.

[37] CSDN 用户准则[EB/OL]. (2019). https://blogdev. blog. csdn. net/article/details/103488033.

[38] 沈雯. 基于 Web 2.0 的互动型科研人员社区平台构建研究[D]. 湘潭：湘潭大学，2013.

[39] 郭顺利. 社会化问答社区用户生成答案知识聚合及服务研究[D]. 长春：吉林大学，2018.

[40] 王其虹. 社会化问答社区优质用户知识共享行为影响因素及仿真研究[D]. 哈尔滨：哈尔滨工业大学，2018.

[41] 刘雨农，刘敏榕. 社会化问答平台的社区网络形态与意见领袖特征——以知乎网为例[J]. 情报资料工作，2017(2)：106-112.

[42] Deheng Ye，Zhenchang Xing，Nachiket Kapre. The structure and dynamics of knowledge network in domain-specific Q&A sites：a case study of stack overflow [J]. Empirical Software Engineering，2017，22(1)：375-406.

[43] Xu L，Nian T，Cabral L. What Makes Geeks Tick? A Study of Stack Overflow Careers[J]. Management Science，2020，66(2)：587-604.

[44] Why is voting important? [EB/OL]. [2021]. https://stackoverflow. com/help/why-vote.

[45] Seaborn K，Fels D. Gamification in theory and action：A survey[J]. International Journal of Human-Computer Studies，2015，74：14-31.

[46] 许子熙，毛新军，杨亦，等. 知识问答小区及其激励机制的建模与模拟分析[J]. 计算机科学，2020，47(6)：32-37.

[47] Kusmierczyk T，Gomez-Rodriguez M. On the Causal Effect of Badges[C]//The 2018 World Wide Web Conference，2018.

[48] Privileges[EB/OL]. [2021]. https://stackoverflow. com/help/privileges.

[49] 刘迎春，朱旭，谢年春，等. 基于数据挖掘的专业可信回答者个性化推荐——以 Stack Overflow 问答社区为例[J]. 现代教育技术，2019，29(5)：78-84.

[50] Kusmierczyk T，Gomez-Rodriguez M. On the Causal Effect of Badges[C]//The 2018 World Wide Web Conference，2018.

[51] 郭顺利，张向先，陶兴，等. 社会化问答社区用户生成答案质量自动化评价研究——以"知乎"为例[J]. 图书情报工作，2019，63(11)：118-130.

[52] 王秀丽. 网络社区意见领袖影响机制研究——以社会化问答社区"知乎"为例[J]. 国际新闻界，2014，36(9)：47-57.

[53] 什么是知乎优秀答主标识? [EB/OL]. (2016). https://www. zhihu. com/question/48509984/answer/111228361.

[54] Anderson A，Huttenlocher D，Kleinberg J，et al. Discovering value from community activity on focused question answering sites：A case study of stack overflow[C]//Proceedings of the 18th ACM SIGKDD International Conference on Knowledge Discovery and Data Mining，2012.

[55] 王越. 问答社区专家用户行为特征研究[D]. 南京：南京大学，2015.

[56] 徐恪，张赛，陈昊，等. 在线社会网络的测量与分析[J]. 计算机学报，2014，37(1)：165-188.

[57] 刘艳春，张庆普，李占奎. 基于扎根理论的 MOOC 在线深度互动影响因素[J]. 开放教育研究，2017，23(5)：64-73.

[58] Rothaermel F T，Sugiyama S. Virtual internet communities and commercial success：individual and community-level theory grounded in the atypical case of TimeZone. com[J]. Journal of Management，2001，27(3)：297-312.

[59] 陈远，刘欣宇. 基于社会网络分析的意见领袖识别研究[J]. 情报科学，2015，33(4)：13-19,92.

[60] 郝祥军，王帆，汪云华. 问题支架促进在线知识交互的途径假设与验证[J]. 中国远程教育，2019(3)：34-42,92-93.

[61] 黄梦婷，张鹏翼. 社会化问答社区的协作方式与效果研究：以知乎为例[J]. 图书情报工作，2015，59(12)：85-92.

[62] Kankanhalli A，Tan B C Y，Wei K K. Contributing knowledge to electronic knowledge repositories：an empirical investigation[J]. MIS Quarterly，2005：113-143.

[63] Ridings C M，Gefen D，Arinze B. Some antecedents and effects of trust in virtual communities[J]. The journal of Strategic Information Systems，2002，11(3-4)：271-295.

[64] Smith D，Menon S，Sivakumar K. Online peer and editorial recommendations，trust，and choice in virtual markets[J]. Journal of Interactive Marketing，2005，19(3)：15-37.

[65] Wu J J，Tsang A S L. Factors affecting members' trust belief and behaviour intention in virtual communities[J]. Behaviour & Information Technology，2008，27(2)：115-125.

[66] Zucker L G. Production of trust：Institutional sources of economic structure，1840-1920[J]. Research in Organizational Behavior，1986，8：53-111.

[67] Tung L，Tan P，Chia P，et al. An empirical investigation of virtual communities and trust[J]. ICIS 2001 Proceedings，2001：35.

[68] 雷雪. 学术 Wiki 社区用户信誉评价研究[J]. 情报杂志，2014，33(3)：198-201.

[69] 李慧，相华婷，汤强. 基于编辑文本与结构的 Wikipedia 作者信任模型[J]. 情报学报，2015，34(7)：743-753.

[70] 金燕，闫婧. 基于用户信誉评级的 UGC 质量预判模型[J]. 情报理论与实践，2016，39(3)：

10-14.

[71] Abdul-Rahman A. Hailes s. Supporting trust in virtual communities[C]//Proceedings of the Hawaii International Conference on System Sciences，Maui，Hawaii：2000.

[72] Yu B，Sing M P. An evidential model of distributed reputation management systems[C]//Proceedings of the first international joint conference on Autonomous Agents and Multiagent Systems：Part 1. 2002：294-301.

[73] Mayer R C，Davis J H，Schoorman F D. An integrative model of organizational trust[J]. Academy of management review，1995，20(3)：709-734.

[74] Resnick P. Trust Among Strangers in Internet Transactions：Empirical Analysis Of eBay's Reputation System[J]. Economics of the Internet & E Commerce，2002.

[75] Beth T. Valuation of Trust in Open Networks[C]//European Symposium on Research in Computer Security. Springer，Berlin，Heidelberg，1994.

[76] Huang J，Fox M S. An ontology of trust：formal semantics and transitivity[C]//Proceedings of the 8th international conference on Electronic commerce：The new e-commerce：innovations for conquering current barriers，obstacles and limitations to conducting successful business on the internet. 2006：259-270.

[77] E. Chang，T. S. Dillon，F. Hussain. Trust Ontologies for E-Service Environments[J]. International Journal of Intelligent Systems，2007，22(5)：519-545.

[78] M. Zhu，Z. Jin. Trust Analysis of Web Services Based on a Trust Ontology[J]. Lecture Notes in Computer Science，2007，642-648.

[79] Jøsang，Audun. A Logic for Uncertain Probabilities[J]. International Journal of Uncertainty Fuzziness & Knowledge Based Systems，2001.

第4章　基于多维评价的服务信任生成模式

随着“互联网＋”与行业应用的不断融合，在教育教学领域，“互联网＋”教育的应用范围逐步从个人或群体的教育教学服务扩展到个性化、规模化的企业培训和终身学习等领域，并不断朝着基于网络服务合作、协作的线上线下融合的混合式学习和个性化学习的方向发展。与互联网蓬勃发展的产物——电子商务不同，网络教育的成功应用模式还没形成，即使那些借用电子商务管理理念的教育资源或教育服务管理网站也还没有出现类似电子商务的应用广度和深度，这与教育产业的社会经济占比以及线下教育（或培训）的繁荣形成了极大的对比。

近三年，国内外网络教育呈现出疾速发展的状况，特别是在2020年新冠肺炎疫情期间，由线上教学实践驱动带来网络教育大规模理论和应用革命。网络教育不再是政府、机构、学校主导的行业和业务领域，大量企业主导甚至个人主导的网络教育纷至沓来。中国几家互联网巨头企业纷纷进入网络教育或互联网教育领域，探索合适的商业化、网络化教育之路，出现了诸如腾讯课堂、钉钉、网易公开课、百度传课、中国大学MOOC等在线教育平台。这些平台通过互联网整合教育资源和服务，为各级各类教育参与者提供各种类型的网络教育服务，如为教师提供授课平台服务、为学习者提供资源和学习平台服务、为教育机构提供线上和线下的课程推广和授课服务等。

网络教育的实践和应用需要各种制度、平台、资源、服务的保证。在实施网络教育的教育服务网络中，不同的教育应用场景有不同的人际需求和教育服务需求。总的来说，服务质量、人际信任、服务信任、用户信誉等因素影响着网络教育服务的顺畅应用和纵深发展，是各类教育服务网络的基本需求。同时，在不同的教育场景下，教育服务网络具有不同的网络架构形式，呈现不同的系统服务特点，深刻影响教育服务网络中其他研究问题的开展。本章针对权威监控型教育服务网络，阐述其网络系统架构和系统需求，设计和研究基于多维评价的服务信任生成模式，综合考虑教育服务质量和用户信誉，生成用户对教育服务的服务信任，进而实施基于服务信任的可信教育服务发现。

4.1　网络教育服务应用的核心问题和现状

网络教育的繁荣把网络教育服务平台推上了风口浪尖。其中，网络教育资源服务平台是网络教育的基础网络平台，承担着教育教学基本资源信息的管理和流动。通过观察和对比各种教育资源网站不难发现，目前得到青睐的教育资源大多具有极高的教育性和专业性，教育资源的提供者一般是专业权威或教育翘楚，当教育资源的质量和教育资源提供者的权威性得到确认后，必然能吸引大量学习者。然而，更多的教育资源服务网站还没法做到对其教育服务质量的信心保障以及对其教育服务提供者资格、水平、信誉的准确评估，影响了人们对网络教育、网络学习的信心。

学术界对网络教育资源或服务的质量评价、质量保障机制进行了较为深入的研究。Atenas 等[1]认为，每天有成千上万数字教育资源被创造并发布到网络中，这些资源的质量控制、保障和评估对资源的潜在用户来说是至关重要的，研究和定义可行的质量保证措施以吸引用户重用资源。Clements 等[2]针对学习对象库中大量开放教育资源存储、使用、共享过程中对教育资源管理质量的需求，系统分析并提出一个完整的学习对象库质量保障框架，帮助学习对象库开发人员设计可持续的质量保障措施。该质量保障框架中的质量管理措施分为事前和事后两部分，事前质量保障措施包括开发者设计的质量保障功能和标准、技术性质量保障措施，以及基于质量准则的质量评估；事后质量保障是用户生成的质量保障措施，如评分、评论、社会化标签、关注、收藏等操作。

随着网络教育的深入发展和应用，网络安全和可信问题逐步显现并得到了研究者的注意。Mason 等[3]从教育的社会性视角给出教育环境中信任的重要性，认为信任是建立一致性和知识共享的基石，是网络学习中合作和协作的基础。信任和信誉常常被用于预测用户的未来行为。高信誉的用户往往具有稳定、一致、令人满意的历史行为，通过收集和计算用户信誉，可以预测用户的未来行为。信誉系统可以产生和增强网络用户之间的信任，预测网络用户的行为以及反映服务的质量[4]。在具有信誉管理的服务网络中，基于信誉产生的信任可以消除不好用户的不当行为，激发用户持续的诚信行为。

除了上述学术研究外，实际网络教育平台还在不断探索和改进包括服务质量和用户信誉相关的管理方法和措施。通过调研一些实际教育服务网站发现，这些广受欢迎的教育服务平台在教育资源和服务的质量监控和保障方面，有一些成功的策略和做法，大致分成以下几种。

(1) 网站自己设计、制作和提供教育资源和服务，由网站内部质量监管和控制机制保证教育资源和服务的质量。如可汗学院。

(2) 和权威教育机构或个人合作，共同开发或转发具有权威教育和专业水准的教育资源和服务，由权威教育机构或个人保障教育资源和服务的教育性、专业性基本质量，网站负责服务发布、交付和支持的使用质量。如网易公开课。

(3) 虽然网络教育平台对所有提供者开放，但对提供者身份和提供的资源或服务进行严谨审核，以使网站发布的教育资源或服务达到最低的质量要求。如百度文库。

(4) 采用使用者动态评分方式，对教育资源或服务的质量进行评分或评论，依据一定算法对评分或评论进行处理，实时显示可用教育资源或服务的质量。如知乎。

这些质量保障措施或单独或联合使用，使网站教育资源或服务的质量可知、可控，使网络平台用户在安全和可信保障等基础设施支持下，实现教育服务的分享和交换。

因此，保障服务质量和维系用户信任是教育服务网络的核心问题，同时，如何通过服务质量的评估以及服务提供者信誉的辨别生成用户对教育服务的信任，是营造安全、可信教育服务网络环境的基础问题。

4.2　权威监控型教育服务网络

4.2.1　应用场景

教育服务网络在不同的教育目标、教育模式和教育环境中呈现出不同的应用形式。

其中，在具有较强专业背景的专题型网络教育应用场景下，教育服务具有极高的专业性甚至跨学科性，教育服务集中管理，其质量由以专业教师为主的专家团队共同评定；学习者请求和使用满足功能需求并可信的教育服务，给出基于使用体验的教育服务评价。在这种教育服务场景中，教育服务的专业性或学科交叉性使其质量评测主要依赖专业教师，管理花费较大；另外，教育服务的开放性造成其质量呈现动态的变化，给教育服务管理带来困难。以某大学开设的网络课程"专业教学法与教师技能训练"为例，来展示实际存在的一个教育服务网络应用。

技术师范专业为各类学校培养各种专业技术师资，如计算机专业师资、机电专业师资等。该专业的一门核心课程——"专业教学法与教师技能训练"有一个教育资源服务和管理的网站，技术师范专业学生及相关老师构成该网络课程的主要用户，相关老师和学生发布的教学资源和学习经验可以被所有用户调用、学习。为了提高该课程的影响力，该课程的网站对所有网络用户开放，提供基于网络课程资源的师范技能培训服务。

该网站提供教育理论、教学设计、相关技术专业知识以及学科与教学设计融合的教学资源和相关师范技能培训服务。这些教育资源或教育服务是开放的，即所有人可以访问和使用这些教育资源或服务，并可以上传自己的教育资源和教育服务，实现资源和服务的共享共建。为了保证网站用户能方便获取可信、安全的教育资源或服务，网站管理者对网站资源和服务进行质量评估和管理，以营造安全、可信的网络环境。

在该教育服务网络中，服务质量的描述和评估具有专业性和多维性。例如，一个计算机知识点的教学微课的教育资源质量，需要教学设计专家、微课制作专家、教师技能专家等从不同的维度去分别评测和评估。另外，使用者关心的教育服务是否权威、可信还涉及教育服务提供者的信誉以及教育服务的使用质量，这时，教育服务的提供者以及其他用户对教育服务的使用评价就具有重要的参考价值。

4.2.2　网络教育的用户

在教育服务网络中，教育服务是产生教育教学价值和效果的教育资源、教育信息、教育产品、教育支持系统、教育环境的统称。教育服务网络提供的教育服务各种各样，它们由团队协作共同设计、制作和实施、管理。教育服务的内容和形式由教学设计师、多媒体设计和制作专家、学科教师等共同设计和制作，教育服务的运营由数据库管理员、教育服务发布者发布和管理，教育服务的实施由其提供者进行，教育服务生命周期内的各种管理由教育服务网络管理员负责。这些人员与教育服务使用者一起，构成教育服务的利益相关者。

教育服务的主要利益相关者是其提供者和使用者。教育服务的提供者和使用者是教育服务网络的核心用户。教育服务的提供者是教育资源、信息、产品的开发者、发布者，教育服务的使用者是通过网络进行学习的学习者。在一些情境下，教育服务的使用者可以称为教育服务请求者、评价者。教育服务提供者和使用者之间通过一定的行为准则和媒介进行服务交互，以实现教育目标，达成教育服务的价值和效果。教育服务用户之间因服务交互产生大量的交互信息和社会化关系，这些服务交互信息和关系信息保存在用户的配置文件中，是用户属性的一部分。

定义 4-1　教育服务网络的用户。教育服务网络中的用户是具有多种角色、多种关系和相似结构的群体。$U=\{u_1,u_2,\cdots,u_i,\cdots,u_n\}$是教育服务网络中用户的集合，$u_i=$ <uid,profile>，其中，用户标识符(uid)是独一无二的，用户配置文件 (profile)用于记录用户的活动信息、关系信息以及信任、信誉信息等。

在教育服务网络中，可能存在一类特别的用户，他们不参与教育服务的交互，却承担着教育服务质量监控和评测的重任，称这类用户为第三方权威(简称 SA)。SA$\notin U$，SA 可以是一个或多个人，也可以是系统程序，共用一个统一账户，负责对所有教育服务进行以时间为触发的权威、公正的质量评测。

4.2.3　网络教育服务

教育服务是教育的一种物化形式，网络环境下的教育服务具有双重特征，既是一个教育服务，又是一个网络构件；既具有教育服务的教育性、专业性，又具有网络构件的软件特性。教育服务与其他服务不同，它的价值是内隐的、双向的。教育服务价值的内隐性体现在其价值和效果是无形的，难以及时、明确地测量和获得；教育服务价值的双向性表现在教育服务是一个教学相长、交互融合的过程，教育服务提供者和使用者经过频繁的交互来共同实现教育目标，在交互的过程中，体现教育服务的质量，实现教育服务的终极价值。

为了更好地描述网络教育服务，给出网络教育服务的定义如下。

定义 4-2　网络教育服务(Web-based Educational Service，简称 ES)。是教育服务提供者在网络上以网络构件的形式，以一定的策略、媒介和内容向教育服务使用者提供的、能导致某个约定教育目标达成的一次服务和/或软件系统实施的统称。

网络教育服务是一个动态的概念，由 M(属性)、C(规则)、P(提供者)、R(使用者)、Q(质量)构成，表示为：ES$=(M,C,P,R,Q)$，其中：

- $M=\{m_1,m_2,\cdots,m_n\}$是教育服务属性的集合，包括教育目标、功能、形式、内容等教育服务静态描述性属性，通常有相应的本体或域定义；
- $C=\{c_1,c_2,\cdots,c_n\}$是教育服务正常执行的约束条件或上下文的集合，是对教育服务的应用场景和约束的描述；
- $P\in U$，是教育服务的提供者；
- $R\in U$，是教育服务的使用者；
- $Q=\{q_1,q_2,\cdots,q_n\}$是教育服务质量的集合。

教育服务的质量具有多维性，既包括教育领域质量、专业知识领域质量，又包括教育服务作为网构软件的动态使用质量。其中，教育服务作为网构软件的动态使用质量又称为 QoS，在 QoS 中增加教育领域和专业知识领域特有的质量属性，构成教育服务质量(Quality of Educational Service，简称 QoES)，用 QoES$=Q=\{q_1,q_2,\cdots,q_n\}$中的 $q_i(i=1,2,\cdots,n)$表示教育服务的 n 维质量属性。

在面向服务环境下，网络 QoS 又可以分为提供者承诺的 QoS、请求者期望的 QoS 及实际交付的 QoS[4]。QoES 因网络教育服务的特殊性有特别的内涵，一方面，QoES 包含常用的、可以测量的 QoS；另一方面，QoES 还具有教育服务作为教育领域、教育内容专业领域以及知识表达的技术领域的特殊质量。例如，教育服务的教育性是教育服务体现教育规律和原理的质量，教育服务的知识性是教育服务传递和教学的专业知识的质量，教育服务的技术性是采用合适媒体和技术传递知识、技能和价值观以达成教育教学目的的质量。

4.2.4　基于 SOA 教育服务管理架构

除了网络教育服务的服务质量外，教育服务网络的系统架构也是影响其生存和发展的重要方面。SOA(Service-Oriented Architecture)架构是一种适合网络服务开放式动态管理的网络架构，广泛应用在各种网络系统的构建中。

在教育应用领域，有研究者使用 SOA 构建网络教育平台和系统，取得了较好的应用成果。Huang 等[5]使用 SOA 架构构建了一个个性化网络学习系统，使用本体描述学习资源，通过良好定义的网络服务来实施教育信息的交换。Al-Ajlan 等[6]对 e-learning 的特点和需求进行了分析，用网络服务描述教育对象和教育活动，建议以 SOA 架构进行网络教育平台设计，以满足虚拟学习环境下网络教育的新要求。上述研究从服务视角对网络教育系统的构建做出了一些探索，对基于 SOA 的网络教育系统的新特性进行了总结，并认为 SOA 架构的网络教育系统具有更好的灵活性和适应开放、动态、复杂网络环境的能力。

在基于 SOA 的教育服务网络中，教育服务由分布在不同物理地址的教育服务提供者发布和提供，教育服务请求者请求满足其需求的教育服务，体验由提供者实施的相应教育服务，并进行基于体验的服务评价。教育服务网络中用户交互的对象——教育服务以某种目录方式注册在教育服务注册库中，接受请求者的请求及教育服务质量监测者的质量监测和评估[7]，不断更新教育服务的属性。基于 SOA 的教育服务网络的架构模型如图 4-1 所示。

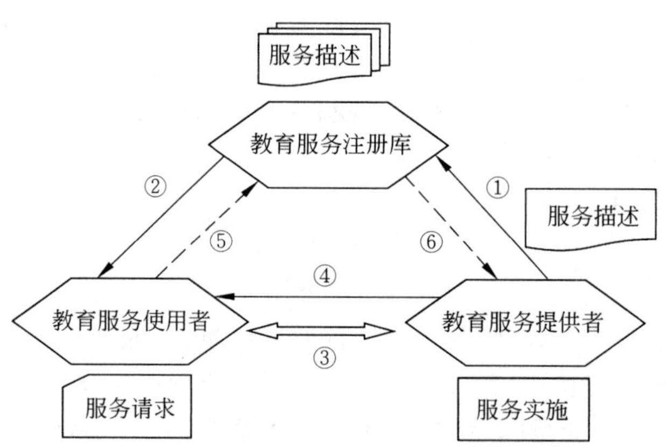

图 4-1　基于 SOA 的教育服务网络的架构模型

在图 4-1 中，教育服务提供者、使用者和教育服务之间进行着大量的交互，图中箭头表示不同对象间的不同交互行为，按序号对图中的教育行为(或服务交互)描述如下。

(1) 教育服务提供者发布教育服务，教育服务注册在教育服务注册库，发布的教育服务具有明确的 M、C 以及承诺(初始)的 QoES。

(2) 教育服务请求者向教育服务注册库提出服务请求,教育服务注册库按一定规则实施满足请求者请求的可信教育服务发现服务。

(3) 教育服务使用者和教育服务提供者实现基于接口契约的绑定。

(4) 教育服务提供者向使用者实施约定的教育服务。

(5) 教育服务使用者向系统提供教育服务的质量反馈和其他评价信息。

(6) 系统把教育服务评价等反馈信息发送给教育服务提供者,供其参考以改进教育服务。

上述模型中,教育服务提供者向教育服务注册库提交一定规范的教育服务,教育服务提供者提供的教育服务获准注册后以统一接口和形式展示在教育服务注册库中,接受教育服务请求者的请求;教育服务请求者提出教育服务请求,系统评估教育服务注册库中教育服务的功能和质量,发现满足请求者条件的教育服务,并实施请求者和教育服务提供者的绑定,教育服务请求者变为教育服务使用者;教育服务使用者体验教育服务提供者提供和实施的教育服务;教育服务使用者依据服务体验对使用的教育服务进行质量评价和反馈,提交给教育服务注册库;教育服务注册库把教育服务的评价信息反馈给教育服务提供者,并保存教育服务的评价信息。

基于 SOA 的教育服务网络是各种异构教育服务及其用户的集合,具有开放性、动态性和不确定性,相应的教育服务网络具有以下共性特点。

(1) 教育服务提供者、教育服务请求者、使用者、评价者大量共存,同一个用户可能既是教育服务提供者,又是教育服务请求者、使用者。

(2) 由不同教育服务提供者发布的相同功能或内容的教育服务大量存在,教育服务请求者除了提出对教育服务功能或内容的请求外,还会提出对教育服务质量及其提供者信誉的请求。

(3) 恶意用户、低质量教育服务不可避免地存在,影响着教育服务网络的安全稳定。

因此,教育服务网络需要有健全的质量和信誉管理机制,实施安全、可信的教育服务及其交互的管理,克服不稳定因素的安全隐患,创造可信的教育服务网络环境。

4.2.5　面向教育服务的评价与评价模式

网络教育服务是一种网络构件,它既具有网络服务的一般特征,又具有所在教育领域、专业领域特有的性质。教育服务特殊性体现在,它通常是专业性和教育性的结合,其质量、价值和效果的表示和评判除了涉及网络构件设计开发的软件专家外,还需要教育服务教学设计和开发的教育领域专家、知识内容设计和展现的知识领域专家的联合指导和参与。教育服务质量是动态的、内隐的,很难被教育服务使用者的一次使用而完全感知和认识,需要某些经过认证的第三方权威来参与教育服务质量的评测和监控。网络教育服务通常具有一定的服务周期,其价值和效果的获得常常依赖于服务提供者的诚实、专业的品质以及使用者和提供者的密切互信的配合,因此,需要合适的机制来评估教育服务网络中教育服务提供者的服务品质,使教育服务网络的服务氛围和谐、可信、安全。

为了保证教育服务注册库中教育服务的质量,保证教育服务交互地顺利进行,教育服务网络中常常设置多种形式和模式的评价。从评价的主体来分,常有专家评价、提供者评价、使用者评价。专家评价是公正权威的评价，但专家的资源有限，只能实施有限的专家评价，或者使用机器人替代一部分专家评价的工作。提供者评价主要分为提供者自评和提供者对使用者的评价，提供者自评常常是对自己提供服务的描述和承诺，是服务的初始属性或者是冷启动时用户选择服务的依据。提供者也可以对与之有交互经历的使用者进行评价，从而生成某个使用者的某些提供者眼里的画像。使用者评价一般是运用最多的评价形式，使用者在服务使用和交互的过程中，以及服务结束后，能直接感知服务的质量以及提供者的服务能力和态度，因此，可以给出关于服务质量、提供者能力、态度等直接客观的评价。

评价分为评分和评语，评分常采用特定评价指标的李克特量表法。基于 SOA 的教育服务网络中，教育服务评价模式如图 4-2 所示。

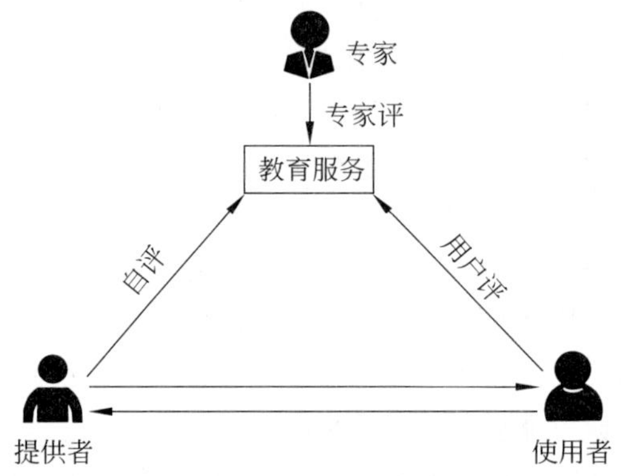

图 4-2　SOA 架构下教育服务的评价模式

在实际应用中，可能因为管理、技术的需要，采用一种或几种评价形式作为教育服务网络的评价模式。不仅如此，SOA 架构下教育服务的评价旨在促进教育服务的准确性和可靠性，为可信服务发现和服务计算搭建基础数据框架。

4.2.6　权威监控型教育服务网络的分析

根据对教育服务网络中用户和教育服务的描述，可以看出，网络教育服务具有教育性、专业性、网构软件等多重特点，其质量表征具有多维性。另外，网络教育服务质量具有内隐性、动态性特点，当教育服务提供者进行服务交付时，有不确定的交付质量。这些教育服务的质量特点给其质量监控带来困难。

首先，教育服务质量具有多维性特点，每个维度的质量有专业或行业壁垒，普通学习者很难进行专业的评判。

其次，教育服务质量是动态变化的，很难一次测量完成，需要采用周期性或日常性结合的方式进行动态质量的检测。

最后，用户对教育服务质量的感知具有个人化特点，不同需求的用户对相同的教育服务有不同的质量要求和相应的质量体验，并给予个性化的服务评价。因此，有必要谨慎考虑用户因对教育服务质量的理解和关注的不同而导致的评价侧重点不同。

具有上述特征的教育服务网络，需要有特别的质量监控方式实施必要的教育服务质量监管，因此，本章使用 SOA 架构对教育服务进行目录式集中管理、分布存放，用户之间及用户与教育服务之间实施点对点的服务交互。为了促进用户相互信任地进行教育服务交互，从保证教育服务质量和服务提供者信誉的角度，本章提出一种集中监测、开放评分相结合的教育服务质量评测模型，在各种评价数据的基础上，构建了加权组合教育服务质量和提供者信誉的服务信任生成模式，并对该模式中的数据来源、参数设置、计算模型进行了阐述。具有 SOA 架构及集中监控特征的教育服务网络，称为权威监控型教育服务网络。

4.3　基于多维评价的服务信任生成模式与应用

4.3.1　基于多维评价的服务信任生成模式简介

在权威监控型教育服务网络中，综合考虑用户对教育服务的需求以及现实场景中可以收集的信任证据的基础上，设计了基于多维评价的服务信任生成模式。在这个模式中，通过对教育服务本身及其提供者相关信息的获取和计算，来生成对用户有用的信任证据。具体而言，收集教育服务质量的相关证据及教育服务提供者服务信誉的相关证据，为用户生成对教育服务的服务信任信息。为了体现用户对教育服务的不同偏好，在服务信任生成中，辅以用户感知的情境的调节作用，为用户生成符合偏好需求的服务信任。基于服务质量和提供者信誉的服务信任生成模式如图 4-3 所示。

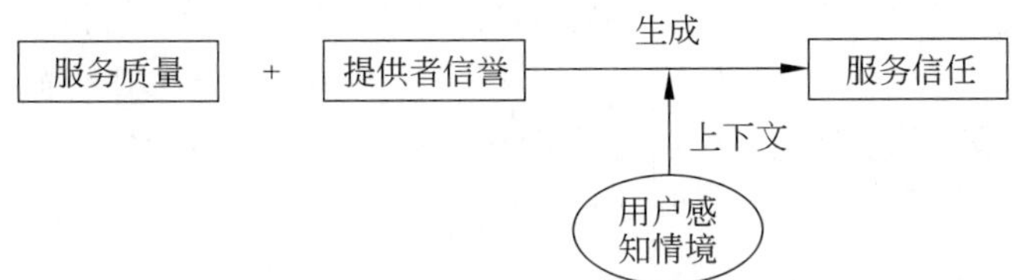

图 4-3　基于服务质量和提供者信誉的服务信任生成模式

理想的服务信任来源于对服务质量的符合预期的期待和对服务提供者良好信誉的确定。服务质量从服务本身为请求者提供服务信任的信息来源，提供者信誉从服务交互的动态过程中为请求者提供服务信任的信息来源。

为了获得服务质量信息和提供者信誉信息，设计了多维评价模式，综合使用专家评、用户评，获得专家视角的服务质量和使用者视角的服务质量，进而检测到静态和动态的服务质量；使用自评和用户评，获得服务提供者服务质量信誉和服务一致性信誉，进而全面表达提供者的信誉。

4.3.2　教育服务多维评测设计

在教育服务网络中，用户之间及用户与教育服务之间动态交互，随着时空的推演，教育服务质量动态变化，用户的关系、偏好及信任、信誉水平动态演变。为了评测教育服务质量和评估用户的交互信息，设计了一种教育服务的动态评测模型，为基于评价的服务信任生成获取基础的数据信息。

评测模型包括质量评测和信誉评估两大部分,分别对教育服务的质量及教育服务提供者的信誉进行评测,评测模型如图 4-4 所示,包括以下几个步骤和流程。

(1) 发布与准入。教育服务提供者向教育服务注册库发布新的教育服务信息,第三方权威根据约定的质量规约对新教育服务进行准入质量认证,只有满足质量规约要求的教育服务才会成为教育服务注册库中的可用教育服务。

(2) 周期性质量检测。教育服务注册库中的教育服务周期性地接受第三方权威的质量检测,对认证结果不符合质量要求的教育服务,通过服务质量反馈通道反馈给教育服务提供者,并把不合格教育服务变成不可用教育服务。

(3) 请求和发现。教育服务注册库中的可用教育服务接受教育服务请求者的请求,作为可信教育服务的备选。

(4) 用户评价。教育服务使用者使用完教育服务后,根据自己的体验对教育服务的质量进行评分。

第三方权威的质量检测和教育服务使用者的评分由系统自动收集、处理后,形成相应教育服务的质量信息及相关用户信誉信息。

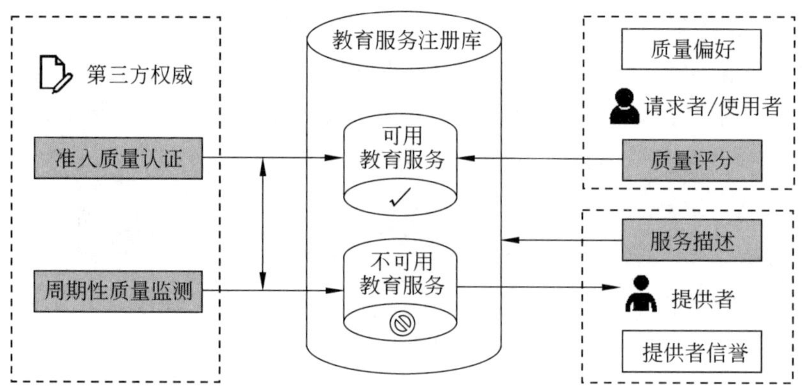

图 4-4 教育服务评测模型

该模型通过静态质量和动态质量、静态属性和动态属性、集中检测和开放评分的评测设计,可以获得教育服务的静态和动态质量及提供者的动态服务信息,为服务信任生成打下数据基础。多维度的评测保证了教育服务网络中优质、可信教育服务能够获得调用,进而增加重用率,低质量、不可信教育服务不可用并反馈给教育服务提供者,从而构建一个可靠的、良性的教育服务生态系统。

教育服务测评的主要目的是获取教育服务质量和教育服务提供者信誉。教育服务质量由专家评和用户评共同获得,专家评包括准入质量评价和周期性质量评价,用户评由使用者体验教育服务后,基于教育服务当前质量给予差异评分,而教育服务的当前质量是以教育服务提供者承诺质量为基准的、历史使用者质量评价的综合质量。教育服务质量的生成模型如图 4-5 所示。

提供者信誉包括提供者的服务质量信誉和服务一致性信誉。服务质量信誉由提供者提供的所有服务的质量综合而来,服务一致性信誉由提供者承诺的质量和用户评分质量

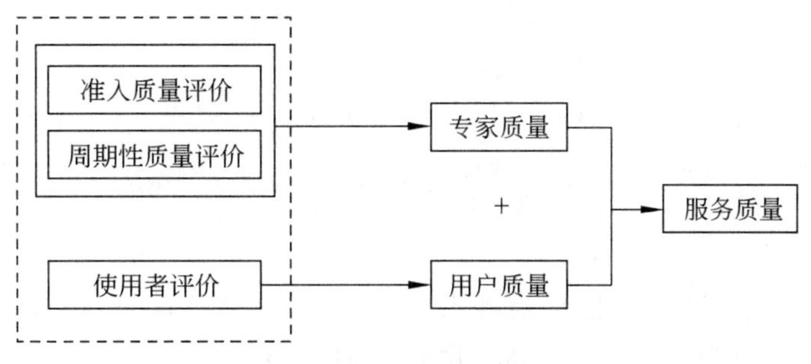

图 4-5　服务质量生成模型

的一致性聚合获得，主要使用用户的差异评分数据进行计算。提供者信誉的生成模型如图 4-6 所示。

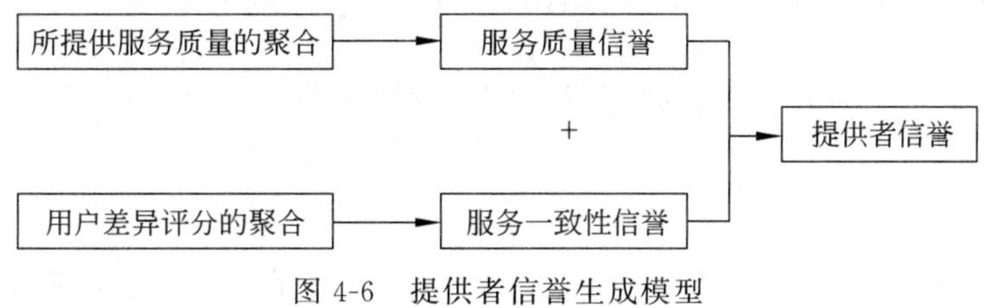

图 4-6　提供者信誉生成模型

4.3.3　教育服务质量计算

一个可靠的服务系统，最根本的保障应该是优质的服务质量，教育服务网络对教育服务质量的要求尤其严苛。教育服务质量的检测包括两大步骤：准入认证和周期性质量认证。准入认证的任务是保证新发布教育服务的描述完整性和初始质量符合教育服务网络规定的服务质量规约的相关要求，确保教育服务注册库中的可用服务具有基本的完整性和质量要求。周期性质量认证的任务是通过周期性地对教育服务的质量进行重复检测，以获得反映教育服务质量动态变化的数据，及时了解教育服务的实时动态质量。

在准入质量认证和周期性质量认证中，如果教育服务的质量不能达到相关教育服务质量规约的要求，该教育服务将变成不可用教育服务，反馈给教育服务提供者，不再接受请求者的服务请求。质量认证一方面保证了可用教育服务都是达到基本质量要求的教育服务，另一方面为教育服务提供者提供服务改进的依据，促使其不断改进教育服务的质量。

1. 准入质量认证

准入质量认证是针对新教育服务实施的教育服务描述信息和服务质量数据的初始录入，只有符合基本质量要求和完备属性描述的教育服务才能进入教育服务注册库，成为可用教育服务。

该部分的认证为静态认证，由第三方权威根据某种客观和主观相结合的检测方法，一方面检查相关属性参数信息的完备，另一方面获得新教育服务的 QoES 数据，归一化后，填充教育服务的相应质量参数。

$$\mathrm{vq}_i = \begin{cases} \dfrac{q_{\max} - q_i}{q_{\max} - q_{\min}}, & \mathrm{if}(q_{\max} - q_{\min}) \neq 0 \\ 1, & \mathrm{if}(q_{\max} - q_{\min}) = 0 \end{cases} \tag{4-1}$$

$$\mathrm{vq}_i = \begin{cases} \dfrac{q_i - q_{\min}}{q_{\max} - q_{\min}}, & \mathrm{if}(q_{\max} - q_{\min}) \neq 0 \\ 1, & \mathrm{if}(q_{\max} - q_{\min}) = 0 \end{cases} \tag{4-2}$$

公式(4-1)用于处理负属性(取值越大、质量越低的属性,例如响应时间),公式(4-2)用于处理正属性(取值越大、质量越高的属性,例如可用性)。其中,q_i 和 vq_i 分别为某个质量属性数据归一化之前和之后的值,$\mathrm{vq}_i \in [0,1]$;$q_{\max}$ 和 $q_{\min}$ 分别为该质量属性所有数据中的最大值和最小值。经过归一化后的教育服务质量表示为:$Q = \{\mathrm{vq}_1, \mathrm{vq}_2, \cdots, \mathrm{vq}_n\}$。

设 $\mathrm{wQoES} = \{\mathrm{wq}_1, \mathrm{wq}_2, \cdots, \mathrm{wq}_n, \mathrm{WQ}\}$ 是教育服务网络规定的教育服务质量的阈值,其中,wq_i 是相应教育服务质量 vq_i 的质量阈值,WQ 是教育服务质量的平均阈值,且 $\mathrm{WQ} \geqslant \dfrac{1}{n}\sum_{i=1}^{n} \mathrm{wq}_i$。申请加入的新教育服务能变为可用教育服务的质量阈值条件设为

$$\mathrm{vq}_1 \geqslant \mathrm{wq}_1, \cdots, \mathrm{vq}_i \geqslant \mathrm{wq}_i, \cdots, \mathrm{vq}_n \geqslant \mathrm{wq}_n,\ \frac{1}{n}\sum_{i=1}^{n} \mathrm{vq}_i \geqslant \mathrm{WQ} \tag{4-3}$$

不满足上述要求的教育服务将不能进入教育服务注册库,并把不符合信息反馈给教育服务提供者,以便改进教育服务;满足要求的教育服务将进入教育服务注册库,作为可用教育服务,接受教育服务请求者的调用。准入质量认证获得的教育服务质量将作为该教育服务质量的初始值。

2. 周期性质量监测

通过准入质量认证,新教育服务成为可用服务,可以接受用户的调用。用 t_0 表示准入认证的时刻,此时,教育服务质量表示为 $Q_{t_0} = \{\mathrm{vq}_1^{t_0}, \mathrm{vq}_2^{t_0}, \cdots, \mathrm{vq}_n^{t_0}\}$。准入后的可用教育服务,以当前服务质量(记为 Q_c)接受服务系统的调用,并以当前服务质量作为向教育服务请求者的承诺质量,接受用户的选择和评判,显然,准入后到下一次质量认证之前的时间内,当前服务质量 $Q_c^{t_0} = Q_{t_0}$。

在教育服务实施的过程中,第三方权威以某种约定的时间周期或频率对教育服务进行周期性质量认证,过程与准入质量认证相同。设 t_i 时刻对教育服务实施了一次质量认证,相隔某个约定时间的 t_{i+1} 时刻,对教育服务进行下一轮的质量检测,得到的归一化后的服务质量记为 $Q_{t_{i+1}} = \{\mathrm{vq}_1^{t_{i+1}}, \mathrm{vq}_2^{t_{i+1}}, \cdots, \mathrm{vq}_n^{t_{i+1}}\}$。在 t_{i+1} 时刻,若教育服务的当前服务质量 $Q_c^{t_{i+1}}$ 不满足教育服务质量阈值条件,该服务将变为不可用服务,并反馈给服务提供者。只有满足教育服务质量阈值条件的教育服务,才以当前服务质量 $Q_c^{t_{i+1}}$ 继续接受用户的调用请求。

若在 $[t_i, t_{i+1})$ 时间周期内,教育服务没有被使用,则时间 $[t_{i+1}, t_{i+2})$ 内的教育服务的当前质量 $Q_c^{t_{i+1}}$ 由前一周期的当前服务质量和 $Q_{t_{i+1}}$ 共同决定,相应的周期质量认证时间可以适当增加;若教育服务在 $[t_i, t_{i+1})$ 时间周期内已经得到用户的使用,则时间 $[t_{i+1}, t_{i+2})$ 内的教育服务的当前质量 $Q_c^{t_{i+1}}$ 由 $Q_{t_{i+1}}$ 和 $[t_i, t_{i+1})$ 时间周期内的当前服务质量、用户对该教育服务的质量评分共同决定。

周期性质量认证的一个明显缺陷是第三方权威的工作量大。实际应用中，质量认证的周期和频率由教育服务网络中教育服务的整体质量和用户的信誉水平动态决定，当教育服务提供者都能稳定地交付承诺的服务，教育服务的质量水平平稳，则教育服务的质量认证周期延长，频率变小；如果教育服务网络中存在较多的干扰服务质量和服务交付的不确定因素，则教育服务的质量认证周期变小，频率增大。质量认证的周期可以以约定的时间为单位分割，也可以以服务被调用的次数为单位进行分割。

3. 用户质量评分

在某个时间周期$[t_i, t_{i+1})$内，用户与教育服务发生调用关系，在使用之前，用户获知的教育服务的当前质量为$Q_c^{t_i}$，并默认当前质量为教育服务提供者承诺的服务质量。使用者在使用教育服务后，对教育服务提供者实际提交的服务质量和承诺的服务质量是否符合有所体会，并在承诺服务质量的基础上进行差异评分。差异评分有三个值：若实际提交的服务质量比承诺的服务质量好，则为 a 分($a \geqslant 0$)；若实际提交的服务质量和承诺的服务质量相符，则为 0 分；若实际提交的服务质量比承诺的服务质量差，则为 b 分($b \leqslant 0$)。根据质量计量数值分布，设置 a、b 的取值，a、b 的绝对值可以一致，或惩罚性地设置$|b|>|a|$。

设在时间周期$[t_i, t_{i+1})$内，有 m 个用户对教育服务进行了调用，某个用户 u_k 请求时获知的教育服务当前质量的某个属性q_j 的值为 $\mathrm{vq}_j^{t_i}$，u_k 使用后为属性q_j 的差异评分记为cq_{jk}。时间周期$[t_i, t_{i+1})$内，m 个用户对教育服务的差异评分的平均值记为

$$\mathrm{UQ}_{t_i} = \{\mathrm{cq}_1^{t_i}, \mathrm{cq}_2^{t_i}, \cdots, \mathrm{cq}_j^{t_i}, \cdots, \mathrm{cq}_n^{t_i}\}$$

其中，$\mathrm{cq}_j^{t_i} = \dfrac{1}{m}\sum_{k=1}^{m}\mathrm{cq}_{jk}$。

4. 教育服务当前服务质量的测量

教育服务以当前服务质量作为服务调用的质量条件参与教育服务网络的服务竞争和交互。教育服务的当前质量由第三方权威的周期性质量认证和使用者使用后的质量差异评分共同决定。

时间周期$[t_i, t_{i+1})$内，当前服务质量记为 $Q_c^{t_i} = \{q_1^{t_i}, q_2^{t_i}, \cdots, q_j^{t_i}, \cdots, q_n^{t_i}\}$。设有 m 个用户对教育服务进行了调用，他们对教育服务的差异评分的平均值为：$\mathrm{UQ}_{t_i} = \{\mathrm{cq}_1^{t_i}, \mathrm{cq}_2^{t_i}, \cdots, \mathrm{cq}_j^{t_i}, \cdots, \mathrm{cq}_n^{t_i}\}$。在 t_{i+1}时刻，第三方权威对教育服务的周期性质量认证得到的服务质量为 $Q_{t_{i+1}} = \{\mathrm{vq}_1^{t_{i+1}}, \mathrm{vq}_2^{t_{i+1}}, \cdots, \mathrm{vq}_j^{t_{i+1}}, \cdots, \mathrm{vq}_n^{t_{i+1}}\}$，则时间周期$[t_{i+1}, t_{i+2})$内，教育服务的当前质量 $Q_c^{t_{i+1}} = \{q_1^{t_{i+1}}, q_2^{t_{i+1}}, \cdots, q_j^{t_{i+1}}, \cdots, q_n^{t_{i+1}}\}$，其中，教育服务某个服务质量属性 q_j 的当前质量值 $q_j^{t_{i+1}}$ 由上一轮当前质量值 $q_j^{t_i}$、上一轮时间周期内用户的平均差异评分值 $\mathrm{cq}_j^{t_i}$、t_{i+1}时刻的质量认证值 $\mathrm{vq}_j^{t_{i+1}}$ 共同决定，不妨给出 $q_j^{t_{i+1}}$ 的计算公式为

$$q_j^{t_{i+1}} = \mathrm{AVG}(\mathrm{vq}_j^{t_{i+1}}, (\lfloor q_j^{t_i} + \mathrm{cq}_j^{t_i}, 1 \rfloor \vee \lceil 0, q_j^{t_i} + \mathrm{cq}_j^{t_i} \rceil)) \tag{4-4}$$

公式(4-4)中，当前服务质量由本轮第三方权威认证的质量与上一轮当前质量、用户评分质量共同决定，是第三方权威集中质量认证和开放的用户质量体验反馈的结合，在动态的时间周期内，体现质量的延续性和动态变化性。

通过第三方权威的准入质量认证和周期性质量认证以及教育服务使用者动态的服务质量评分，对教育服务的质量进行以时间为周期的动态评测。第三方权威的质量认证保

证了教育服务质量评测的公平性和权威性，用户使用质量的评分保证教育服务质量评测的开放和灵活性，两者的结合，克服了质量评测的主观性和不确定性，这种半集中半开放的教育服务质量动态评测方法保证了质量高的教育服务的重用和高效使用，及时发现的不可用教育服务，通过反馈机制，及时反馈给相应的教育服务提供者，形成优胜劣汰的良性循环。

4.3.4 教育服务提供者信誉计算

1. 教育服务提供者信誉

用户信誉是公众对用户的可信性属性的一种综合观点，用户信誉值源自对用户历史交互的直接或间接了解，并根据历史交互感受来评估用户的可信任程度[8]。Jøsang 等[9]对信任与信誉联系和区别的一个经典描述是：①“我信任你，因为你良好的信誉。”②“我不信任你，尽管你有好的信誉。”可见，信誉与信任相关，但又有所区别。

首先，信誉与信任的认知语义相关。信任是对受信者能力、可靠、诚实等品质的信念，信任可以是对能力的信任，也可以是对可靠性的信任，或兼而有之。作为信任度的综合度量，信誉着眼的信任点不同，可以形成不同的信誉。对教育服务提供者而言，有两种不同的信誉：服务质量信誉和服务一致性信誉。①服务质量信誉是提供者能否提供高质量教育服务的综合度量，反映提供者的服务水平和能力的高低；②服务一致性信誉是提供者能否按承诺或约定的教育服务质量提交和实施教育服务，体现提供者诚信、可靠的服务品质的高低。

其次，不同应用需求的教育服务请求者对信誉的要求和感知不同。一个对质量属性中的教育性要求更高的用户往往感知到那些具有较高教育性服务质量的提供者，而可能对其他质量属性敏感性不高。因此，对不同请求者的不同质量属性偏好，同一个教育服务提供者的信誉有不同的信誉视图。

教育服务提供者的信誉信息以提供者属性的形式记录在用户文件中，在教育服务请求阶段，系统实时为教育服务请求者呈现提供者不同的信誉视图。

2. 教育服务提供者的服务质量信誉

提供者的服务质量信誉是教育服务提供者提供的所有教育服务的质量状况的综合观点。提供者的当前服务质量信誉是当前时间周期内针对请求者不同教育服务请求偏好而呈现出的服务质量信誉的视图。

设某提供者 u_p 提供了 m 个教育服务，在当前时间周期$[t_i, t_{i+1})$内，某个教育服务 k 的当前服务质量 $Q_{kc}^{t_i}=\{q_{k1}^{t_i}, q_{k2}^{t_i}, \cdots, q_{kj}^{t_i}, \cdots, q_{kn}^{t_i}\}$，$k=1,2,\cdots,m$，则提供者的服务质量信誉表示为 $\mathrm{SR}_{u_p}=\{\mathrm{rq}_1^{t_i}, \mathrm{rq}_2^{t_i}, \cdots, \mathrm{rq}_j^{t_i}, \cdots, \mathrm{rq}_n^{t_i}\}$，其中，$\mathrm{rq}_j^{t_i}$ 是提供者 u_p 在某个质量参数 q_j 上的信誉分量，$\mathrm{rq}_j^{t_i}=\dfrac{1}{m}\sum_{k=1}^{m} q_{kj}^{t_i}$。提供者的服务质量信誉以分量集合的形式保存在用户文件中。

教育服务请求者在进行可信教育服务请求时，对教育服务的质量参数的不同影响力进行了说明，如对某个质量参数 q_j 的影响力要求高，则给出较高的影响力参数 f_j，如对某个质量参数没有要求，可以给出较低或等于 0 的影响力参数。不妨记请求者给出的质量参数的影响力模型为：$\mathrm{inf}=(f_1, f_2, \cdots, f_n)$，$f_j\in[0,5]$。

某请求者 u_q 提出具有质量参数影响力模型 $\mathrm{inf}=(f_1, f_2, \cdots, f_n)$的教育服务请求，

则对该请求者 u_q 来说，提供者 u_p 的服务质量信誉为

$$\mathrm{SR}_{u_p \to u_q} = \sum_{j=1}^{n} \frac{f_j \times \mathrm{rq}_j^{t_i}}{\sum_{l=1}^{n} f_l} \tag{4-5}$$

$\mathrm{SR}_{u_p \to u_q} \in [0,1]$，$\mathrm{SR}_{u_p \to u_q}$ 越大表示提供者 u_p 具有为请求者 u_q 提供更好教育服务的能力。

3. 教育服务提供者的服务一致性信誉

提供者的服务一致性信誉是教育服务提供者承诺的教育服务质量及其最终向使用者提交的服务质量的相似度或符合度的综合观点。提供者的当前服务一致性信誉是当前时间周期内针对请求者不同的服务请求偏好而呈现出的服务一致性信誉的视图。

设教育服务提供者 u_p 提供了 m 个教育服务，在当前时间周期$[t_i, t_{i+1})$ 内，有若干请求者对这些教育服务进行了调用，并对其给出了差异评分。设这些差异评分的平均值记为 $\mathrm{PQ}_{t_i} = \{\mathrm{pq}_1^{t_i}, \mathrm{pq}_2^{t_i}, \cdots, \mathrm{pq}_j^{t_i}, \cdots, \mathrm{pq}_n^{t_i}\}$，其中，$\mathrm{pq}_j^{t_i}$ 是这 m 个教育服务的所有使用者在质量属性 q_j 上差异评分的平均值，$\mathrm{pq}_j^{t_i} = \frac{1}{m}\sum_{k=1}^{m} \mathrm{cq}_{jk}^{t_i}$，$\mathrm{cq}_{jk}^{t_i}$ 是第 k 个教育服务的质量参数 q_j 的差异评分的平均值；则提供者的服务一致性信誉表示为 $\mathrm{CR}_{u_p} = \{\mathrm{pq}_1^{t_i}, \mathrm{pq}_2^{t_i}, \cdots, \mathrm{pq}_j^{t_i}, \cdots, \mathrm{pq}_n^{t_i}\}$，其中，$\mathrm{pq}_j^{t_i}$ 是提供者 u_p 在某个质量参数 q_j 上的信誉分量。提供者的服务一致性信誉以分量集合的形式保存在用户文件中。

对提出教育服务质量影响力模型 $\inf = (f_1, f_2, \cdots, f_n)$ 的请求者 u_q 来说，提供者 u_p 的服务一致性信誉为

$$\mathrm{CR}_{u_p \to u_q} = \sum_{j=1}^{n} \left(\frac{f_j \times \mathrm{pq}_j^{t_i}}{\sum_{l=1}^{n} f_l} \right) \tag{4-6}$$

$\mathrm{CR}_{u_p \to u_q}$ 越大表示提供者提供一致的或比承诺好的服务的可能性越大，$\mathrm{CR}_{u_p \to u_q}$ 越小表示提供者不能提供与承诺一致的教育服务。

$\mathrm{SR}_{u_p \to u_q}$ 和 $\mathrm{CR}_{u_p \to u_q}$ 分别是教育服务提供者 u_p 的关于请求者 u_q 的当前服务质量信誉视图和当前服务一致性信誉视图。

4.3.5　基于服务信任的可信教育服务度量

1. 可信教育服务

网络环境下，安全、可信、可预测的网络教育服务是教育服务网络持续健康发展的必要条件，由人们对可信的认知及教育服务网络中教育服务的特点可知，教育服务的质量和提供者信誉是教育服务可信的两个基本属性。教育服务网络中，可信教育服务（trustworthy Web-based educational service）是针对具体某个请求者的、满足其服务信任阈值的教育服务。其中，请求者对某个教育服务的服务信任由教育服务的质量和提供者信誉综合决定。

权威监控型教育服务网络中，可信教育服务须同时具有两个条件：①教育服务本身具有较高质量；②教育服务提供者具有较高的信誉或被教育服务请求者（使用者）信任。

2. 面向请求者的教育服务质量视图

教育服务的质量具有多维性,不同教育服务请求者对教育服务质量属性的需求不尽相同。如上文所述,教育服务请求者在申请教育服务调用时,通过教育服务质量影响力模型来表明自己对教育服务质量属性的不同要求。因而,对不同请求者的教育服务请求,教育服务有不同的教育服务质量视图。

在时间周期$[t_i,t_{i+1})$内,教育服务质量$Q^{t_i}=\{q_1^{t_i},q_2^{t_i},\cdots,q_j^{t_i},\cdots,q_n^{t_i}\}$。设请求者$u_q$提出教育服务质量需求的影响力模型为$\mathrm{inf}=(f_1,f_2,\cdots,f_n)$,则对该请求者$u_q$,教育服务网络中教育服务的质量视图定义为

$$\mathrm{UQ}_{u_q}=\sum_{j=1}^{n}\left(\frac{f_j\times q_j^{t_i}}{\sum\limits_{l=1}^{n}f_l}\right) \tag{4-7}$$

3. 面向请求者的教育服务提供者信誉度视图

在当前时间周期,教育服务的请求者u_q提出服务功能和服务质量影响力需求后,除了希望得到质量高的教育服务,还希望教育服务由信誉高的提供者提供,以保证教育服务实施的过程质量。教育服务提供者的信誉分为服务质量信誉和服务一致性信誉两个维度,分别表示提供者的服务能力水平和服务诚信度。信誉具有"升慢降快"的特点,即信誉度的增加需要长期好行为的积累,而一次不好行为可能就破坏了长期积累的好信誉。

在权威监控型教育服务网络中,教育服务的质量往往体现在教育服务实施过程中,请求者对教育服务提供者的诚信度有较高的要求,为此,定义教育服务提供者的信誉度为服务质量信誉度与近期服务一致性信誉度的聚合值,即

$$\mathrm{SCR}_{u_p\to u_q}^{t}=\mathrm{SR}_{u_p\to u_q}^{t}+\mathrm{MIN}(\mathrm{CR}_{u_p\to u_q}^{t-i},\mathrm{CR}_{u_p\to u_q}^{t-(i-1)},\cdots,\mathrm{CR}_{u_p\to u_q}^{t-1},\mathrm{CR}_{u_p\to u_q}^{t}) \tag{4-8}$$

其中,MIN()是求最小值的函数,i是约定的近期时间周期数,$\mathrm{SCR}_{u_p}^{t}$是提供者在t时刻被请求者感知的信誉度聚合值。

4. 请求者对教育服务的服务信任度

服务信任生成后,用服务信任度度量请求者对教育服务的信任程度,以判定是否为可信教育服务。在服务请求情境下,可能有多个可用教育服务符合教育服务请求者的功能和质量需求,生成具有不同服务信任度的服务信任。服务信任的度量由服务质量和提供者信誉综合获得。

在当前时间周期,教育服务的请求者u_q提出服务功能和质量需求后,得到若干满足条件的可用教育服务。其中,某个教育服务ES_p经第三方权威质量认证的服务质量为Q_p,针对请求者u_q的服务质量视图为UQ_{u_q};教育服务ES_p的提供者为u_p,提供者针对请求者u_q的信誉度视图为$\mathrm{SCR}_{u_p\to u_q}$,则对请求者$u_q$来说,$u_q$对教育服务$\mathrm{ES}_p$的服务信任度为

$$\mathrm{EST}_p=\omega_1\cdot\mathrm{UQ}_{u_q}+\omega_2\cdot\mathrm{SCR}_{u_p\to u_q} \tag{4-9}$$

即,u_q对某个教育服务ES_p产生了信任度为EST_p的服务信任,其中,公式中的ω_1和ω_2是服务质量和提供者信誉度的权重系数,在不同的实际系统中,有不同的最佳取值。请求者u_q根据不同教育服务的服务信任度,选择合适的可信教育服务,与之实施服务交互。

4.4　应用效果实证

为了验证权威监控型教育服务网络服务信任生成模式的适用性，以“专业教学法与教师技能训练”网络课程教育服务管理网站系统为例，模拟其网络架构和功能以及服务交互行为，对其中生成的服务信任的作用进行模拟展示。

4.4.1　权威监控型教育服务网络用户行为及其模拟

1. 实证系统描述和分析

在技术师范专业的网络课程“专业教学法与教师技能训练”中，定义该课程教育资源（服务）的质量属性包括可用性、教育性、技术性、知识性四个维度，分别表示教育资源（服务）作为网构软件的 QoS、作为教育服务满足教育原理和教学设计的质量、作为教育软件满足教育资源开发的技术性质量、作为相关专业知识表达的知识性质量。

该课程的网络系统使用专家评价和用户评价相结合的方式对教育资源（服务）进行可用性和可信性评价。第三方权威是由可用性检测程序、教育专家、教育技术专家、领域专家构成的集合体，分别对教育资源（服务）的可用性、教育性、技术性、知识性进行质量监测，因为教育资源（服务）的专业跨度大，第三方权威的评测是一个协作过程，认为这种评测具有较高的可信度、权威性。

学习者（教育服务请求者）请求教育资源（服务）时，往往有不同的质量需求偏好，通常使用教育资源（服务）质量需求的影响力模型 $\mathrm{inf}=(f_1,f_2,\cdots,f_n)$来表示对不同质量属性的关注程度或偏好。$f_i=0$ 表示在质量属性 q_i 上没有关注度，$f_i=5$ 表示在质量属性 q_i 上有最强的关注度。例如，学习者希望调用一份没有专业知识限制的微课资源，则可以把教育资源（服务）的知识性质量属性的影响力参数设置为 0；当需要一份针对专业知识教学的案例资源时，则需要把知识性质量属性的影响力参数设置为 5。

学习者使用完教育资源（服务）后，对感知的教育资源（服务）质量进行评分。学习者不一定具有评判教育资源（服务）服务质量的能力或意愿，其评分具有较大的主观性和不确定性，因此采用差异评分的方式。即，在教育资源（服务）当前服务质量（承诺服务质量）的基础上进行差异评分，可以一定程度为学习者提供评分的基准和范围，减少评分的主观误差。学习者对教育资源（服务）的差异评分将作为教育资源（服务）下个周期当前服务质量的度量依据之一。

教育服务系统为学习者的教育资源（服务）请求匹配高质量的教育资源（服务）及高信誉的提供者。分别检测备选教育服务的服务质量及其提供者的信誉，使用结合服务质量和提供者信誉的方法评估备选教育服务的服务信任度，为请求者匹配高服务信任度的可信教育资源（服务）。

2. 网络系统用户行为描述和分析

在上述教育应用场景中，教育服务交互发生在相对封闭的匿名网络环境中，网络用户的行为与开放网络相比具有一定的规范性，但也存在一些不确定因素，影响教育网络环境的安全、和谐。比较典型的不确定因素包括教育服务提供者不稳定的教育服务质量交付行为和教育服务使用者不诚实的教育服务质量反馈行为。

1）教育服务提供者的服务质量交付行为

教育服务提供者可能提交长期一致的教育服务质量，也可能提交随时间而变化的教育服务质量。在文献[4]定义的关于服务网络用户行为的分类基础上，归纳出教育服务网络中教育服务提供者可能存在以下6种教育服务质量交付行为。

（1）总是提供高质量的教育服务。

（2）总是提供低质量的教育服务。

（3）先提供高质量的教育服务，在积累到较好信誉后，突然开始提供低质量的教育服务，以消费好信誉带来的红利。

（4）先提供低质量的教育服务，在获得较差的服务反馈后，开始提供高质量的教育服务。

（5）总是提供随机服务质量的教育服务。

（6）提供服务质量逐步降低的教育服务。

上述六种教育服务质量交付模式是随机的，造成的影响是巨大的，是网络系统服务交互顺畅进行的主要障碍。对使用者来说，总是希望提供者持续提供一致的高质量教育服务，如果提供者不能按预期提供高质量教育服务，会影响使用者对系统的信任感，增加系统对可信教育服务评估的工作量。

2）教育服务使用者评价反馈的行为

教育服务使用者在体验了教育服务之后，依据体验感受，对教育服务质量进行差分反馈。但网络系统总存在不同意愿、目的、能力的使用者，他们在评价教育服务质量时可能存在不同的评价风格，总的来说，在教育服务质量的差分评价中，可能有以下两种主要评分反馈方式。

（1）总是进行诚实的差分评分反馈。

（2）总是进行不诚实的差分评分反馈。

不诚实的差分评分反馈包括对好的教育服务进行诋毁和对差的教育服务进行哄抬，不诚实评分反馈可以是一维的，也可以是二维的。

无论是提供者还是使用者，可能随机有或多或少的不诚实或不一致的行为，这些行为是教育服务网络正常服务交互和网络安全的主要障碍。

根据上述网络系统的分析，利用Java编写一个模拟服务系统，按照用户的不同行为策略生成教育服务交互数据，利用本章提出的服务信任生成模式和可信服务发现方法，对教育服务的当前服务质量、提供者的当前服务信誉、一致性信誉进行随着时间的持续计算，在各种干扰因素的影响下，验证该方法的健壮性和可用性。

4.4.2 实验数据和实验设计

1. 实验数据与服务交互流程设计

模拟生成120个教育服务，每个教育服务有四个教育服务质量参数，即$Q_i=(q_1,q_2,q_3,q_4)$，$i=1,2,\cdots,120$。这些教育服务由120个教育服务提供者提供，教育服务提供者分为6组，分别实施4.4.1节介绍的提供者的六种服务质量交付行为。共进行10轮教育服务的调用和周期性质量检测，每轮的流程类似，依次执行以下操作。

(1) 按教育服务提供者服务质量交付行为策略,随机生成组内教育服务的服务质量。

(2) 得出教育服务专家评测的教育服务质量,对不满足准入条件的教育服务予以清理(准入条件的阈值 wQoES={0.1,0.1,0.1,0.1,0.1})。

(3) 计算本轮周期的教育服务的当前服务质量,当前服务质量被看成是提供者承诺的服务质量。

(4) 使用者调用这些教育服务,当前服务质量是承诺的服务质量,教育服务的随机质量是提交的服务质量。使用后,使用者对教育服务进行差分反馈。

(5) 按提供者服务质量交付行为策略重新随机生成组内教育服务的服务质量,新生成的服务质量是随后服务调用的提交质量。

(6) 使用者调用这些教育服务后,给教育服务进行差分反馈。

(7) 计算本轮周期本组提供者的平均服务信誉。

(8) 计算本轮周期本组提供者的平均服务一致性信誉。

(9) 输出教育服务的两次随机服务质量、当前服务质量、服务信誉、服务一致性信誉等。

2. 教育服务提供者的六种服务质量交付行为对应的随机质量生成策略

(1) 提供者类型1:总是提供高质量服务(随机值为0.8~1)。

(2) 提供者类型2:总是提供低质量服务(随机值为0.1~0.3)。

(3) 提供者类型3:前5轮提供高质量服务(随机值为0.8~1),后5轮提供低质量服务(随机值为0.1~0.3)。

(4) 提供者类型4:前5轮提供低质量服务(随机值为0.1~0.3),后5轮提供高质量服务(随机值为0.8~1)。

(5) 提供者类型5:随机提供各种服务质量(如第1、2次提供0.8~1,第3、4次提供0.1~0.2,第5、6次提供0.6~0.8,第7、8次提供0.2~0.4,第9、10次提供0.8~0.9)。

(6) 提供者类型6:提供服务质量持续下降的教育服务(如第1、2次提供0.8~1,第3、4次提供0.6~0.8,第5、6次提供0.4~0.6,第7、8次提供0.2~0.4,第9、10次提供0~0.2)。

3. 教育服务使用者的两种评分反馈行为对应的差分计算策略

(1) 诚实反馈:总是进行诚实的差分反馈,反馈差分等于实际提交的服务质量减去承诺的服务质量。

(2) 不诚实反馈:总是进行不诚实的差分反馈,如在诋毁用户行为中,当用户使用了一个比承诺更好的教育服务时,反馈的差分等于实际提交的服务质量减去承诺的服务质量所得值的相反数。不诚实反馈的用户数比例设置为0、50%、100%三种。

4.4.3 实验结果和讨论

1. 教育服务提供者质量交付行为的动态质量监测

本实验的目的是验证具有第三方权威认证的教育服务质量评测模型能准确模拟和跟踪教育服务提供者交付的服务质量的变化。

把教育服务提供者等分成6组,每组20人,每组教育服务提供者具有一致的教育服务质量交付策略。按各自组的服务质量交付策略随机生成教育服务的质量属性值,按服务交互流程共进行 10 轮教育服务的周期性质量检测。每轮中，教育服务经过 2 次教育服务质量的变化(即提供者在每轮中按本轮质量交付策略改变一次提交的服务质量，在每轮后，按变化的服务质量交付策略改变提交的服务质量)，得到 $2n$ 个教育服务使用者的调用和反馈。此实验中，约定教育服务使用者实施诚实的差分反馈。由式(4-4)计算得出每轮的当前服务质量，作为每轮教育服务调用的承诺质量，变化的随机生成的教育服务质量是提交质量。

图 4-7 中的子图(a)、(b)、(c)、(d)、(e)、(f)分别是上述 6 组提供者在每轮质量变化和检测中的随机质量(提交质量)和当前质量(承诺质量)的对比(Q_1 为每轮中第一次随机质量，Q_2 为每轮中第二次随机质量，Q_Q 是每轮的当前质量)。

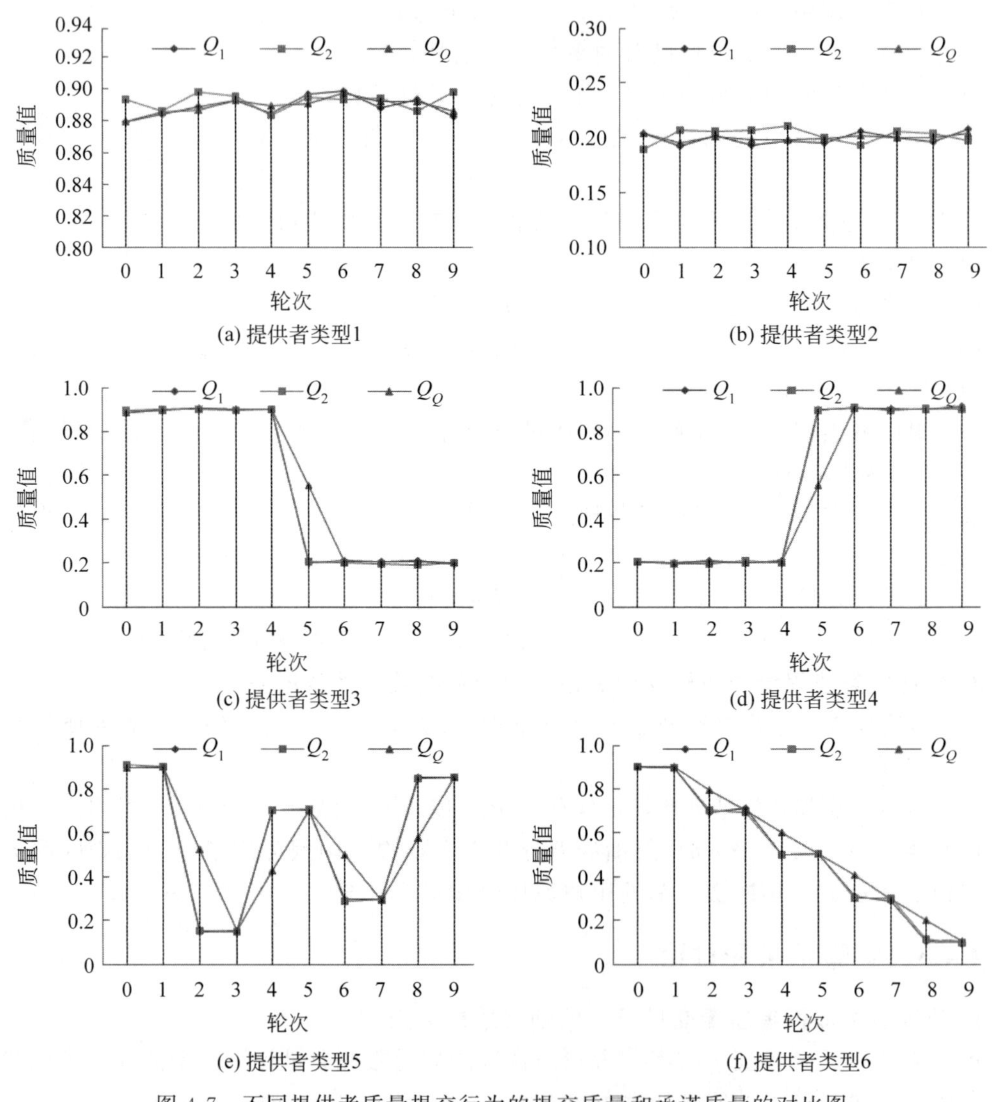

图 4-7　不同提供者质量提交行为的提交质量和承诺质量的对比图

每轮中 2 次提交质量的变化遵循相同的随机质量生成策略，不同轮之间随机质量生成有约定的变化。当不同轮之间随机质量(服务的提交质量)发生较大变化时(如图 4-7 的子图(c)、(d)、(e)、(f)),当前质量可以及时感知变化的趋势,但不能完全感知变化的程度,需要在接下来的一轮中才能完全监测到质量的变化程度。

2. 教育服务使用者两种评分反馈行为下教育服务质量动态检测效果对比

本实验的目标是验证在提供者有不同服务质量变化行为和使用者有恶意评分反馈行为的情况下,使用或不使用第三方权威的周期性认证对教育服务质量检测跟踪的效果的不同。

本文提出的教育服务质量检测方法能有效跟踪提供者动态的服务质量变化,其有效质量检测跟踪的基础是实施了结合第三方权威的周期性质量认证和使用者反馈评分的质量评测方法。其中,第三方权威的周期性质量认证是保证教育服务质量可测的根本,但具有成本高、难以密集实施的缺点,还需要补充大量使用者的使用反馈,以动态跟踪教育服务的质量变化。但在网络环境下,教育服务的使用者也存在一些有意无意的恶意行为,在没有或较少体现服务交易利益的教育服务网络中,最常见的使用者恶性行为是对教育服务质量评价的诋毁和哄抬。

图 4-8 中的子图(a)～(j)分别是 10 种不同提供者类型、不同比例诋毁反馈使用者在有第三方权威的周期性认证和没有第三方权威的周期性认证的教育服务质量检测环境下,提交质量和承诺质量的对比(Q_1 为每轮中 2 次随机质量的平均值,0DZ 为诚实使用者、有第三方权威认证的场景下的当前质量,50DZ 为有 50%诋毁使用者、有第三方权威认证场景下的当前质量,100DZ 为 100%都是诋毁使用者、有第三方权威认证场景下的当前质量,50DWZ 为有 50%诋毁使用者、无第三方权威认证场景下的当前质量,100DWZ 为 100%都是诋毁使用者、无第三方权威认证场景下的当前质量)。

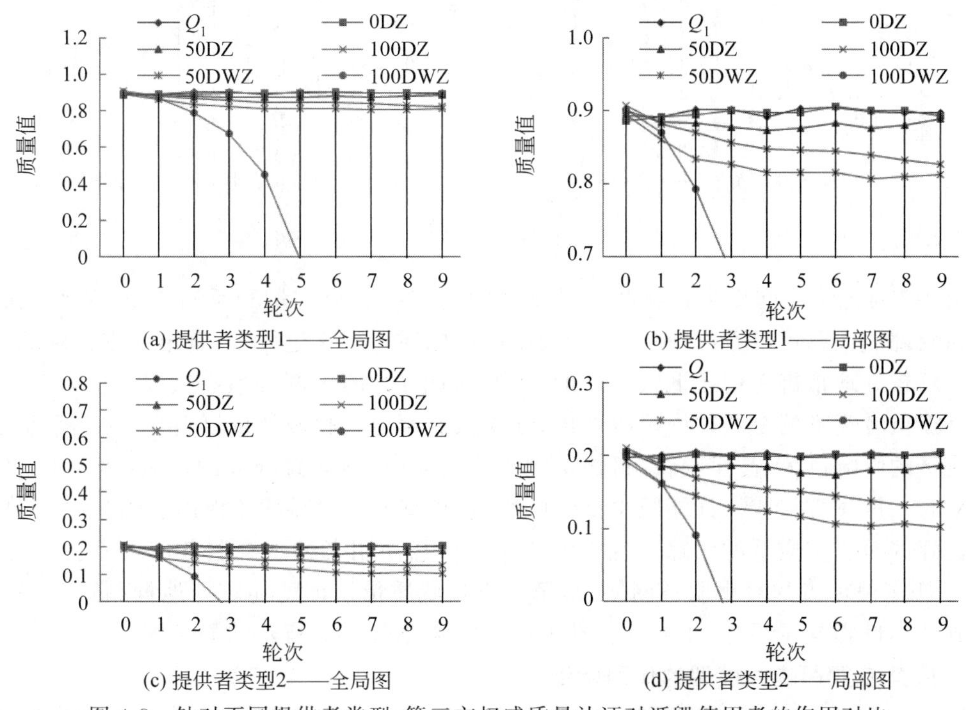

(a) 提供者类型1——全局图　(b) 提供者类型1——局部图

(c) 提供者类型2——全局图　(d) 提供者类型2——局部图

图 4-8　针对不同提供者类型,第三方权威质量认证对诋毁使用者的作用对比

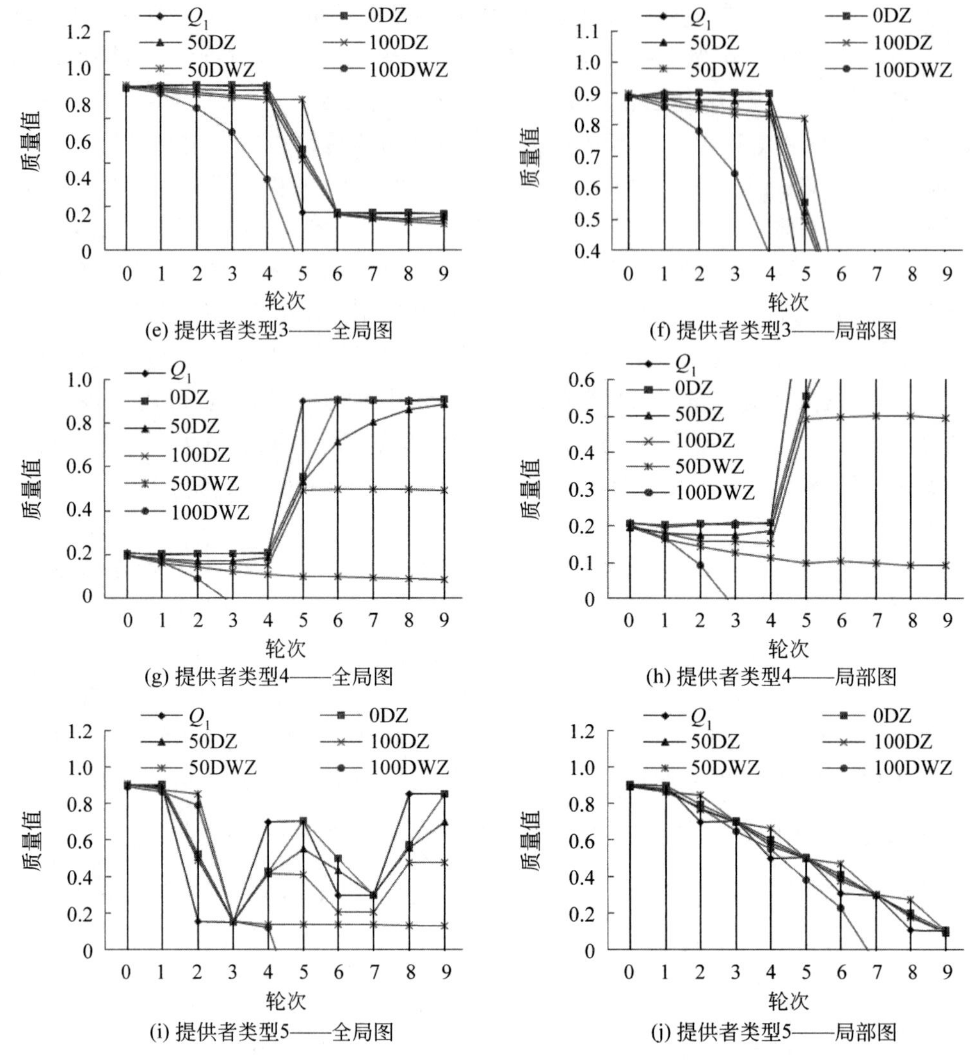

(e) 提供者类型3——全局图
(f) 提供者类型3——局部图
(g) 提供者类型4——全局图
(h) 提供者类型4——局部图
(i) 提供者类型5——全局图
(j) 提供者类型5——局部图

图 4-8 （续）

图 4-8 对比了不同提供者类型质量变化的周期中提交质量和承诺质量，从对比的全局图和局部放大图可以看出，在存在诋毁使用者的质量变化过程中，有第三方权威认证的模型可以较好地抵御使用者诋毁造成的影响，从图 4-8 的子图(a)、(c)、(e)、(g)、(i)所示的 5 个提供者类型的全局图中可以看出，如果没有第三方权威认证，使用者的诋毁反馈对承诺质量的影响巨大，甚至很快(最快不到 3 轮交互)摧毁教育服务的质量(当 100%诋毁使用者时)；第三方权威认证能减少诋毁的影响，即使在 100%诋毁使用者情况下，依然能保持较好的对提交质量的跟踪。现实中，100%恶意使用者的教育服务网络不会存在，在有 50%恶意使用者的教育服务网络中，第三方权威质量认证就能较好地抑制这些恶意反馈造成的不良影响(参见图 4-8 的子图(b)、(d)、(f)、(h)、(j)所示的局部图)。

3. 质量参数影响力模型的作用验证

教育服务请求者在请求教育服务时，可能抱有对教育服务的某个或某些教育服务质量的特殊要求，这种个性化的对教育服务质量参数的需求由教育服务请求的质量参数影响力模型表达。

教育服务提供者在不同时间除了提交不同服务质量的教育服务外，还可能提交相同服务质量但不同质量参数的教育服务。例如，某提供者提供了教育服务质量为 0.5 的教育服务，但其具体的教育服务质量参数可能是(0,0,1,1)或(0.5,0.5,0.5,0.5)或(1,0.3,0.6,0.1)或…。甚至一些教育服务提供者在较好平均服务质量的掩盖下，在某些服务质量参数上提供极差的服务质量，迷惑请求者的判断，影响使用者对教育服务质量的全面体验。

设有 4 组提供者，按照 4 种不同的质量参数质量提交策略向请求者提供平均质量为 0.5 的教育服务。每组提供者提供 20 个服务，经过 10 轮质量检测和用户评分反馈，分别使用平均法和利用请求者的质量参数影响力模型加权平均法计算每轮的教育服务承诺的质量和提交的质量，与教育服务关键质量参数值的变化进行对比，验证在同等平均质量的教育服务中，本文提出的利用教育服务质量视图为请求者反馈合适的教育服务的有效性。

该实验中，每轮教育服务的质量变化一次，教育服务的 4 个质量参数的值有不同的随机生成策略，以请求者的质量需求影响力参数模型 inf=(1,1,1,5) 为例，q_4 作为关键质量参数，其值按 4 种质量提交策略中的一种进行设置，其他 3 个质量参数随机产生，但限制条件为 $\frac{1}{4}\sum_{i=1}^{4} q_i = 0.5$。

图 4-9 中的子图(a)～(d)展示了实验中每轮教育服务的平均质量(总是 0.5)、加权的平均随机质量(提交给当前请求者的提交质量)、加权的平均当前质量(承诺给当前请求者的承诺质量)、关键质量参数值的变化。

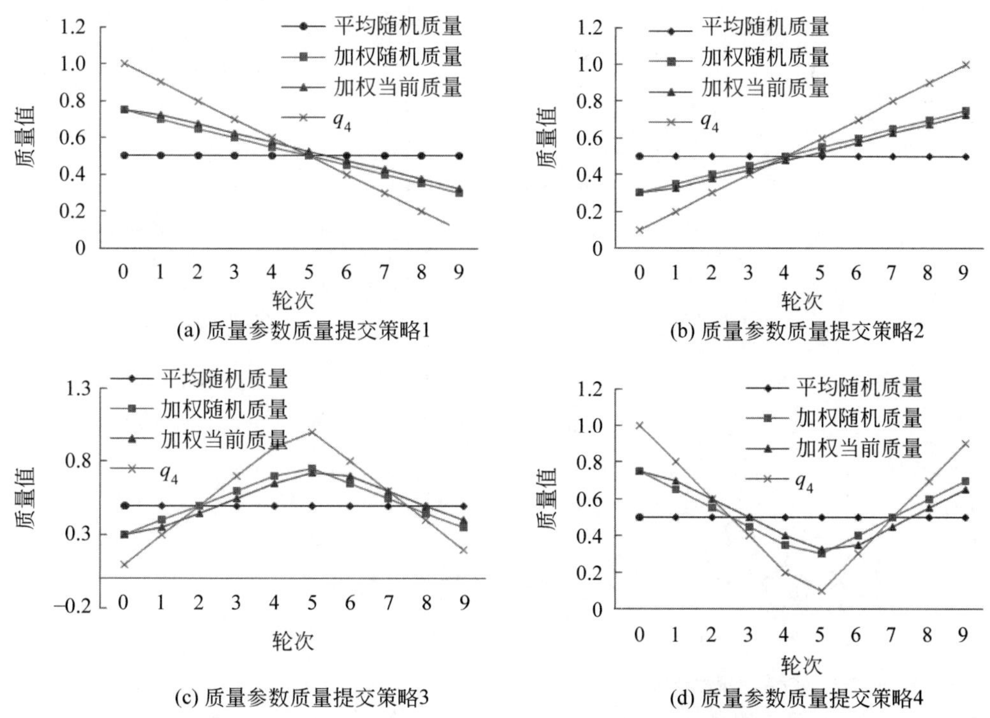

图 4-9　针对请求者个性化质量请求，不同质量提交策略下提交质量和承诺质量的对比

图 4-9 展示出加权随机质量比平均随机质量更能体现关键质量参数 q_4 的真实提交质量，满足请求者个性化的质量要求；加权当前质量是服务交互周期内的承诺质量，加权当前质量能较好模拟加权随机质量的变化。4 种质量参数质量提交策略对加权提交质量和加权承诺质量对关键质量参数的模拟效果没有特别影响。

4. 基于服务质量和提供者信誉的教育服务可信度预测

不同教育服务提供者提交教育服务的质量动态变化，其服务质量信誉和服务一致性信誉随之动态变化。教育服务信誉聚合值是提供者服务质量信誉和服务一致性信誉的信誉度聚合。在公式(4-8)中，取 $i=2$，即一致性信誉取近期 3 轮的最小值来计算每轮信誉聚合值。图 4-10 是 6 种不同提供者类型 10 轮教育服务交互中，提供者服务信誉聚合值、服务一致性信誉对教育服务提交质量动态变化的模拟效果的展示(Q_1 为平均提交质量，RR 为提供者信誉聚合值，CR 是提供者服务一致性信誉)。

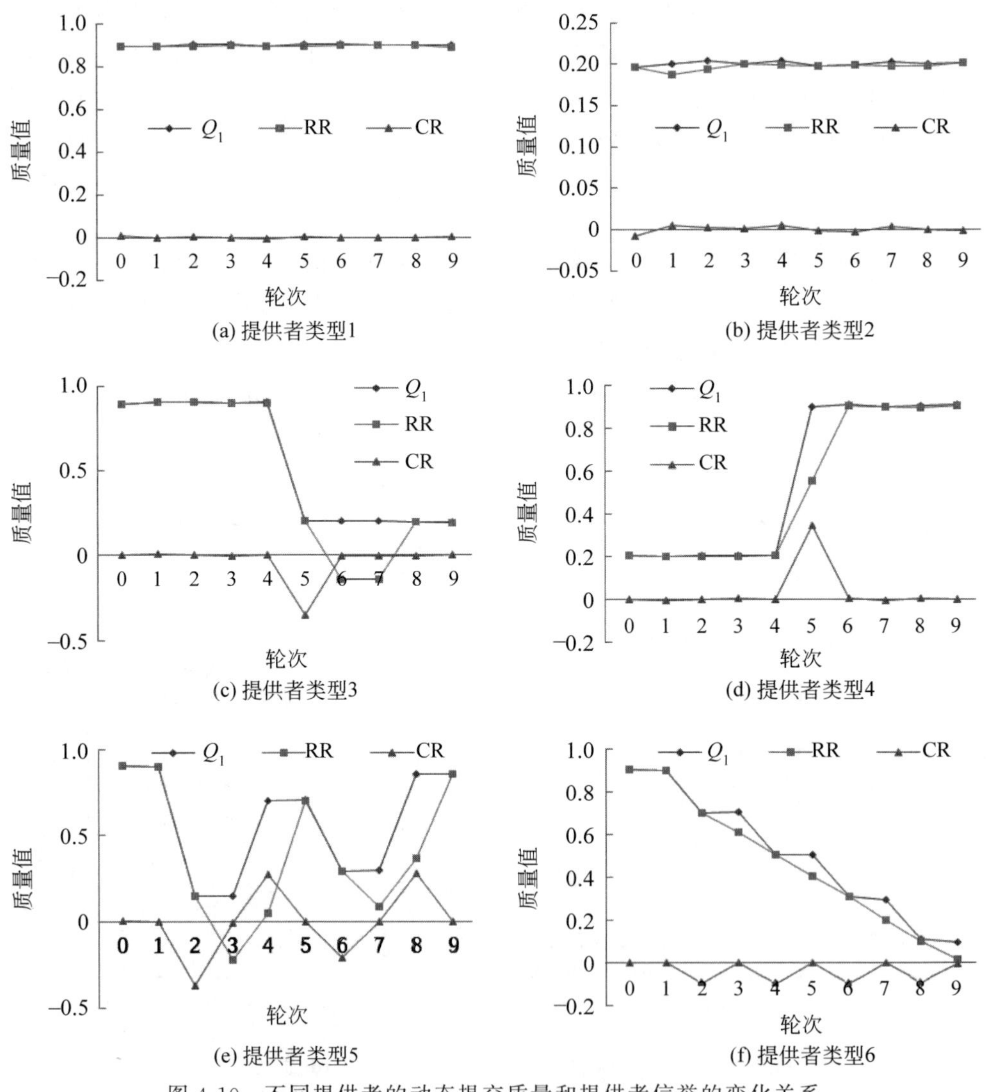

图 4-10 不同提供者的动态提交质量和提供者信誉的变化关系

由图 4-10 的 6 个子图可以发现，一致性信誉能较好模拟提供者提交服务质量的变化，当服务质量不变时，一致性信誉为 0；当提交质量变化时，由第三方周期性质量认证和使用者评分获得的承诺质量难以准确感知提交质量的下降程度(如图 4-7 所示)，此时，通过提供者的服务一致性信誉来增强对提交质量变化的感知：提交质量下降，一致性信誉小于 0；提交质量上升，一致性信誉大于 0。一致性信誉的绝对值反映提交质量变化的程度。

由图 4-10 中的子图(c)、(d)、(e)、(f)发现，当提交质量发生较大的变化时，信誉聚合值能较好地感知变化的趋势和程度。当提交质量下降时，信誉聚合值下降及时并且提交质量下降对信誉聚合值影响时间长、程度大(如子图(c)中第 5 轮提交质量的下降影响了信誉聚合值 3 个周期)；当提交质量上升时，信誉聚合值上升的程度没有提交质量上升的程度大，但经过较短时间，信誉聚合值能继续跟踪质量的水平(如子图(d)中第 5 轮一次提交质量的上升，信誉聚合值上升滞后，但只滞后 2 个周期)。从图 4-10 总体看，提供者信誉聚合值基本能及时跟踪提交质量的变化，但信誉聚合值一般比提交质量低。

结合教育服务质量和提供者信誉度可以预测备选教育服务的可信性。使用前一轮周期生成的提供者信誉和本轮得到的第三方权威认证的质量数据来预测本轮教育服务提交质量，如使用第 0 轮产生的提供者服务信誉、一致性信誉和第 1 轮开始获得的第三方权威质量认证数据来计算服务在本轮周期的可信度，用服务可信度来预测本轮提供者交付的提交质量。

图 4-11 展示了 6 种不同类型提供者 10 轮服务交互后使用公式(4-9)(设置 $\omega_1=\omega_2=0.5$)获得的服务可信度来预测教育服务的随机提交质量的情况(Q_1 为本轮平均提交质量，QR 为服务可信度，QQ 是本轮当前质量)，可见在可以预测的 1～9 轮中使用上轮的信誉聚合值和本轮开始的质量认证值进行本轮随机提交质量的预测效果。总体看，使用可信度预测的值比实际随机提交质量偏小，即结合提供者信誉的质量预测是谨慎的。虽然可信度预测总体能体现教育服务质量的变化，但不如本轮当前质量对本轮提交质量的感知准确。

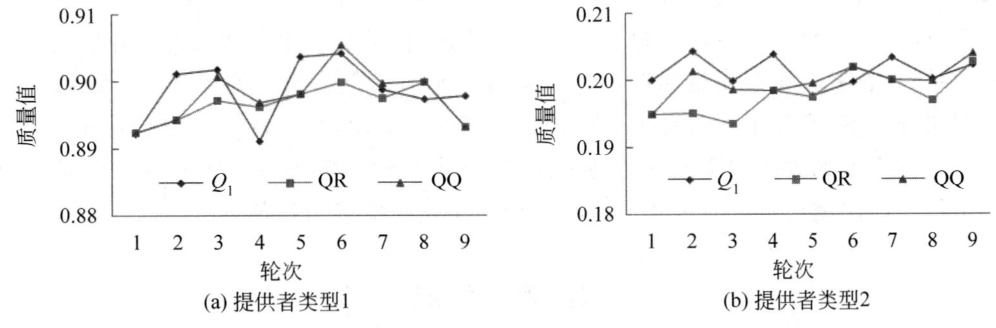

图 4-11　教育服务可信度评估公式预测不同类型提供者服务提交质量变化的情况

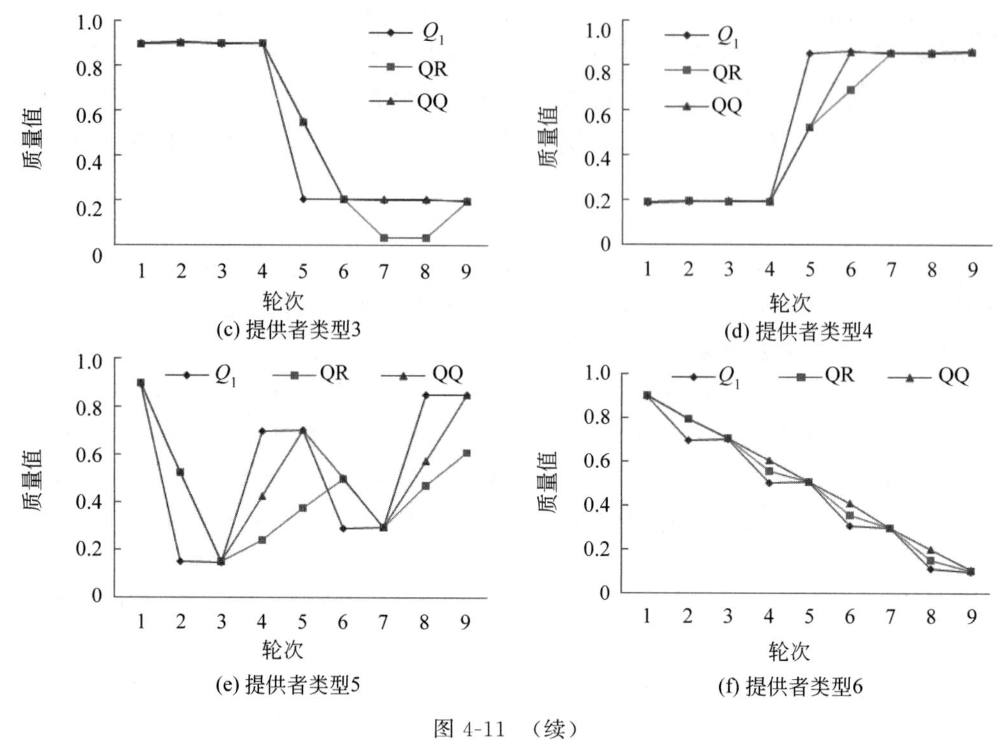

(c) 提供者类型3

(d) 提供者类型4

(e) 提供者类型5

(f) 提供者类型6

图 4-11 （续）

本 章 小 结

本章首先构建了基于 SOA 的权威监控型教育服务网络的管理模型，依据教育服务的教育性、专业性特点，教育服务质量的内隐性、动态性特点，以及提供者服务提供和交付不确定性特点，提出一种集中监测、开放评分相结合的教育服务质量评测模型，在各种评价数据的基础上，构建了加权组合教育服务质量和提供者信誉的服务信任生成模式，并对该模式中的数据来源、参数设置、计算模型进行了阐述。最后，在该服务信任生成模式的指导下，设计了一种基于信任的教育服务评估应用，根据教育服务请求者个性化教育服务质量需求，综合教育服务质量和提供者信誉动态评估教育服务的可信度。在模拟的教育服务网络环境下，验证了本章提出的信任生成模式的适用性，以及基于其上的可信教育服务评估方法模型和方法的预测性和稳定性，该方法对教育服务提供者的服务质量交付的不确定行为和使用者服务质量评价的恶意行为能及时地感知和预测。

参 考 文 献

[1] Atenas J, Havemann L. Questions of quality in repositories of open educational resources: a literature review[J]. Research in Learning Technology, 2014.

[2] A K C, B J P, C N M. Open educational resources repositories literature review-Towards a

comprehensive quality approaches framework[J]. Computers in Human Behavior，2015，51：1098-1106.

[3] Mason J，Lefrere P. Trust，Collaboration，E-learning and Organisational Transformation[J]. International Journal of Training and Development，2003，7(4)：259-270.

[4] Malik Z，Bouguettaya A. RATEWeb：Reputation Assessment for Trust Establishment among Web services[J]. The VLDB Journal，2009，18(4)：885-911.

[5] Lan H，Sui L G，Zhou C G. Research on the Sharing E-learning Based on SOA and Semantic Web Architecture[C]//International Conference on Computer Science & Software Engineering. IEEE Computer Society，2008，426-429.

[6] Al-Ajlan A，Montfort D，Zedan H. E-learning(MOODLE) Based on Service Oriented Architecture [C]. Proceedings of the EADTU's 20th Anniversary Conference，2007，62-70.

[7] Papazoglou M P，Heuvel W. Service oriented architectures：approaches，technologies and research issues[J]. Vldb Journal，2007，16(3)：389-415.

[8] Hendrikx F，Bubendorfer K，Chard R. Reputation systems：A survey and taxonomy[J]. Journal of Parallel and Distributed Computing，2015，75：184-197.

[9] Jøsang A，Ismail R，Boyd C. A survey of trust and reputation systems for online service provision [J]. Decision Support Systems，2007，43(2)：618-644.

第5章　基于社会网络关系的服务信任生成模式

从网络教育到“互联网＋”教育，教育网络的规模、容量和内涵不断拓展，集中式教育服务管理的成本不断增加，不得不减少此类教育服务管理的比重，实施以“去中心化”为特征的网络教育服务管理模式。

“去中心化”教育服务管理模式摒弃了集中的教育服务注册管理及集中的质量保障机制，服务架构进一步扁平化，用户与用户、用户与服务之间交互更直接、关系更紧密。在具有此类教育应用特征的教育服务网络中，教育交互行为完全自主、自由，人人可以平等地提供、使用、评价教育服务，专家、第三方权威完全缺失，这就造成在教育服务网络中安全、可信等问题更加突出。为此，信任、信誉等软安全技术[1]不断应用到教育服务管理中，通过收集网络实体之间大量的交互数据和关系信息，计算并评估教育服务质量和教育服务提供者信誉，凝练网络用户的集体智慧，生成高信誉的用户、意见领袖，代替第三方权威专家的教育服务质量保障和评估工作。

本章针对“去中心化”的教育服务网络，构建由用户与用户、用户与教育服务之间交互产生的社会化关系和网络，由用户与教育服务之间的服务网络生成用户与服务之间的直接或间接服务信任关系，由用户与用户之间的社交网络生成推荐信任和信誉，进而通过聚合和信任传递生成服务信任。该服务信任生成模式符合“去中心化”教育服务网络的特征，利用基于服务交互和推荐交互生成的社会化网络关系生成相关信任要素，进而得到用户与服务之间的服务信任。本章最后，通过可信服务推荐的应用验证了这种信任生成模式的适用性。

5.1　问题的提出

5.1.1　“去中心化”教育服务网络的提出和挑战

随着网络教育理论的发展和网络相关技术的进步，网络教育呈现出多方位演化趋向：从以教为中心到以学为中心，从封闭到开放，从孤立到关联，从泛常到个性化，从消费到参与[2]。网络教育的开放和关联促成“去中心化”教育服务网络的兴起。“去中心化”教育服务网络实质是P2P(Peer to Peer)网络，广泛应用于电子商务、社交媒体、网络教育等各个领域。在该教育服务网络中，没有第三方权威的监管机制，每个用户都扮演提供者和使用者等多种角色，用户节点身份对等、交互自由、高度自治。这样的教育服务网络的管理成本较低，信息交流方式灵活便利，但存在脆弱性等问题，即一旦有任一节点受到攻击，整个网络都存在极大的危机。因此，“去中心化”教育服务网络需要建立信任机制，让每个节点都有能力实现信任收集、评估、反馈、更新等多个流程，实施信任自治，以确保整个教育服务网络的安全。

在第 4 章的研究中,可信教育服务是高信誉提供者提供的高质量的教育服务,在权威监控型教育服务网络中,通过集中式教育服务管理和第三方权威的教育服务评测,构造了一个从服务质量和提供者信誉获取满足用户质量偏好的可信教育服务评估方法。然而,在“去中心化”开放教育服务网络中,第三方权威可能不一定存在或并不一定可信,因此,需要利用开放网络的社会化网络性质,设计相关模型,综合考虑请求者信任的教育服务提供者或高信誉的提供者,以及该提供者提供或推荐的教育服务信息来综合评估可信教育服务。

因此,在“去中心化”教育服务网络中,信任问题更加突出,信任生成的构建更加复杂。同时,可信教育服务的评估和发现需要获取的数据来源更加开放和不确定,这就使得虚拟网络环境下如何构建信任、如何发现可信的网络教育资源或服务成为开放网络教育环境下的两大重要问题。

5.1.2　相关研究综述

有研究表明,在教育环境中,构建信任的关系和氛围非常重要。Mohd Anwar 和 Jim Greer[3] 在研究中充分阐述了信任在学习伙伴之间协作学习的重要性,认为信任是促进合作学习、健康竞争以及知识共享的重要因素。Mohd Anwar 和 Jim Greer[3] 发现,教育参与者相互信任在分享学习、同伴评论、学习资源选择、协作学习、群组学习等教育交互活动中非常重要,并提出一种用身份管理和信誉管理来促进和构建教育参与者信任的模型。

在网络教育模式下,通过网络媒体实施和传递的教学阻断了学习者之间以及学习者和教师之间天然的信任联系,构造网络教育环境下的信任显得更加重要和必要。针对 P2P 网络环境,Xu 和 Korba[4] 提出一种针对分布式 e-learning 服务控制的信任模型,解决在交互式 e-learning 中的安全和隐私问题。Stephen J. H. Yang 等[5] 认为信任是知识共享的基础,基于 P2P 的网络环境,提出增强虚拟学习社区知识共享的 e-learning 质量和支持搜索高质量教学内容和可信协作者的方法。在具有社会化网络特征的开放网络中,G. Liu 等[6] 对社会化网络丰富的上下文语义信息进行归类,构建了一个融合信任、社会化关系、推荐规则和信任质量等属性的复杂社会化网络结构来模拟现实的开放网络,基于该网络架构,把可信服务提供者的选择问题转化为最优信任路径的选择问题,采用一个创新优化算法对社会化网络进行搜索和遍历来获得可信服务提供者。Carchiolo 等[7] 在 P2P 网络环境中构建了一种具有信任关系和使用关系的网络结构图,通过描述节点之间的信任关系以及节点对资源的使用关系构建用户之间的社会化网络关系。基于该网络结构图,计算任何节点之间的信任程度,并基于信任度,为教育资源请求者推荐可信的教学资源。该方法为本章解决教育服务网络中信任用户搜索的计算量问题提供了参考。

在网络环境下,存在大量具有相同功能、不同质量的网络教育资源或服务,加上教育资源或服务的提供者具有匿名性和不确定性,造成用户选择教育资源或服务时进入两难境地。这是网络世界典型的信息过载和信任缺失事件,影响着网络资源和服务的应用效率,影响用户对网络资源和服务的使用信心。为此,研究者和工程技术人员研究开发了多种网络资源或服务的接入方式,如搜索、推送、推荐等。在技术增强的教育服务网络,资源和服务推荐系统是常见的系统服务，在研究和实际应用领域取得了极大的研究和应用成果。Verbert 等[8]对网络教育环境下上下文感知的推荐系统进行了综述，并对未来的研究方向进行了梳理，指出未来研究的挑战包括：教育上下文获取和表达的挑战，教学效果和推荐效果评估的挑战，数据集共享的挑战，教育上下文信息私密性保护的挑战，推荐系统与用户交互的挑战，面向全局数据的结构性挑战等。

上述研究和实践探索昭示了网络教育背景下信任和可信计算丰富的理论、技术和应用内涵。新理论、新技术的不断融入，将给网络教育带来更多的机遇和挑战，网络教育服务的质量监控问题、网络教育服务和用户的可信性问题、网络教育资源服务或学习伙伴等的服务推荐问题仍将是网络教育服务应用的核心问题。

本章通过增强对开放网络中可信、信任、信誉的语义分析，进一步提高信任生成的灵活性以及可信教育服务发现、推荐的准确性。针对开放网络数据稀疏问题，通过信任传递扩大信息搜索范围，在构建的信任网络、服务网络之上运用基于信任传递和聚合技术对间接教育服务提供者的信任度进行评估和决策，获得更多的服务信任以及可信服务发现机会。

5.2 基于社会网络关系的教育服务网络模型

5.2.1 教育服务网络中的行为和关系

“去中心化”教育服务网络具有社会化网络的特征，其构成实体主要有两大类，一类是教育服务网络中的用户，另一类是各种类型的教育服务。在教育服务网络教育应用的过程中，网络实体之间产生大量各种类型的互动和交互。例如：用户之间因提供和使用教育服务产生直接服务交互，形成服务交互关系，这些服务交互行为主要有请求、提供和评价。其中，请求由请求者发出，提供者接收，请求者提出服务需求，满足服务需求的提供者竞争提供服务的机会；提供由提供者发出，使用者接收，使用者感知提供者的服务，收获相应的服务体验；评价由双方依据各自的服务体验给出的对对方的服务感受评估。

除了围绕服务交互的这些行为外，教育服务网络中网络对象之间还会产生另外一些社会化交往行为。在“去中心化”教育服务网络中，因为没有第三方权威的存在，需要聚集社群的力量来实施质量筛选、可信服务鉴别、服务提供者的信誉认证、可信服务交易的促进等工作。因此，每个实体具有独立自治的社会交往行为，如加好友、推荐服务或好友等行为。在“去中心化”教育服务网络中，好友并不是现实的好友，而可能是具有相同服务使用经历并有相似服务体验感受的用户，好友一般具有相似的特征或偏好。因此，好友之间相互推荐服务甚至各自的好友，使得推荐成为“去中心化”教育服务网络的一个典型行为。

随着各种行为的纵横交错、有序无序地展开，在教育服务网络中形成一系列相对稳定的关系。服务交互行为逐步产生服务交互关系，形成包括使用者、提供者、服务以及评价结果的关系集合；社交行为导致出现了好友关系和推荐关系，好友关系是因共同使用相同教育服务或推荐教育服务而产生，两个用户曾是共同教育服务经历中的使用者，基于相似的教育服务需求和经历，好友关系中的一方对另一方产生信赖。推荐关系分为好友推荐关系和服务推荐关系，好友推荐关系是好友关系的一个子集，服务推荐关系则是用户和服务之间的关系，表示用户对某个服务的特殊的好感和评价，值得他去推荐。

除了直接的关系外，利用网络的连通性，更多的用户之间还可以形成间接关系。例如，在同一上下文中，Alice 有好友 Bob，Bob 有好友 Carl，尽管 Alice 和 Carl 没有直接关系，但可以生成 Alice 和 Carl 之间一定程度的好友关系。虽然从理论上信任、好友、推荐等关系可以传递，但直接的服务交互和评价反馈信息获得的用户之间的直接关系是奠定教育服务网络用户之间关系的基础。

5.2.2　教育服务网络中的信任和信任关系

在教育服务网络中，用户与教育服务之间存在提供、使用、推荐、评价等教育活动并产生相应的关系，如用户和用户之间的服务交互、好友、推荐等关系，关系客观存在并形成错综复杂的关系网络。在某个应用场景下，并不是所有关系都有意义，一般都会根据应用的需求确立有用的关系。

研究表明，信任的双方能确立稳定的关系，并且这种关系又进一步促进信任[9]。在"去中心化"教育服务网络中，教育服务的质量、教育服务参与者的身份和信誉不再由第三方权威认证，需要其他更加开放的机制构建教育服务网络中的信任关系，以便相关应用的顺畅开展。

为此，通过分析教育服务网络的核心需求和服务交互、社会化交往等行为，归纳出教育服务网络中的服务信任和推荐信任，以及基于其上的服务信任关系、好友信任关系和服务提供或推荐关系。

1. 教育服务用户之间的服务信任和推荐信任

教育服务网络中，为了获得可信教育服务，教育服务使用者一方面关注信任的教育服务提供者提供可信高质量的教育服务，以减少教育服务交易风险；另一方面，又希望诚信的好友为其推荐可信高质量的教育服务，以减少可信教育服务发生的费用。因此，施信者(trustor)对受信者(trustee)在不同期望下会有两种不同的信任：在请求服务时关注的是受信者提供可信、高质量服务的能力的信任；在请求推荐时关注的是受信者诚实、可靠地进行推荐的信任。

定义 5-1　服务信任。施信者 A 对受信者 B 提供服务内容 M 的专业水平、能力、质量的信念。用 $T_{A\to B}^{M}$表示 A 对 B 的服务信任度。

定义 5-2　推荐信任。施信者 A 对受信者 C 作为具有共同教育服务交易经历的好友，在推荐其他教育服务时诚实、可靠的信念。用 $P_{A\to C}$表示 A 对 C 的推荐信任度。

$T_{A\to B}^{M}$、$P_{A\to C}$的值由时间窗口内教育服务交互和社会化交往所产生的各种数据和关系计算获得，但它们计算的侧重点不一样，服务信任度主要评估受信者的服务能力，推荐信任度主要评估受信者和施信者的偏好相似性以及愿意、诚实推荐的程度。

2. 服务信任关系、好友信任关系以及服务提供或推荐关系

教育服务网络中，由用户直接参与的教育服务交互和社会化交往行为构建用户之间的信任关系。用户之间的信任关系包括基于服务交互的服务信任关系和基于社会化交往的好友信任关系。

定义 5-3　服务信任关系。用户 A 使用了用户 B 提供的教育服务后,对其能力、提供的教育服务的质量进行评价,产生对 B 提供教育服务内容 M 的服务信任,建立与 B 的服务信任关系。

服务信任关系因教育服务交易而自动建立,并由服务信任度 $T_{A\to B}^{M}$ 来度量服务信任关系的信任强度。随着教育服务交互的持续进行,服务信任关系可能增强、不变或减弱,相应的信任强度由服务信任度度量。

在教育服务网络中,教育服务数量很大,教育服务内容繁多,关于某个教育服务内容 M 的具有直接服务交互(提供和使用交互)的用户比例很小,直接服务信任关系的数量严重不足。为了克服这种数据稀疏性,需要一些策略来挖掘用户之间的更多的潜在关系。

定义 5-4　好友信任关系。若用户 A 和用户 C 在共同的教育服务提供者处有相同教育服务交互行为,则 A 和 C 可以互为好友。如果 A 或/和 C 自愿建立与对方的信任关系,则构建了单方/双方的好友信任关系。

在好友信任关系的建立中,除了具有相似的交互行为,主观意愿起决定性作用。根据推荐信任的语义,只有在施信者有意愿的前提下才建立相应的好友信任关系,因此,好友信任关系的建立主要依据系统推荐、施信方自愿的原则,具有好友信任关系的施信者相信受信者可以为其推荐可信高质量的教育服务。推荐信任度 $P_{A\to C}$ 表示好友推荐关系的信任强度,其初值等于系统推荐值,随后,$P_{A\to C}$ 值将由 A 按 C 的表现而评定,必要时,施信者可以取消与受信者的好友信任关系。

好友信任关系是服务信任关系的补充,因为没有服务内容的限制,更多的用户与教育服务网络中的其他用户有了联系或有了更多的联系。

除了用户之间因服务交互而产生的信任关系外,用户与教育服务之间也有相应的关系。教育服务由教育服务提供者提供,提供者在描述其提供的教育服务时,对教育服务的功能和质量属性值进行了初始化输入,这些属性值是教育服务请求者调用教育服务的依据之一,把教育服务质量属性的初始输入数据称为教育服务提供者的服务质量承诺。

当教育服务使用者使用某个教育服务后,对其服务质量有了直接的体验,教育服务使用者可以决定是否对该教育服务进行推荐,如果选择推荐,则在教育服务使用者和推荐的教育服务之间产生服务推荐关系。

定义 5-5　服务提供或推荐关系。教育服务提供者及其提供的教育服务之间有提供关系,提供者提供的关于教育服务质量的信息是其对教育服务质量的承诺;教育服务推荐者及其推荐的教育服务有推荐关系,推荐者提供的关于教育服务质量的推荐值是其对教育服务质量的认可程度。

在服务提供关系和服务推荐关系中,统一使用推荐度来表示提供者对教育服务质量承诺的信心度以及推荐者对教育服务推荐的信心度。承诺越好、推荐度越高,对教育服务质量的信心越大。

5.2.3　具有信任和推荐关系的教育服务网络模型

教育服务网络中,用户之间的直接交互以及用户和教育服务之间的提供、推荐关系构成了教育服务网络的社会关系网络。

1. 信任关系和推荐关系构成的教育服务网络模型

教育服务网络中，参与直接服务交互的用户之间逐步形成信任和被信任的服务信任关系，没有直接服务交互的用户之间可能产生好友信任关系。

如图 5-1(a)所示，用户 A 多次在服务内容 M_1、M_2 上使用了 B 提供的教育服务，发生了服务交互，产生了从 A 到 B 的关于服务内容 M_1、M_2 的服务信任关系，用虚线箭头表示 A 对 B 的这些服务信任关系。多个用户（如 C、D、F）与 A 有相似的服务交互经历（如 C 与 A 一样与 B 发生了基于服务内容 M_2 的服务交互），经系统推荐，A 选择 C、D、F 作为自己的好友，用实线箭头表示 A 与这些好友的好友信任关系。由这些服务信任关系以及好友信任关系及其信任对象构成用户 A 的个人信任关系网络。

教育服务网络中的所有用户的个人信任网络连接起来，构成教育服务网络的全局信任关系网络，如图 5-1(b)所示。结合图 5-1(a)和图 5-1(b)，可以看到一个可能的关系情况：A 与 D 存在服务信任关系，而又因 A 和 D 同时都与 E 有服务信任关系，因此，A 又选择 D 作为自己的好友，即 A 和 D 之间既有服务信任关系，也有好友信任关系。同时，D 也选择 A 作为好友，如此，A 与 D 之间有双向的好友信任关系。

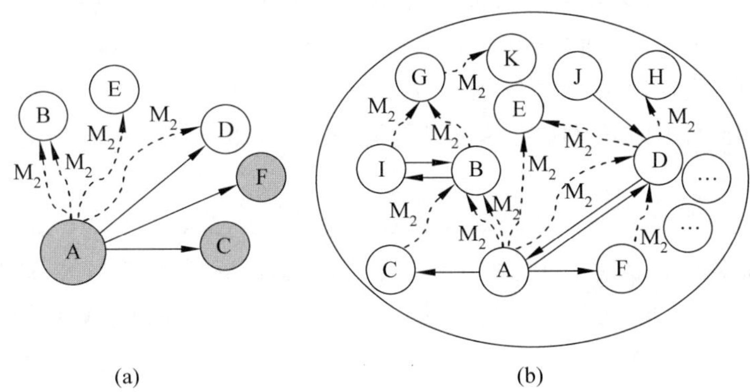

图 5-1　用户 A 的个人信任关系网络和教育服务网络的全局信任关系网络

教育服务网络中的实体除了教育服务的用户外，还有教育服务本身。教育服务网络中，用户既可以是教育服务提供者，也可以是教育服务请求者和使用者。用户作为教育服务提供者，提供教育服务的描述，特别是质量描述。可以把教育服务提供者的提供行为看成推荐行为，即提供者按教育服务的质量描述推荐自己提供的教育服务。作为教育服务使用者，用户对自己使用过的教育服务进行评价，并可以以其感知的质量推荐该教育服务。提供和推荐行为导致用户和教育服务之间产生提供、推荐关系。

在教育服务网络全局信任关系网络的基础上，增加教育服务用户与教育服务的提供、推荐关系，构成完整的教育服务网络的交互网络模型。如图 5-2 所示，S 是所有教育服务的集合，U 是教育服务网络用户的集合，用粗点线箭头表示用户与教育服务之间的提供、推荐关系，箭头由用户指向教育服务，表示用户对教育服务的提供、推荐。在教育服务网络中，用户和教育服务是相对独立的实体集合，用户之间构成信任关系网络，用户与教育服务之间存在由提供、推荐关系构成的推荐网络。

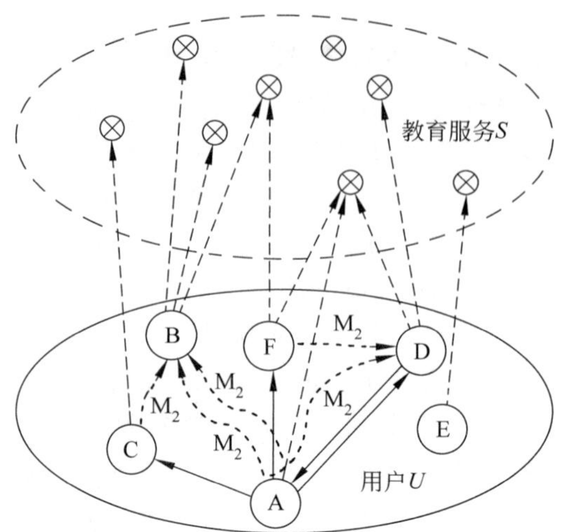

图 5-2　用户之间的信任关系及用户与教育服务之间的推荐关系

进一步地，把图 5-2 描述的各种关系构成的网络表示成一个有向图 $G=(N,E)$，其中 N 是所有教育服务网络实体的集合，E 是所有关系的集合。节点集 $N=\{n\mid(n\in U)\vee(n\in S)\}$，包含用户集合 U 和教育服务集合 S；边集 E 是信任关系（服务信任关系，好友信任关系）和提供、推荐关系的集合，$E=\{e\mid(e\in \mathrm{Rec})\vee(e\in \mathrm{Tru})\vee(e\in \mathrm{Fri})\}$中，Tru 和 Fri 表示用户对用户的服务信任关系和好友信任关系，Rec 表示用户对服务的提供、推荐关系。

$\mathrm{Tru}=\{(\mathrm{A},\mathrm{B},\mathrm{M},T_{\mathrm{A}\to\mathrm{B}}^{\mathrm{M}})\mid(\mathrm{A},\mathrm{B}\in N),(\mathrm{A}\neq\mathrm{B}),(T_{\mathrm{A}\to\mathrm{B}}^{\mathrm{M}}\in(0,5])\}$是用户 A 和另一用户 B 之间的服务信任关系的描述，$T_{\mathrm{A}\to\mathrm{B}}^{\mathrm{M}}$表示 A 对 B 提供服务内容 M 的服务能力的信任度，服务信任度取值为大于 0 的实数，最高为 5，由系统依据 A、B 间的交互情况进行维护。

$\mathrm{Fri}=\{(\mathrm{A},\mathrm{B},P_{\mathrm{A}\to\mathrm{B}})\mid(\mathrm{A},\mathrm{B}\in N),(\mathrm{A}\neq\mathrm{B}),(P_{\mathrm{A}\to\mathrm{B}}\in(0,5])\}$是用户 A 和另一用户 B 之间的好友信任关系的描述，$P_{\mathrm{A}\to\mathrm{B}}$表示 A 对 B 提供推荐的推荐信任度，推荐信任度取值为大于 0 的实数，最高为 5，其初值由系统依据 A、B 共同交易和评分情况给出，建立好友信任关系后由施信者 A 依据对 B 的推荐信任进行值的维护。

$\mathrm{Rec}=\{(\mathrm{A},\mathrm{X},(\mathrm{recc}_{\mathrm{AX}},\mathrm{QoS}_{\mathrm{AX}}))\mid(\mathrm{A}\in U),(\mathrm{X}\in S),(\mathrm{recc}_{\mathrm{AX}}\in(0,5]),(\mathrm{QoS}_{\mathrm{AX}}\in[0,5])\}$表示用户 A 对教育服务 X 的提供、推荐关系，$\mathrm{recc}_{\mathrm{AX}}$表示用户 A 对教育服务 X 的推荐度，反映用户 A 对教育服务 X 推荐的意愿的强烈程度，$\mathrm{QoS}_{\mathrm{AX}}$表示 A 对教育服务 X 服务质量的评价（当用户是教育服务 X 的使用者时）或承诺（当用户是教育服务 X 的提供者时）。推荐度的取值是大于 0 的实数，最高为 5。

2. 教育服务网络的用户层视图和服务内容子图

图 5-2 展示了整个教育服务网络信任和推荐关系拓扑图的一部分，实际上，这个图是庞大而复杂的。如果集中维护网络的各种关系和属性，工作量将是巨大的。因此，采取网络节点各自维护自己的用户层视图的方法来简化拓扑关系的维护工作。

图 5-3 展示了用户 A 的私有用户层视图。A 维护自己的用户层视图，包括提供、推

荐关系和服务、好友信任关系，以及自己的评价和得到的评价的相关数据。分布式的信息存储，防止了因网络的动态性造成的单点失效、性能瓶颈和负载不均衡等问题，但也可能出现恶意用户篡改信息的行为和因此出现的问题。当网络中的某个用户提出可信教育服务推荐的查询请求时，搜索进程将沿着该用户的两种关系的关系链进行可信教育服务的搜索和评估。

另一个有用的子图是关于某个教育服务内容（如 M_2）的关系网络子图，图 5-4 所示的服务内容子图中，所有关系的建立都是基于特定教育服务内容 M_2。

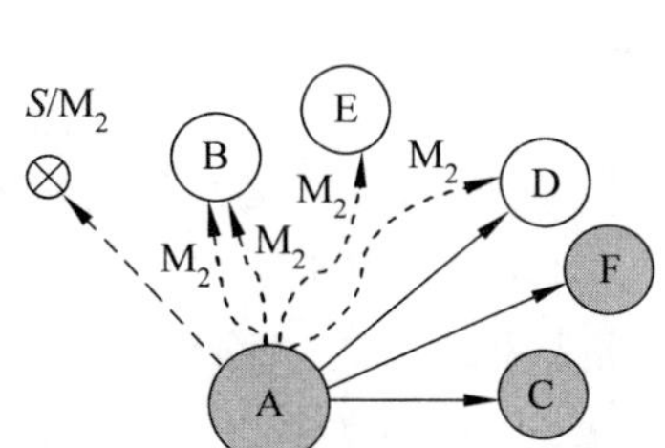

图 5-3　用户 A 的信任和推荐关系的用户层视图

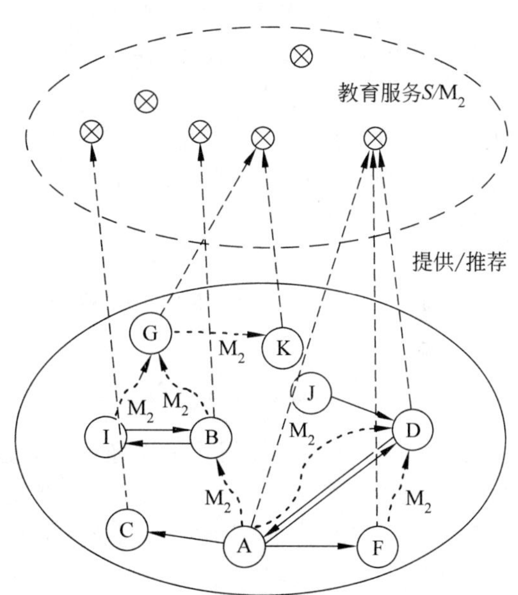

图 5-4　教育服务网络的一个关于服务内容 M_2 的子图

实际教育服务网络中，网络节点间的连接密度远没有图 5-4 所示的那样稠密，并且网络节点的连接分布呈幂律分布：大部分节点拥有很低的连接数，少数节点拥有非常高的连接数。教育服务网络社会关系网络的稀疏性及不均匀性是网络平台常见的问题，需要使用特定的方法解决这些问题。

5.2.4　社会化网络特征

具有信任关系和提供、推荐关系的教育服务网络具有一些典型的社会化网络性质，其实体（节点）关系的连接度呈幂律分布，新用户总是优先选择连接度高的用户或教育服务，而使少数对象获得极高的连接度，并且在各种度数层级，节点度数始终呈现幂律分布或无尺度分布特点[10]。

（1）用户节点的入度。教育服务网络中，用户节点 A 的服务信任关系的入度的意义是：有多少用户曾经与 A 发生过服务交互，并对 A 作为服务提供者的角色产生了服务信任。服务信任关系入度相对较大的用户节点，表示该用户被较多用户信任，隐含其在相应教育服务提供能力方面有较高信誉。相应地，用户节点 A 的好友信任关系入度表示有多少用户把 A 加为好友，产生推荐信任。

(2) 用户节点的出度。教育服务网络中，节点 C 的出度的意义是：C 有多少可以信任的"好友"，这些"好友"曾与 C 发生教育服务交互或具有相似的教育服务经历，C 愿意相信他们并把他们作为好友。当"好友"作为提供者时，C 考虑其服务信任，当"好友"作为推荐者时，C 考虑其推荐信任。出度的大小反映了 C 可以选择的具有直接信任的教育服务提供者或推荐者的数量。

(3) 对象节点的连通。教育服务网络中，对象节点间以信任关系或推荐关系相连。在信任网络中，通过"好友"以及"好友"的"好友"，信任沿着信任关系组成的信任链传递，使更多的用户之间有信任关系，再由用户与教育服务之间的提供、推荐关系，定位到用户提供、推荐的教育服务。信任和推荐关系构成的教育服务网络是一个小世界网络，依据六度空间理论，通过信任传递和提供、推荐关系，教育服务网络中的用户节点理论上可以全连通，进而通达所有教育服务。

5.3 基于社会网络关系的服务信任生成

5.3.1 "去中心化"教育服务网络的信任生成模式

"去中心化"教育服务网络中典型的行为包括请求、提供、评价等服务交互行为以及包括加好友、推荐等的社交行为。这些行为形成的交互记录、确立的服务信任关系、好友信任关系、推荐信任关系共同构成具有社会网络特征的教育服务网络。在该网络中，包括用户之间的社交网络以及用户、服务之间的服务网络。通过网络中节点关系的确立，形成直接服务信任和推荐信任；通过网络的连通特性的运用，可以获得超越直接信任的间接信任关系，进而在教育服务网络中形成更多的关系；通过网络节点出度、入度的聚合性质，可以汇聚用户节点所有信任关系的综合信任，形成用户节点的信誉。

信任关系连成的信任关系网络与好友关系连成的社交网络一起，是服务信任生成的所有资源。通过基于上下文的聚合计算，获得应用场景所需的服务信任、人际信任。基于这种社会网络关系的信任生成模式如图 5-5 所示。

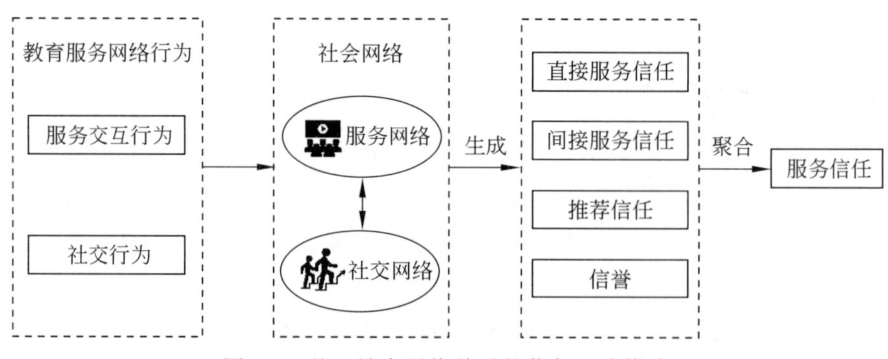

图 5-5 基于社会网络关系的信任生成模式

5.3.2　服务信任和服务信誉的计算模型

1. 推荐度

推荐度和教育服务 QoES 是提供、推荐关系的两个主要参数，分别表示用户对教育服务推荐的信心指数和感知（或承诺）的教育服务的质量。在提供、推荐关系中，当用户是教育服务的提供者，每条推荐边上的推荐度初值由用户自己设置，推荐边上教育服务的 QoES 初值是用户作为教育服务提供者对服务质量的承诺；当用户是教育服务的推荐者，推荐边上的推荐度值是其对教育服务使用后的满意程度，相应的 QoES 值是其体验到的教育服务质量评分。

定义 5-6　服务体验 QoES。设用户 i 使用教育服务 l 后，依据服务感受对教育服务 l 的 QoES 评价是一个二元组：$\varepsilon_{i,l}=(Q,f)$，其中，Q 和 f 分别定义如下：

- Q 是教育服务 l 的 QoES 参数集合。QoES 参数包括教育服务的可用性、教育性、知识性、技术性等服务质量参数，记为 $Q=\{q_1,q_2,\cdots,q_n\}$。其中，$|Q|=n$ 表示教育服务 l 有 n 个 QoES 参数。
- $f: Q\rightarrow[0,5]$是对教育服务 l 的 QoES 评价函数。对于 $\forall q_k\in Q, f(q_k)=\delta_k$，$\delta_k\in[0,5]$，$\delta_k$ 表示用户 i 对教育服务 l 的第 k 个 QoES 参数 q_k 的评价值。

定义 5-7　服务承诺 QoES。若用户 i 推荐自己提供的教育服务 l，则对提供的教育服务的 QoES 有一个承诺值。同定义 5-6，教育服务承诺 QoES 也是一个二元组：$\varepsilon_{i,l}=(Q,g)$，其中，$g:Q\rightarrow[0,5]$是对教育服务 l 的 QoES 承诺函数。对于 $\forall q_k\in Q, g(q_k)=\rho_k, \rho_k\in[0,5]$，$\rho_k$ 表示教育服务提供者对教育服务 l 的第 k 个 QoES 参数 q_k 的承诺值。

定义 5-8　推荐度。推荐度表示用户 i 对教育服务 l 的推荐信心指数。记为 $\text{Recc}_{i,l}$，则

$$\text{Recc}_{i,l}=\begin{cases}\varphi_r\times\dfrac{1}{n}\sum\limits_{k=1}^{n}\rho_k^l, & \text{当用户 } i \text{ 是教育服务 } l \text{ 的提供者}\\[2ex] \varphi'_r\times\dfrac{\sum\limits_{k=1}^{n}\delta_k^l}{\text{MAX}\left(\sum\limits_{k=1}^{n}\delta_k^m\right)}, & \text{当用户 } i \text{ 是教育服务 } l \text{ 的使用者}\end{cases} \tag{5-1}$$

公式(5-1)中，当用户 i 是教育服务 l 的提供者时，推荐度与 i 对教育服务 l 的 QoES 承诺值相关；当用户 i 是教育服务 l 的使用者时，i 对教育服务 l 的推荐度和用户 i 对教育服务 l 的 QoES 评价与用户 i 对所有使用的教育服务 m 的 QoES 评价的最大值的比值相关。使用修正系数 φ_r 和 φ'_r，用户 i 可以对推荐度进行一定的按需修正，修正系数 φ_r 和 φ'_r 的修正结果有最高值和最低值的限制，即 $\text{Recc}_{i,l}\in(0,5]$，默认情况下，$\varphi_r=1, \varphi'_r=5$。

用户 i 对所有使用过的教育服务 m 的 QoES 评价的最大平均值总是以 $\text{MAX}\left(\sum\limits_{k=1}^{n}\delta_k^m\right)$ 参数的形式存放在用户 i 的私有数据列表中，并随着用户 i 的活动而动态更新。根据现实语义，推荐度不等于 0，否则，该提供、推荐关系将不存在。

2. 信任度

信任关系是用户之间通过历史交互可能建立的一种相互信任的关系。根据教育服务网络中用户对信任的不同认知，把用户对用户的信任分为服务信任和推荐信任，分别用服务信任度和推荐信任度来度量。服务信任度和推荐信任度随用户间教育服务交互的深入而不断变化。

定义 5-9 服务信任度初始值。是指初始建立服务信任关系时，使用者 A 对提供者 B 的服务信任度。服务信任度的初始值与使用者 A 体验提供者 B 提供的 M 类教育服务 l 的感受有关，定义服务信任初始值 $T_{t_1}^{\mathrm{M}}$ 为

$$T_{t_1}^{\mathrm{M}} = \varphi_t \times \frac{\sum_{k=1}^{n} \delta_k^l}{\mathrm{MAX}\left(\sum_{k=1}^{n} \delta_k^m\right)} \tag{5-2}$$

即用户 A 对用户 B 的服务信任度初始值与用户 A 对用户 B 提供的教育服务 l 的 QoES 评价与用户 A 给出的最好教育服务 m 的 QoES 评价比值有关。φ_t 是信任度修正系数，同 φ_r 作用类似。经修正系数修正的服务信任初始值 $T_{t_1}^{\mathrm{M}} \in (0,5]$。

当用户 A 和 B 之间建立服务信任关系后，用户 A 可能再次使用用户 B 提供的同类教育服务，每次交互都产生相应的服务信任值，计算方式与式(5-2)一致。用户 A 对用户 B 的服务信任度的实时值随交互持续而发生动态变化。

定义 5-10 服务信任度实时值。具有服务信任关系的两用户间不断的教育服务交互使其服务信任度不断变化。服务信任度的实时值由交互次数多少、时间远近、评分大小等因素决定。在给定时间窗口内，用户 A 和用户 B 进行了 n 次关于 M 类教育服务的服务交互，第 ρ 次获得的服务信任度为 $T_{t(\rho)}^{\mathrm{M}}$，在当前时刻 t，A 对 B 的服务信任度实时值为

$$T_{\mathrm{A}\to\mathrm{B}}^{\mathrm{M}} = \left\lfloor \sigma + \sum_{\rho=1}^{n} \frac{T_{t(\rho)}^{\mathrm{M}} F(\rho)}{\tau}, 5 \right\rfloor \vee \left\lceil 0, \sigma + \sum_{\rho=1}^{n} \frac{T_{t(\rho)}^{\mathrm{M}} F(\rho)}{\tau} \right\rceil \tag{5-3}$$

其中，τ 是规约因子，把服务信任度值规约到[0,5]。$F(\rho) = d(\rho) / \sum_{\rho=1}^{n} d(\rho)$ 表示第 ρ 次交互的时间权重函数，时间延迟因子 $d(\rho) = \mathrm{e}^{-\eta(t-t(\rho))}$，$t$ 为当前时间，$t(\rho)$ 为第 ρ 次交互的时间。$\sigma = \Gamma(n/\bar{n})$ 是一个与交互次数相关的限制因子，表示交互次数对服务信任度的影响。$\bar{n}$ 是 M 类教育服务的平均交互次数(或 $\bar{n}$ 是系统指定的次数阈值)，当 A、B 间交互次数少于平均次数时，次数对服务信任度具有反向作用；当交互次数多于平均次数时，次数对服务信任度具有正向贡献，但信任值总是大于 0，不超过 5。

定义 5-11 推荐信任度。设在给定时间窗口内，用户 A 与用户 C 具有 k 次相同的服务经历(包括 A、C 使用了相同的教育服务或 A 使用了 C 提供的教育服务)，其中，用户 A 对 k 次教育服务的 QoES 评价值记为 $Q_i = \{q_{i1}, q_{i2}, \cdots, q_{in}\}, i = 1,2,\cdots,k$；用户 C 对相应 k 次教育服务的 QoES 评价值(当 C 作为推荐者)或承诺值(当 C 作为提供者)记为 $Q_j = \{q_{j1}, q_{j2}, \cdots, q_{jn}\}, j = 1,2,\cdots,k$。则用户 A 对用户 C 的推荐信任度为

$$P_{\mathrm{A}\to\mathrm{C}} = 5 - \frac{\sum_{i=j=1}^{k} \sqrt{\sum_{l=1}^{n} (q_{il} - q_{jl})^2}}{n \times k} \tag{5-4}$$

推荐信任度反映了用户 C 与用户 A 之间评分的相似程度。$P_{A \to C} \in [0,5]$，当 $P_{A \to C}=0$ 时，表示用户 C 与用户 A 在相同服务上的评分差异最大，用户 A 对用户 C 没有推荐信任可言，相应的好友推荐关系不会建立或取消；当 $P_{A \to C}=5$ 时，表示用户 A 和用户 C 在相同服务上的评分非常接近，他们有相似的对教育服务质量的感受和认知，因此，用户 A 可以选择对用户 C 产生推荐信任，建立好友信任关系，或用户 A 对用户 C 的好友信任关系的信任强度达到最强。

每个用户将依据教育服务交互的情况实时更新自己的用户层视图，记录自己的评价数据，并在本地维护信任和推荐关系。

3. 用户的信誉

教育服务提供者提供教育服务质量的能力会被教育服务使用者所感知，使用者通过评价展示这种感知或体验，并生成以信任度为度量的对提供者的服务信任。教育服务提供者获得的服务信任大小及多少，反映了该教育服务提供者的服务信誉。

用户的服务信誉与服务内容相关，如一位受人称道的好司机不一定是一位好厨师。我们称用户在某教育服务内容的服务信誉为局部服务信誉，用户在所有服务内容的服务信誉为全局服务信誉。

定义 5-12　局部服务信誉。用户在某个服务内容 M_1 上的服务信誉是其所有相关服务信任入度用户节点对其服务信任的聚合。

在只有服务内容 M_1 的信任网络子图中，用户节点 A 的入度为 λ，其中第 i 个用户对 A 的服务信任记为 $T_{i \to A}^{M_1}$。则 A 在教育服务网络中提供服务内容 M_1 的局部服务信誉 $R_A^{M_1}$ 定义为

$$R_A^{M_1} = \left\lfloor \sigma + \frac{1}{\lambda}\sum_{i=1}^{\lambda} T_{i \to A}^{M_1}, 5 \right\rfloor \vee \left\lceil 0, \sigma + \frac{1}{\lambda}\sum_{i=1}^{\lambda} T_{i \to A}^{M_1} \right\rceil \tag{5-5}$$

$\sigma=\Gamma(\lambda/\bar{\lambda})$是一个与入度相关的限制因子，$\bar{\lambda}$ 是教育服务网络用户的平均入度（或系统指定的入度阈值），入度越大，σ 对信誉的正向贡献越大，但 $R_A^{M_1} \in [0,5]$。

定义 5-13　全局服务信誉。用户在所有他能提供的教育服务上获得的所有服务信任的聚合。

在教育服务网络的信任关系图中，用户节点 A 的入度为 λ，其中第 i 个用户对 A 的服务信任记为 $T_{i \to A}$。则 A 在教育服务网络中的全局服务信誉 R_A 定义为

$$R_A = \left\lfloor \sigma + \frac{1}{\lambda}\sum_{i=1}^{\lambda} T_{i \to A}, 5 \right\rfloor \vee \left\lceil 0, \sigma + \frac{1}{\lambda}\sum_{i=1}^{\lambda} T_{i \to A} \right\rceil \tag{5-6}$$

$\sigma=\Gamma(\lambda/\bar{\lambda})$是一个与入度相关的限制因子，$\bar{\lambda}$ 是教育服务网络用户的平均入度（或系统指定的入度阈值），入度越大，σ 对信誉的正向贡献越大，但 $R_A \in [0,5]$。

通过对教育服务网络中各种服务交互、社会化交互数据的收集，可以定义和计算教育服务网络中各种社会关系的关系强度，得到用户与教育服务之间服务信任关系中的服务信任度，用户与教育服务之间提供、推荐关系的推荐度，用户和用户之间好友关系的推荐信任度，进而聚合获得用户的局部服务信誉和全局服务信誉。这些计算模型构建了从交互数据到量化关系强度的桥梁，是教育服务网络应用和运营的基础。

5.4 基于服务信任的应用——可信教育服务推荐

5.4.1 问题的描述

教育服务网络中,用户之间具有服务信任关系和好友信任关系,用户和教育服务之间有提供、推荐关系,分别用信任度、推荐度来表示具有这些关系的实体间关系的强度。通过信任和推荐关系构成的网络连通了教育服务网络中的用户和教育服务,可以为用户推荐可信教育服务、好友,也可以为教育服务推荐合适的使用者。

然而,教育服务网络中服务交互行为符合典型幂律分布,并不是所有教育服务和用户都得到均衡的教育服务交互机会,造成教育服务网络中教育服务交互和实体关系信息不均衡和不充分,因此而构建的信任网络和推荐网络存在严重的数据稀疏问题,影响相关服务计算功能的实现。

教育服务网络中,可信教育服务具有第 4 章定义的两个要素,即可信教育服务是高质量的教育服务并且教育服务提供者具有高信誉或被请求者信任。在稀疏的教育服务网络中,当与请求者具有直接服务信任关系的提供者较少或不能提供、推荐可信教育服务时,可以借助信任网络的连通性来实施对间接信任的提供者及其提供、推荐的可信教育服务的查找和可信评估,以扩大可信教育服务的搜索范围,得到较优的可信教育服务。

在连接稀疏的教育服务网络中推荐可信教育服务是蕴含直接服务信任和间接服务信任的过程,间接服务信任的生成和直接服务信任的生成一样,都是服务信任生成模式的重要组成部分。

教育服务网络中可信教育服务推荐可以分成以下三个步骤。

步骤一,在教育服务网络中找到高信誉的服务提供者或被请求者信任的服务提供者。

步骤二,对找到的这些教育服务提供者提供、推荐的教育服务质量进行考察。

步骤三,综合教育服务提供者的信任度(或信誉度)及其对教育服务的推荐度实施针对请求者的可信教育服务推荐。

用 Request(A,M,t)表示请求者 A 提出的关于服务内容 M 的可信教育服务请求,t 表示 A 要求的教育服务提供者最低服务信任度(或局部服务信誉)阈值。可信教育服务推荐是针对请求者 A 的本次可信教育服务请求,按综合推荐度对教育服务网络中的教育服务进行推荐。某个服务内容 M 的教育服务 s 的综合推荐度表示为

$$\mathrm{Rec}_s^{\mathrm{Request}}=\frac{\sum_{i=1}^{n}\mathrm{ST}_{\mathrm{A}\to O_i}^{\mathrm{M}}\times \mathrm{Recc}_{O_i,s}}{\sum_{i=1}^{n}\mathrm{ST}_{\mathrm{A}\to O_i}^{\mathrm{M}}} \tag{5-7}$$

其中,O_i 是教育服务 s 的提供者或推荐者,可能存在 n(n 为大于 0 的整数)个用户同时推荐教育服务 s。$\mathrm{ST}_{\mathrm{A}\to O_i}^{\mathrm{M}}$ 是请求者 A 对 O_i 的关于服务内容 M 的服务信任或 O_i 的关于服务内容 M 的局部服务信誉,且 $\mathrm{ST}_{\mathrm{A}\to O_i}^{\mathrm{M}}\geqslant t$。$\mathrm{Recc}_{O_i,s}$ 是 O_i 对教育服务 s 的推荐度。

满足请求 Request 的关键是确定候选教育服务的综合推荐度。由式(5-7)可知,综合推荐度确定的核心是找到请求者 A 信任的教育服务提供者或推荐者 O_i。

教育服务网络中，可以通过以下几个方法搜索信任的或高信誉的教育服务提供者或推荐者：①请求者 A 直接服务信任的用户；②请求者 A 直接推荐信任的用户；③请求者 A 间接信任的用户；④具有较高局部服务信誉的用户；⑤具有较高全局服务信誉的用户。

其中，搜索高服务信誉用户 O_i 可由系统维护的每个用户的局部服务信誉 $R_{O_i}^{\mathrm{M}}$ 和全局服务信誉 R_{O_i} 获得，取 $R_{O_i}^{\mathrm{M}} \geqslant t$ 或 $R_{O_i} \geqslant t$ 的用户，取 O_i 提供、推荐的教育服务为候选教育服务，使 $\mathrm{ST}_{\mathrm{A} \to O_i}^{\mathrm{M}} = R_{O_i}^{\mathrm{M}}$ 或 $\mathrm{ST}_{\mathrm{A} \to O_i}^{\mathrm{M}} = R_{O_i}$ 进行候选教育服务的综合推荐度运算。

其他 3 种可信教育服务提供者的搜索可以使用请求者 A 的信任网络子图以及 A 信任的用户的信任网络子网，考察请求者 A 直接信任的用户的信任度及其提供、推荐的教育服务，以及请求者间接信任的用户提供、推荐的教育服务，并选取这些教育服务作为候选教育服务，与高信誉用户提供、推荐的候选教育服务汇合后，对每个候选教育服务都进行综合推荐度的度量，作为可信教育服务推荐的依据。

5.4.2　信任网络的构建和信任评估

教育服务网络中，用户之间由信任网络连接，其中，直接服务信任关系相对较少，而因共同参与相同教育服务交互而建立的好友信任关系使得更多的用户产生关联或产生更多关联。当用户 A 提出可信教育服务请求 Request 时，首先对教育服务网络中的信任网络进行关于服务内容 M 的信任子图的生成，在关于服务内容 M 的信任子图中，服务信任关系可能更少，需要借助可能有的直接、间接服务信任关系或好友信任关系，甚至服务信誉对间接的服务用户进行信任度的评估，以找出可能提供高质量可信教育服务的更多潜在提供者。

1. 教育服务提供者信任评估策略

信任评估遵循服务信任优先，直接信任优先，推荐信任、间接信任和信誉补充的原则。根据教育服务网络中实体间实际连接情况，有以下几种信任评估情况。

(1) 若请求者 A 和被评估者 O_i 之间有直接服务信任，则信任评估值即为直接服务信任值，$\mathrm{ST}_{\mathrm{A} \to O_i}^{\mathrm{M}} = T_{\mathrm{A} \to O_i}^{\mathrm{M}}$。

(2) 若没有直接服务信任，但有间接服务信任，则使用间接服务信任和服务信誉评估 A 和 O_i 之间的信任。

(3) 若没有间接服务信任，但有推荐信任或间接推荐信任，则使用推荐信任、间接推荐信誉以及服务信誉评估 A 和 O_i 之间的信任。

(4) 若请求者 A 和被评估者 O_i 之间没有任何联系，则使用被评估者的全局和局部信誉进行信任评估的信任值计算，$\mathrm{ST}_{\mathrm{A} \to O_i}^{\mathrm{M}} = f(R_{O_i}^{\mathrm{M}}, R_{O_i})$。

上述评估过程特别强调了服务信任和直接信任的重要性，若有服务信任，则无须考虑推荐信任，推荐信任只是用于解决可能的数据稀疏问题，在没有服务信任关系的用户之间构建备选的信任关系，但这种信任关系的可信性较弱，需要使用服务信誉以及信任阈值 t 来强化和过滤这种可能的信任关系。间接信任和推荐信任类似，是一种解决数据稀疏问题的方案，间接信任同样使用信誉实施信任语义的强化以及关系的筛选。

2. 间接信任的信任链模型

若可信服务请求者和受信提供者之间没有直接信任关系，则需要采用信任传递的方法，寻找请求者与受信者可能的间接信任关系。在教育服务网络中，由不同关系连接的从请求者到受信者的一条或多条关系链称为信任链。通过信任链查找操作可以在请求者和受信者之间找到多条信任链，这些信任链都有不同的步长、信任关系类型及分布。信任链的步长、信任关系的信任度及信任关系的分布都对信任传递获得的间接信任值有较大影响[11]。

学者们对信任的传递进行了深入研究，Golbeck[12]认为服务节点间最短最强的信任链能更好地预测节点间的间接信任。Lesani 和 Montazeri[13]认为间接信任评估时，强而长的链好于短而弱的链。Yong Ae Kim[11]比较了各种信任传递、聚合策略的效率，认为信任链上使用最大/最小信任聚合方法和去除长链的所有信任链信任加权聚合方法的混合使用策略是最优的。本文结合教育服务网络中服务信任和推荐信任传递和聚合的社会学语义[14-15]，按信任链类型，分别给出不同的信任传递和间接信任评估方案。

根据每个信任链中信任关系的类型及分布把信任链分成 4 类，如图 5-6 所示。把图 5-6 中的子图(a)称为服务链，子图(b)称为好友链，子图(c)称为服务混合链，子图(d)称为好友混合链。不同的信任链类型有不同的间接信任计算方法并有不同的计算可信度。

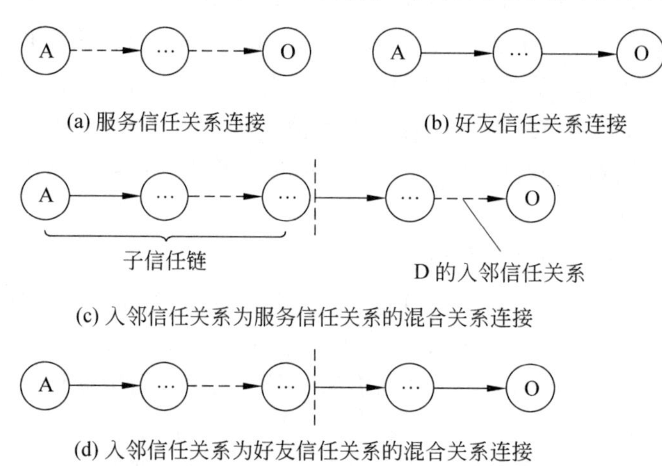

图 5-6 信任链按信任关系类型及分布的分类

3. 间接信任评估

服务信任是施信者对受信者提供高质量教育服务的能力的信念。在信任网络中，服务信任主要通过服务信任关系传递，而好友信任关系较难传递服务信任。另外，服务信任度随传递步长的增加而逐步衰减。因此，不同的信任链类型，服务信任传递模式和得到的服务信任度不同。

1）服务链中评估间接服务信任

在如图 5-6(a)的服务链中，服务信任有限传递，其值随步长增加而下降。设请求者 A 与受信者 O_i 之间的信任链跳数为 h，并约定 $h \geqslant 2$。受信者 O_i 的入邻节点 X 对 O_i 的服务信任度记为 $T^{\mathrm{M}}_{X \to O_i}$，其他服务信任关系的服务信任度记为$(T^{\mathrm{M}}_j)$，$j=1,\cdots,h-1$。则请

求者 A 对受信者节点 O_i 的间接服务信任值为

$$\mathrm{CT}_{\mathrm{A}\to O_i}^{\mathrm{M}}=\mathrm{MIN}\left(\left(\mathrm{MIN}(T_j^{\mathrm{M}})\times\frac{\mu-h+1}{\mu}+T_{X\to O_i}^{\mathrm{M}}\right)\div 2, T_{X\to O_i}^{\mathrm{M}}\right) \tag{5-8}$$

其中，MIN()是求最小值函数，μ 是系统约定的服务链最大跳数，h 是当前服务链的跳数。

除了得出传递的服务信任外，使用受信者 O_i 的局部服务信誉来增强间接服务信任的可信度，因此，在服务链中，请求者对受信者 O_i 的基于间接服务信任的间接服务信任值为：$\mathrm{ST}_{\mathrm{A}\to O_i}^{\mathrm{M}}=f(\mathrm{CT}_{\mathrm{A}\to O_i}^{\mathrm{M}}, R_{O_i}^{\mathrm{M}})$。此时，请求者对受信者 O_i 的服务信任由其对 O_i 的间接服务信任值和 O_i 的局部服务信誉共同决定。

2）好友链或混合链中评估间接推荐信任

当信任链中全部是好友信任关系或既有好友信任关系又有服务信任关系时，服务信任很难得到有效传递。此时，请求者对受信者 O_i 的间接推荐信任值为：$\mathrm{CP}_{\mathrm{A}\to O_i}=\mathrm{MIN}(T_j^{\mathrm{M}}, P_j)$，$T_j^{\mathrm{M}}$ 是混合链中可能有的服务信任值，P_j 是好友信任关系的推荐信任值。使用受信者 O_i 的局部服务信誉来增强间接推荐信任的可信度，因此，在好友链或混合链中，请求者对受信者 O_i 的间接推荐信任值为：$\mathrm{ST}_{\mathrm{A}\to O_i}^{\mathrm{M}}=f(\mathrm{CP}_{\mathrm{A}\to O_i}, R_{O_i}^{\mathrm{M}})$。

3）没有联系的受信者节点的间接信任评估

当请求者与受信者之间没有任何联系时，使用受信者节点的局部服务信誉和全局服务信誉决定请求者对受信者 O_i 的间接信任，即：$\mathrm{ST}_{\mathrm{A}\to O_i}^{\mathrm{M}}=f(R_{O_i}^{\mathrm{M}}, R_{O_i})$。

5.4.3　基于社会关系网络的可信教育服务推荐

在教育服务网络中，总是存在大量具有相同服务内容的教育服务，教育服务请求者请求教育服务时，更看重已有直接教育服务交互经历的受信者或教育服务，以使学习风格、学习习惯得以保存，方便持续学习。在具有信任和推荐关系的教育服务网络中，使用基于服务内容的服务信任（信誉）实施可信教育服务的推荐，可以使推荐的教育服务更符合请求者的个性化教育需要，但存在数据稀疏带来的推荐量不足的问题。因此，采用推荐信任和间接服务信任来提高可信教育服务推荐的成功率，使请求者有更多可信教育服务的选择。基于社会关系网络中信任关系和推荐关系的可信教育服务推荐中，除了关注可信提供者和可信教育服务的选择外，还聚合了不同可信推荐者对相同教育服务的推荐度，从而有效削减了系统中可能存在的恶意提供者的不诚实推荐带来的影响。相应的推荐算法描述如下。

Algorithm 5-1：Trustworthy ES Recommender Algorithm(TESRA)

```
Input: Request(A,M,t),G,U,S
Output: Top N recommended ES
Begin
    select * into cES from S where content='M'
    For i=1,2,… do
    Begin
        Select * into cP from U where the user recommended cES_i
```

续表

For k=1,2,… do
Begin
Evaluate the trust $ST^{M}_{A\to cP_k}$ between A and cP_k
If $ST^{M}_{A\to cP_k} \geqslant t$ then input (cP_k, $ST^{M}_{A\to cP_k}$, $Recc_{cP_k, cES_i}$) into cTP
End
Set stt=0; str=0; $rec_{cES_i}=0$
For k=1,2,… do
Begin
$stt = stt + ST^{M}_{A\to cP_k}$
$str = str + (ST^{M}_{A\to cP_k} \times Recc_{cP_k, cES_i})$
End
$rec_{cES_i} = str \div stt$
End
Return and recommend top N ES in cES ordered by rec_{cES_i} desc
End

5.5 应用效果实证

5.5.1 实验设计和环境配置

本章实验借助一款开放使用的分布式网络信任、信誉管理的模拟器[10]，利用其在模拟网络交互和算法评估方面的主要架构和功能，根据教育服务网络的特点，修改相关参数设置、交互策略和部分功能，验证本章提出的服务信任生成模式的适用性，评估相应的可信教育服务推荐应用的性能。

1. 实验模拟器介绍和环境配置

信任、信誉管理模拟器(P2P Trust Simulator)用于对比和评估开放网络信任、信誉管理的效果，它适用于各种类型的网络架构，包括 P2P、SOA、社会网络等。开放网络中真实交互行为的模拟需要大量的参数设计，该模拟器较好地设计了一套可控制的、又能体现网络行为特点的参数体系，可以模拟网络环境下各种用户行为模式，特别是各种恶意用户的行为。一般情况下，正常(或者善意)用户的网络行为往往是一致、可预测的，而恶意用户的行为各不相同，且飘忽不定，动态变化。信任、信誉管理模拟器的架构主要分为相互呼应的四大模块。

(1) Network Params：对网络规模(用户数、服务数)、网络节点特征、各种网络行为的策略、模拟器执行参数等的设置模块。

(2) Trace Generator：生成模拟网络交互所需的初始化全局数据。

(3) Trace Simulator：是模拟网络服务交互的跟踪程序。

(4) Output Statistics：完成所有用户请求后，由 Output Statistics 统计输出本轮交

互的各种统计信息。

其中，Trace Generator 生成包括模拟器所需的运行参数(Header)、用户模型数据初始化(User Initialization)、用户服务库初始化(Library Initialization)、可供服务交互的用户服务请求的静态信息生成(Static Queries)。用户模型通过清理率和反馈诚实率来表示不同类型(诚实或恶意)的用户的行为；用户服务库初始化采用 Zipf 分布来确定某个服务被一个用户初始拥有的概率，模拟现实网络中用户和服务的拥有分布关系；服务请求生成器提供随机(Naive)和智能(Smart)两种方式生成请求者列表，相应的请求者列表采用 Zipf 分布来确定。最终 Trace Generator 生成影响模拟器执行的初始化信息，保存在跟踪文件(Trace File)中。

Trace Simulator 跟踪程序动态运行、实施相关信任、信誉管理算法，以及统计生成效果参数。它根据跟踪文件中指定的请求信息，按照用户指定的算法确定网络中潜在提供者，计算这些提供者相对某次请求的信任、信誉值，选择最适合的提供者实施与请求者的服务交互；请求者根据其自身的行为模式对提交的服务进行服务反馈，系统保存用户交互信息。其中，为请求者发现服务提供者由用户自定义的相关算法给出，不同请求者有不同的服务选择、信息反馈行为及推荐策略。服务交互产生的反馈信息集中存放在反馈库中，也可以扩展成分布式信息存储。

为了突出教育服务应用的特点，构建具有信任和推荐关系的教育服务网络架构，实验中，对原模拟器的架构、功能和参数进行了一定的修改，特别是重新定义了用户的特征及一些用户行为，并修改扩充了评分反馈机制，具体修改如下。

(1) 教育服务网络中，与用户数相比，教育服务的类型不会很多，教育服务是过程性的、可复制的，甚至可以重复请求的。因此，用户可以多次请求同一类型的教育服务，并推荐最好或最新的教育服务；教育服务的特殊性导致一个用户拥有的教育服务类型不会很多，虽然服从 Zipf 分布，但教育服务网络中用户拥有教育服务更加稀疏。在实验中，设置 naive 方式的生成教育服务请求的策略以适应教育服务请求的特点，设置 Zipf 的参数为 0.8，以模拟教育服务网络现实场景，符合各种分布情况的实际。

(2) 用户对拥有的教育服务有提供或推荐的关系，推荐度与教育服务的质量有关。教育服务提供者对拥有的教育服务的推荐度与跟踪文件(trace file)的 valid 和 not valid 有关(表示服务的正确与否，相应的推荐度为 1 或 0)，好的提供者(Good User)用推荐度诚实表示教育服务的质量，恶意提供者(Malicious Provider)总是用与教育服务质量相反的推荐度表示提供、推荐的教育服务。

(3) 所有用户都可以拥有或提供一些类型的教育服务，并且不限定质量好坏。好用户总是如实给出拥有服务的质量信息，恶意提供者总是给出与服务质量相反的服务推荐信息。

(4) 教育服务网络中信任和信誉与教育服务内容相关，因此，对信任和信誉计算所使用的数据结构和相关参数(如用户最大连接数=2×服务类型数)进行了相应改变，同时也导致针对每次请求的可信教育服务推荐所基于的信任和信誉数据比模拟器中其他方法更加稀疏，在算法设计时需要使用更多的参数来保证服务请求的完成。

(5) 在 eigen[16]应用中，研究者指出，任何实际网络中，初始用户总是好的，即在网络教育服务交互冷启动阶段,用户总是诚实的。因此,我们设计了保证不受冷启动影响的数据初始化功能,给每个用户拥有的每种教育服务都有一个来自随机用户的诚实信任评分,以减少数据稀疏造成的交互失败增多造成的影响。

(6) 本章使用的可信教育服务推荐应用本地存储的推荐和信任数据实施局部最优的可信教育服务提供者和教育服务推荐,因此,实验完善了模拟器的反馈机制,除了提交到集中反馈库中的交互信息外,用户拥有本地数据库存储所需的局部交互历史数据。用户本地数据库还存储其他需要使用的参数。

(7) 教育服务网络中用户的行为与原模拟器定义的用户行为相似,但也有特别之处,例如,教育服务网络中用户没有清理(clean-up)行为,取而代之的是用户根据自己的行为策略对请求获得的教育服务实施推荐或不推荐操作。表 5-1 给出本章应用到的用户的行为的不同解析,表 5-2 给出这些用户在服务交互中不同维度用户行为的相关策略。

表 5-1　教育服务网络环境下不同用户行为的解析

用户种类	模拟器	教育服务网络
诚实/好用户(Good User)	总是提供 valid 的服务,并积极清理请求得到的 not valid 服务(clean-up＝90%～100%)	可以提供、推荐 valid/not valid 的教育服务,但如实通过推荐度表明教育服务的质量(没有 clean-up 行为,可以选择不推荐或不拥有请求到的 not valid 服务)
恶意提供者(Malicious Provider)	总是提供 not valid 服务,对请求得到的 not valid 服务不进行清理(clean-up＝0%～10%)	可以提供或推荐 valid 或 not valid 的教育服务,只是推荐度与教育服务的质量相反;用请求得到的 not valid 教育服务更新相同的 valid 教育服务,并用相反推荐度推荐 not valid 教育服务
恶意反馈者(Malicious Feedback)	使用服务后,不按服务质量真实评价,总是给出相反的评分	使用服务后,不按教育服务真实质量真实评价,总是给出相反的评分
纯恶意(Purely Malicious)	总是提供 not valid 服务,并在反馈时给相反的质量评分	总是用相反的推荐度来推荐 valid 或 not valid 服务,反馈时总是给出相反的质量评分

表 5-2　教育服务网络环境下用户交互策略模型

用户种类	服务选择	诚实率	
		反馈策略	提供、推荐策略
诚实/好用户(Good User)	最好(Best)	100%诚实 100%相符	100%诚实 100%相符
恶意提供者(Malicious Provider)	最差(Worst)	100%诚实 100%相符	0 诚实 100%相反
恶意反馈者(Malicious Feedback)	随机(Random)	0 诚实 100%相反	100%诚实 100%相符
纯恶意(Purely Malicious)	最差(Worst)	0 诚实 100%相反	0 诚实 100%相反

2. 实验评价指标设计

为了验证可信教育服务推荐的效果，使用模拟器中定义的好用户请求获得的好的教育服务数与好用户请求的总数的比值来对比各种信任、信誉生成算法的效果，即

$$M = \frac{\text{numbers of good ESs received by good users}}{\text{transactions attempted by good users}} \tag{5-9}$$

为了说明 M 值变化与好用户成功请求数的关系，设置 GUSN = numbers of good ESs received by good users 作为另一个辅助指标。

针对教育服务类型相关的服务信任的数据稀疏问题，设计使用传递的服务信任、推荐信任、信誉综合实施可信教育服务推荐。推荐信任、信誉的加入扩大了向好用户推荐可信教育服务的范围，因此，在可信教育服务 top N 推荐时，采用准确率作为算法的评价指标，即

$$P = \frac{\text{numbers of good ESs in the recommended ESs}}{\text{numbers of trustworthy ESs been recommended}} \tag{5-10}$$

5.5.2 实验实施和结果

根据教育服务网络中教育服务和用户的特点，以及在参考文献[10]和[17]的建议和指导下，设置模拟实验的 trace 参数，如表 5-3 所示。

表 5-3　实验的 trace parameters 的设置及说明

参　数	参数值	设置说明
Number of Peers	100	节点数。建议在 50～200 区间
Number of Files	200	教育服务类型数。建议在 300～1500 区间，考虑相同类型教育服务有不同的版本的教育服务，因此，设置为 200
Number of Transactions	15 000	每次模拟的交易数。考虑运行效率和准确性的折中，建议在 10 000～30 000 区间[12]
Max. User Connections	400	根据不同类型教育服务实施不同的服务信任度量的服务信任关系最大连接数
Warm-up Transactions	1000	为消除冷启动对交易失效的影响，增加的 Warm-up 交易
Zipf Constant	0.8	Zipf 分布的参数。建议不小于 0.4，考虑教育服务网络中用户拥有教育服务的特点，设置为 0.8
Pre-Trusted Users	0	预信任节点数。教育服务网络的开放环境很难有预信任节点
Good Behaving Users	90	好用户数。由恶意用户比例计算获得
Purely Malicious Users	0	纯恶意用户数。由恶意用户比例计算获得
Maligned Providers	10	恶意提供者数。由恶意用户比例计算获得
Smart Trans Generation	False	请求文件生成策略。根据教育服务网络中用户行为特点，任意用户可以请求任意教育服务，请求方式为 naive(随机)
Malicious Strategy	Naive	恶意用户的恶意策略。模拟器中有 naive(随机)、Isolated(孤立)、Collective(共谋)三种恶意策略，本实验选择使用 naive 策略

模拟器产生的 100 个用户可以包含一定比例的恶意用户，每个用户提供、推荐 $n(n \geqslant 0)$种不同的教育服务。好用户和恶意用户对教育服务的推荐策略已在表 5-1、表 5-2 中给

出，恶意用户的比例显示在实验结果的 x 轴上，每个坐标点对应一定的恶意用户数量，如 40%表示网络中有(0.40×100)=40 个恶意用户，其余的(100−40)=60 个用户是好用户。当恶意用户数超过 50%时，此时的网络充斥着较多的恶意用户，导致好用户的请求难以得到好的结果。随着恶意用户比例的进一步加大，当恶意用户比例为 100%时，好用户不可能得到好的教育服务，对应的评价参数 $M=0$。为了对比恶意用户接近饱和时的系统效果，设置恶意用户的比例最高为 96%。

使用表 5-3 的 trace 参数生成 trace 文件后，分别使用不同的基于信任/信誉的可信教育服务推荐算法实施 15 000 的交易跟踪，当不同类型恶意用户比例变化时，对应的推荐指标的变化情况分别在 x-y 坐标系中表示。为了说明本章的主要观点，分别设计 3 种基于信任和推荐关系的教育服务推荐算法，并分别与 EigenTrust[16]、TNA-SL[18]、None[10]进行效果的对比。

1. 基于服务信任的可信教育服务推荐与 EigenTrust 算法的对比

基于服务信任的可信教育服务推荐(简称 Strust)算法使用请求者和服务提供者之间的历史交易评分数据获得请求者和服务提供者之间的基于教育服务类型的服务信任，利用用户之间的直接服务信任实施可信教育服务的推荐。该实验的目的是验证基于服务类型(内容)子图之上的服务信任能更精确地实施可信教育服务推荐。

在 Strust 中，网络节点(用户)间最多有(2×服务类型数)个服务信任关系，因此，基于服务信任的可信教育服务推荐有与 Eigen 算法不同的网络结构。实验时，按除最大连接数外的相同 trace 参数生成 trace 文件，并使不同算法的 trace 文件中的服务请求信息一致，分别模拟在具有恶意提供者和纯恶意用户的网络环境中，Strust、Eigen、None 三种算法的不同结果并对算法指标进行对比。

当恶意提供者从无到有且比例不断增加时，图 5-7 展示了三种算法得到的 M 值的变化，图 5-8 展示了三种算法好用户的成功交易数 GUSN 的对比。从图 5-7 中可以看出，Eigen 算法在恶意提供者比例不超过 40%时评价指标 M 大于 80%，None 算法在恶意提供者比例不超过 20%时评价指标 M 大于 80%，可见 Eigen 算法比没有信任机制的 None 算法更能抵制恶意提供者的攻击；随着恶意提供者比例的进一步增加，Eigen 和 None 算法评价指标 M 下降加速，并收敛到 0(当恶意提供者比例达到 100%时)。Strust 算法的评价指标随着恶意提供者比例增加而有所下降，但下降幅度明显比 Eigen 小。另外，从图 5-8 中可见，Strust 算法中，好用户获得好教育服务的绝对数比 Eigen、None 高，说明 M 指标的优势主要来自成功推荐数。

纯恶意用户是在恶意提供者的恶意行为的基础上增加恶意反馈行为，即对请求得到的教育服务的评价反馈总是与事实不符的恶意行为。当系统中纯恶意用户从无到有且比例不断增加时，图 5-9 展示了三种算法得到的 M 值的变化，图 5-10 展示了三种算法 GUSN 指标的对比。

从图 5-9 可以看出，纯恶意用户的恶意提供行为和恶意反馈行为对基于信任的推荐和 None 有较大影响，三种算法的 M 值下降幅度增加，有一些振荡，特别是 10%～30%区间，Eigen 算法的好用户成功交易数下降明显，导致其 M 值比 None 低。经过初期的振荡后，基于信任的推荐算法(Strust 和 Eigen)最终比没有信任的算法(None)的抵制纯恶意用户的效果更好，而 Strust 与 Eigen 相比，又有更好的表现。

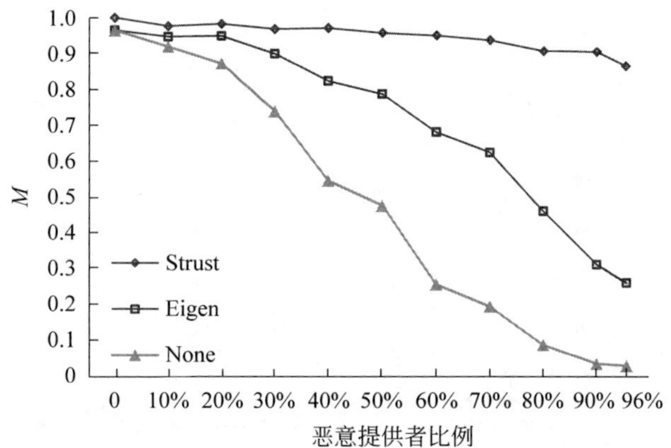

图 5-7　恶意提供者存在时 Strust、Eigen、None 三种算法的 M 值比较

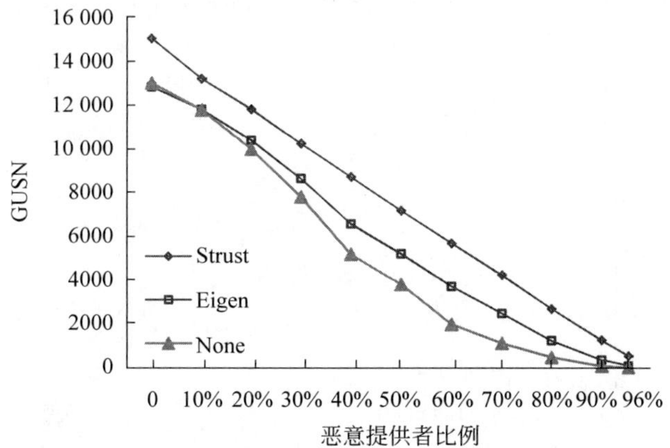

图 5-8　恶意提供者存在时 Strust、Eigen、None 三种算法的 GUSN 比较

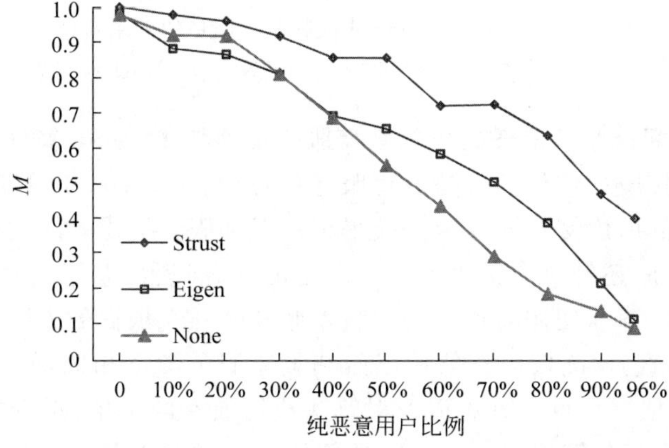

图 5-9　纯恶意用户存在时 Strust、Eigen、None 三种算法的 M 值比较

把 Strust 和 Eigen 抵制恶意提供者和纯恶意用户的 M 值数据综合成图 5-11 可以看出，基于教育服务类型的服务信任的推荐算法 Strust 比使用综合信任的推荐算法 Eigen 有更好的表现。

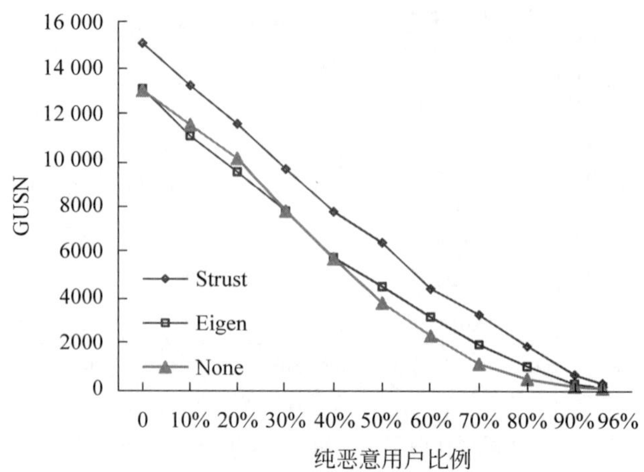

图 5-10 纯恶意用户存在时 Strust、Eigen、None 三种算法的 GUSN 比较

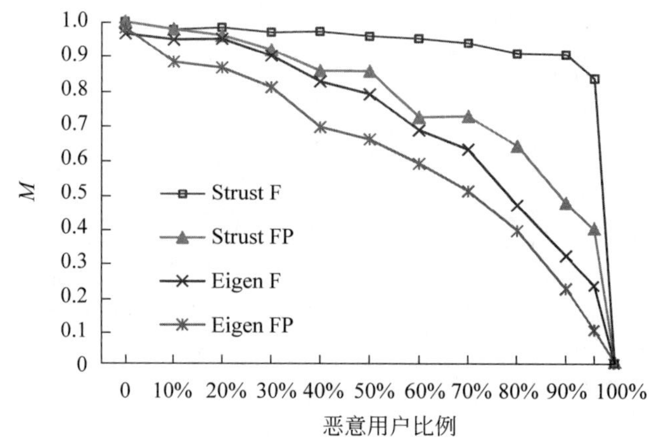

图 5-11 Strust 和 Eigen 抵制恶意用户的效果对比

注：—F 表示恶意提供者存在场景，—FP 表示纯恶意用户存在场景

2. 基于直接和间接服务信任的可信教育服务推荐与 TNA-SL 算法的对比

基于直接和间接服务信任的可信教育服务推荐（简称 StrustT）算法除了使用请求者和服务提供者之间的历史交易评分数据获得请求者和服务提供者之间的基于教育服务类型的直接服务信任外，还针对直接服务信任不足的问题，提出基于信任网络，利用服务信任传递获得的间接服务信任作为推荐可信教育服务的补充依据的方法。

在 StrustT 中，直接、间接服务信任依然和教育服务类型相关，间接服务信任传递的最大跳数设置为 4（依据小世界理论以及对算法执行效率的折中，选择的信任传递最大步长）。在对照的 TNA-SL 算法[18]中，信任沿信任链传递和汇聚，信任值随着传递步长增加而损耗。对模拟器给出的 TNA-SL 算法的跳数循环变量做了与 StrustT 相同最大步长的修改，以满足算法执行效率的要求。模拟器的 Trace 参数等相关设置同 Strust 实验一样，模拟在恶意提供者或纯恶意用户存在的两种网络场景下，随着恶意用户比例的增加，StrustT 和 TNA-SL 算法在评价指标上的变化情况。

图 5-12 展示了恶意提供者场景下，StrustT、TNA-SL 和 None 算法的 M 值对比，图 5-13 展示了三种算法的 GUSN 指标的变化情况。图 5-12 表明具有传递服务信任的可信教育服务推荐有更好的抵制恶意提供者的效果，比相似的有传递信任的 TNA-SL 算法更好，一方面是基于服务类型(内容)的服务信任子图中恶意提供者的影响在总比例的基础上有一定稀释，其不诚实的提供、推荐行为因为信任度和推荐度的聚合而得到一定的纠正；另一方面，基于与服务类型相关的服务信任的可信推荐的有效性在 Strust 实验中已经验证，StrustT 在 Strust 的基础上增加了使用间接服务信任对直接服务信任的替补和聚合，解决了一些因直接服务信任不足造成的交易失败带来的 M 值降低的问题。

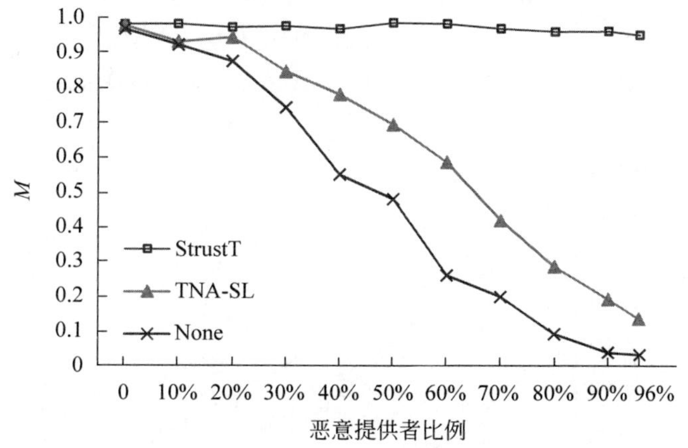

图 5-12　恶意提供者存在时 StrustT、TNA-SL、None 三种算法的 M 值比较

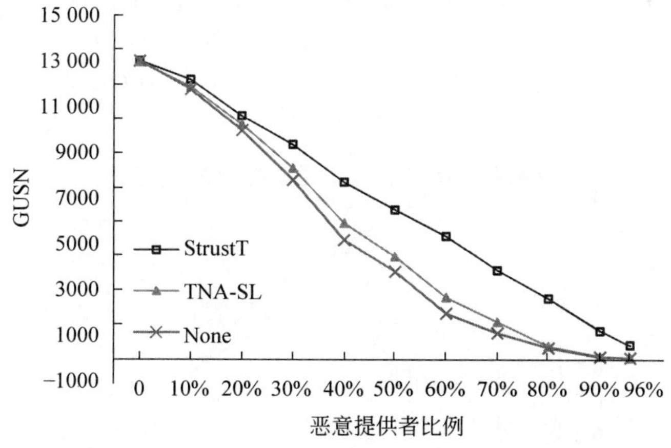

图 5-13　恶意提供者存在时 StrustT、TNA-SL、None 三种算法的 GUSN 比较

纯恶意用户是在恶意提供者的恶意行为的基础上增加恶意反馈行为。当系统中纯恶意用户从无到有且比例不断增加时，图 5-14 展示了三种算法得到的 M 值的变化，图 5-15 展示了三种算法 GUSN 指标的对比。依然可见 StrustT 对纯恶意用户有较好的抵制效果。

把 StrustT 和 TNA-SL 抵制恶意提供者和纯恶意用户的 M 值数据综合成图 5-16 可

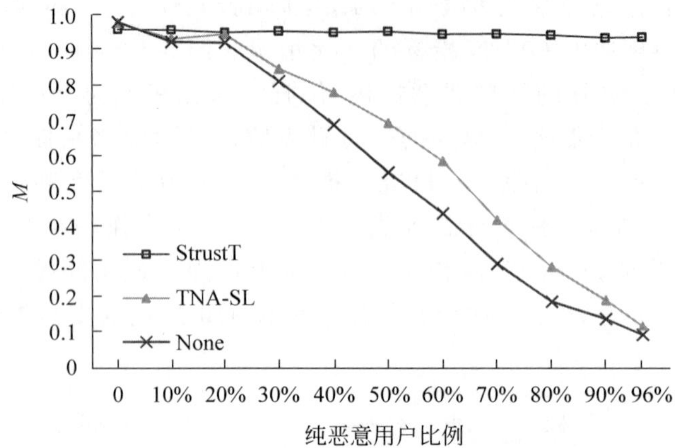

图 5-14　纯恶意用户存在时 StrustT、TNA-SL、None 三种算法的 M 值比较

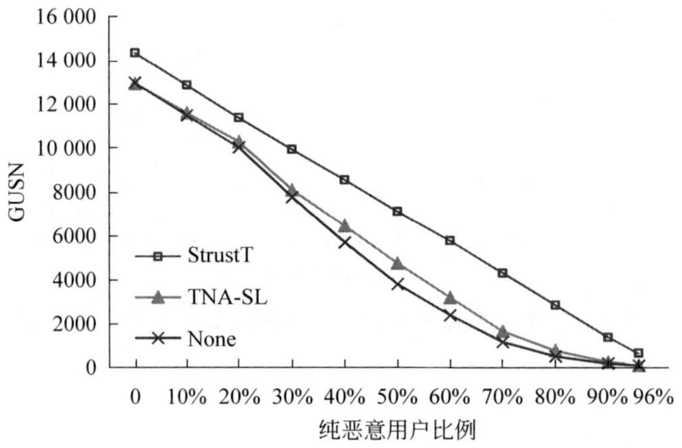

图 5-15　纯恶意用户存在时 StrustT、TNA-SL、None 三种算法的 GUSN 比较

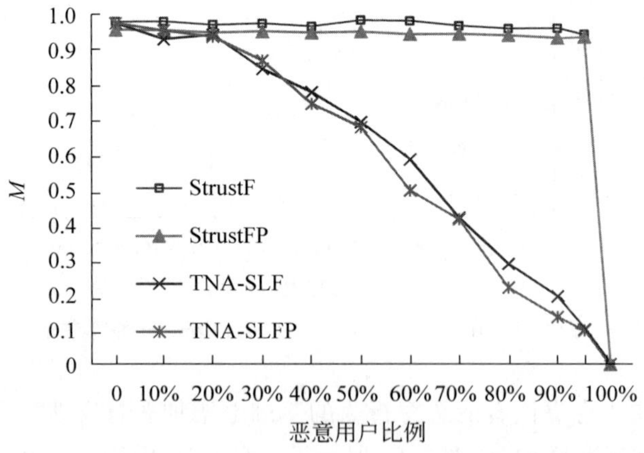

图 5-16　StrustT 和 TNA-SL 抵制恶意用户的效果对比

注：—F 表示恶意提供者存在场景，—FP 表示纯恶意用户存在场景

以看出，在服务类型子图中使用基于直接和间接服务信任的可信教育服务推荐算法 StrustT 比使用传递的综合信任的推荐算法 TNA-SL 有更好的表现。

3. 基于信任和推荐关系的可信教育服务推荐算法的验证

5.3 节提出了综合运用用户之间的直接/间接服务信任、推荐信任，用户的信誉以及用户对服务的提供、推荐关系来实施可信教育服务推荐的方法和算法 TESRA。增加推荐信任和信誉是为了进一步解决基于服务类型(内容)子图中服务信任的稀疏问题，为请求者推荐更多潜在的可信教育服务提供者及教育服务。

在 StrustT 基础之上，对教育服务可信度的考量增加了推荐信任和信誉，即在直接服务信任或间接服务信任基础上，再考虑提供者的推荐信任及信誉来聚合推荐的提供者的信任值，进而运用式(5-7)计算受信教育服务的综合推荐值。把基于信任和推荐关系的可信教育服务推荐方法记为 TESRM。

在实施 TESRM 时，获得模拟器每个 transaction 中 top N 推荐值的教育服务的真实质量(valid 或 not valid)，按式(5-10)计算推荐的准确率 P，输出一次模拟的平均准确率；与 TESRM 实施对比的是 TNA-SL 算法，对 TNA-SL 算法进行相似的 top N 推荐和推荐准确率计量。在有恶意用户存在的网络场景下，分别比较 TESRM 和 TNA-SL 不同 top N 推荐的准确率。

图 5-17 展示了在纯恶意用户存在的场景下，恶意用户比例分别为 0、20%、40%时实施 N 从 5 到 20 的 top 推荐时 TESRM 和 TNA-SL 不同的推荐准确率。可以看出，TESRM 始终有比 TNA-SL 更高的推荐准确率，说明增加了多种信任和考虑服务类型后，推荐的质量有 65.02%的提升；当推荐数 N 增大，因为可信教育服务数量没有相应增加，准确率持续降低，因此，实施 TESRM 方法的 top 推荐的 N 值与网络对象规模有关，本实验的最佳推荐效果为 top 5 或 top 10 推荐。

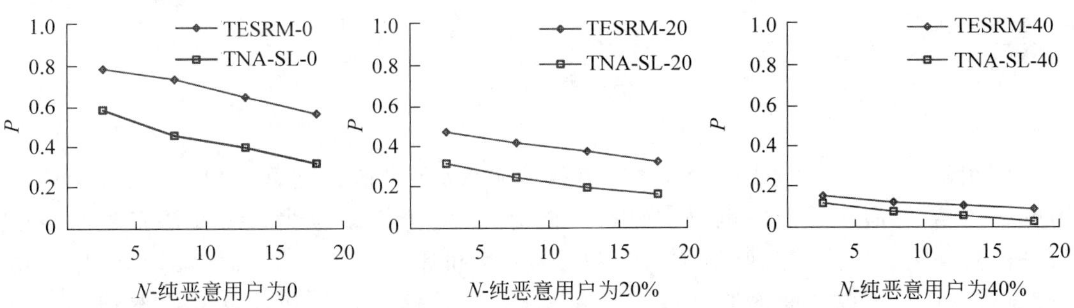

图 5-17　纯恶意用户存在场景下，不同恶意用户比例时 top N 推荐的准确率对比

为进一步了解两种算法在某种 top 推荐的效果，图 5-18 展示了 top 5 推荐时，TESRM 和 TNA-SL 算法在纯恶意用户从无到有且比例不断增加的情况下，准确率的变化情况。不难看出，两种算法的推荐准确率随恶意用户比例增加而降低，当恶意用户比例超过 20%后，准确率下降明显，并最终因网络中充斥纯恶意用户(接近 100%，如 96%)而收敛于 0。在 top 5 推荐中，TESRM 比 TNA-SL 算法的推荐准确率平均提高 37.93%，准确率的提升一方面是基于服务类型的服务信任推荐的影响，另一方面是推荐信任、信誉的

综合使用为请求者提供了更多有价值的可信教育服务备选。

上述 3 个实验验证了本章提出的基于服务内容的信任和推荐关系子图中实施可信教育服务推荐能应对网络中通常存在的恶意用户的侵扰，保持稳定和较好的推荐效果。针对基于服务内容的信任和推荐关系子图的数据稀疏问题，分别采用服务信任的传递和综合服务信任、推荐信任、信誉的方法来解决因数据稀疏造成的请求可信教育资源失效的问题，实验结果表明，使用传递的服务信任提高了使用直接服务信任实施推荐的稳定性和推荐效果，综合使用服务信任、推荐信任、信誉的可信教育服务推荐可以提高可信教育服务 top 推荐的准确率。本章的验证实验在文献[10]提供的信任/信誉管理模拟器上修改完成，借助模拟器提供的模拟网络用户交互行为的程序，并结合本文提出的教育服务网络结构和构成的特点，对模拟器的结构、功能、参数进行了一系列的修改，重点考虑了教育服务对象及其行为的特征，以适应教育服务网络应用的需求。

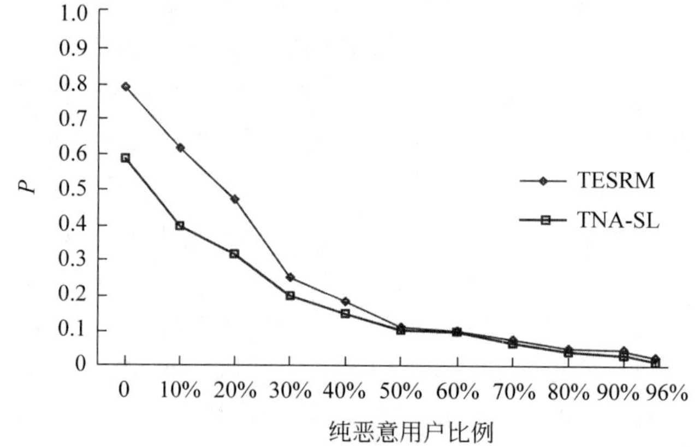

图 5-18 不同纯恶意用户比例下，两种算法 top 5 推荐的准确率对比

本章小结

“去中心化”教育服务网络中，第三方权威缺失，质量监控问题突出，信任管理和应用更显必要，但信任的生成也更加复杂。同时，低壁垒的参与性导致教育服务网络中用户和教育服务的数量急剧增加，而相应的交互和评分反馈信息相对减少，用户和用户之间、用户与服务之间的联系变得异常稀疏，导致信息过载和计算的成本增加。因此，针对教育服务网络中的权威缺失、数据稀疏、关系复杂等问题，本章提出一种具有信任关系和推荐关系的社会关系架构，并生成具有信任关系和推荐关系的教育服务网络模型。在该教育服务网络中，梳理了网络实体之间的服务交互行为和社会化交互行为，根据交互关系生成具有服务提供、推荐关系的服务网络和服务信任关系、好友信任关系的社交网络，在服务网络和社交网络中，根据用户行为数据，生成相应的服务信任、推荐信任和信誉。结合教育服务网络的实际应用情况，引入基于信任链的信任传递，生成间接信任，解决网络数据稀疏的问题。基于直接、间接服务信任、推荐信任和信誉，生成指定施信者和受信者之间的服务信任，用于可信教育服务评估和推荐。最

后，基于信任管理模拟器的实验表明，本章提出的基于信任和推荐关系的信任生成模式和相应的可信教育服务推荐算法能有效抵制教育服务网络恶意用户的恶意行为，为请求者推荐合适的可信教育服务。

参考文献

[1] JØSANG A, ISMAIL R, BOYD C. A survey of trust and reputation systems for online service provision[J]. Decision Support Systems, 2007, 43(2): 618-644.

[2] 吴永和，刘雪，马晓玲. 社会计算环境下 e-Learning 教育应用创新研究[J]. 开放教育研究，2012，18(4)：99-105.

[3] ANWAR M, GREER J. Facilitating Trust in Privacy-Preserving E-Learning Environments[J]. IEEE Transactions on Learning Technologies, 2012, 5(1): 62-73.

[4] KORBA L, XU Y. A trust model for distributed e-Learning service control[C]//E-Learn: World Conference on E-Learning in Corporate, Government, Healthcare, and Higher Education. Association for the Advancement of Computing in Education (AACE), 2002: 2419-2434.

[5] YANG S, CHEN I, CHEN N. Enhancing the Quality of e -Learning in Virtual Learning Communities by Finding Quality Learning Content and Trustworthy Collaborators[J]. Journal of Educational Technology & Society, 2007, 10(2): 84-95.

[6] LIU G, WANG Y, ORGUN M A. Finding the Optimal Social Trust Path for the Selection of Trustworthy Service Providers in Complex Social Networks[J]. IEEE Transactions on Services Computing, 2013, 6(2): 152-167.

[7] CARCHIOLO V, LONGHEU A, MALGERI M. Reliable Peers and Useful Resources: Searching for the Best Personalised Learning Path in a Trust-and Recommendation-aware Environment[J]. Information Sciences, 2010, 180(10): 1893-1907.

[8] VERBERT K, MANOUSELIS N, OCHOA X, et al. Context-Aware Recommender Systems for Learning: A Survey and Future Challenges[J]. IEEE Transactions On Learning Technologies, 2012, 5(4): 318-335.

[9] 郭慧云. 论信任[M]. 重庆：西南师范大学出版社，2016：99-101.

[10] WEST A G, KANNAN S, LEE I, et al. An Evaluation Framework for Reputation Management Systems[M]. IGI Global, 2012.

[11] KIM Y A, SONG H S. Strategies for Predicting Local Trust Based on Trust Propagation in Social Networks[J]. Knowledge-Based Systems, 2011, 24(8): 1360-1371.

[12] GOLBECK J A. Computing and Applying Trust in Web-based Social Networks[D]. University of Maryland, College Park, 2005.

[13] LESANI M, MONTAZERI N. Fuzzy Trust Aggregation and Personalized Trust Inference in Virtual Social Networks[J]. Computational Intelligence, 2010, 25(2): 51-83.

[14] ORTEGA F J, TROYANO J A, CRUZ F L, et al. Propagation of Trust and Distrust for the Detection of Trolls in a Social Network[J]. Computer Networks the International Journal of Computer & Telecommunications Networking, 2012, 56(12): 2884-2895.

[15] SCOTT J. Social Network Analysis[J]. Sociology, 2013, 22(1): 109-127.

[16] KAMVAR S D, SCHLOSSER M T, GARCIA-MOLINA H. The Eigentrust Algorithm for

Reputation Management in P2P Networks[C]. Proceedings of International Conference on World Wide Web, 2003, 640-651.

[17] 严素蓉. 社会化商务环境下基于信任的推荐方法研究[D]. 杭州：浙江大学，2013.

[18] JØSANG A, AUDUN. A Logic for Uncertain Probabilities [J]. International Journal of Uncertainty, Fuzziness and Knowledge-Based Systems, 2001, 9(3): 279-311.

第 6 章　问答系统中融合社会化信息的信任生成模式

现实世界的社会交往、生产生活中，信任无处不在并发挥着重要的作用。在网络虚拟世界，陌生人之间也能产生信任，信任发挥着同样重要的作用。在基于网络的服务应用平台中，信任用于实施安全、可信的社会化服务，推进网络应用系统正常、安全、健康地发展。在网络应用系统中存在众多能够产生信任的社会化信息，挖掘某个或某些社会化信息，可以得到生成信任的证据，为网络应用系统提供信任服务。例如，在虚拟学习社区学习伙伴发现和推荐服务应用中，可以挖掘用户之间的兴趣相似度来配对学习伙伴[1-2]，此处，兴趣相似度是一种社会化信息，它能生成基于相似度的学习伙伴间的信任，从而为学习伙伴匹配提供信任服务支持。在可信商家发现和推荐的服务应用中，既可以使用商家的商业信誉信息[3]，也可以使用商家与被推荐用户的历史交易好评信息等社会化信息，生成基于信誉或基于历史交互的信任，再实施基于信任的可信商家或服务的推荐[4-5]。在社会化网络可信用户发现应用中，可以使用受信用户的能力相关社会化信息，实施基于能力的信任生成，以识别可信用户[6]。

随着信任本质的不断认知，信任的产生基于不同的信任证据，并与应用场景密切相关，很难有一个统一的信任生成模式。根据前文对各种教育服务网络应用场景下信任生成模式的研究结果，我们发现，随着教育服务网络应用架构的不同、用户生成内容和信息的进一步丰富以及数据挖掘技术的发展，信任生成的通道和模式更加多样，甚至在一个网络应用系统中出现多个信任生成的信息。如何选择恰当的生成信任的证据信息？这些证据信息生成信任的作用效果如何？能否融合多种信任生成证据实施融合的信任生成？哪种融合信任能得到更好的应用效果？这些问题是本章解决的主要问题。

6.1　融合社会化信息的信任生成模式

6.1.1　社会化信息

教育服务网络是教育领域下兼具服务网络和社交网络特征的网络平台逻辑架构。无论在具有服务网络特征的教育服务交互过程中，还是在具有社交网络特征的人际交互过程中，都产生大量的数据和信息，这些数据和信息产生于一定的应用情境，经分析和处理后，生成与情境相关的社会化信息。例如，根据用户购买商品的情况，可以获得在网购情境下的用户购买偏好相似度，进而根据相似度为相似用户推荐新商品。此处的用户相似度是一种社会化信息，它不是天然存在的，而是产生于网络环境下的各种行为和交互过程中，是一种与社会交互相关的上下文信息[7]。

社会化信息(Social information)是一种与社交网络相关的上下文信息[7-9]，在具有社交网络特征的虚拟社区(如社会化问答系统),用户相互之间通过共享资源、提问 & 回答、评价、投票、点赞、关注等行为彼此交互,构建一定的交互关系或社会化网络关系。从社交网络的角度,用户是网络的节点,社会化交互关系是网络的边,这样的网络结构中,蕴含着众多社会化信息,值得去发掘。

相关学科(如心理学)的研究表明,社交网络中用户的行为是由某些认知过程导致的[10-11]。通过收集用户的行为、分析在不同情境下行为的认知动机,可以得到一些特定的社会化信息,用于预测用户的行为和决定。

社会化信息是产生于认知过程的一些有用结论[12-13]。它可以显式地传递,也可以隐式地发掘。在显式方法中,社会化信息的值来自用户之间预先建立(或手动输入)的网络链接(如用户的评分的链接)。在隐式方法中,社会化信息是从用户的行为中推断出来的,如收集到用户在问答社区中回答过的问题、关注的话题等行为后,可以推断用户感兴趣的专业领域以及可能有的兴趣相似的好友。

社会化信息的种类繁多,可以看成由社会化网络行为和数据分析推断出来的关于社会关系描述的中间变量,根据社会化信息的意义蕴涵,可以进一步通过调节社会化信息影响社会化网络的行为和决定。信任是许多社会化网络应用中常有和常用的一种社会化信息,在某些应用中,用户信任是通过其他用户的评分反馈来计算的,如在 Epinions 网站,用户对受信用户进行显式的信任评价;而在另一些应用系统中,用户信任是通过分析网络中的受信用户如何与施信用户合作来计算施信用户对受信用户的信任[14],这就是一种隐式方法。通过挖掘用户行为获取社会化信息的隐式方法被证明比通过计算用户评分反馈获取社会化信息的显式方法效果更好[14-15],其原因是,用户在网络社区中的行为通常随着时间的推移趋于稳定,而评级反馈并不总是可用的,或者过于主观,无法计算出有用的社会化信息。

越来越多基于 Web 2.0 的网络系统意识到社会化信息的重要性并挖掘社会化信息以改进系统服务。如在社会化推荐研究中,Li 和 Wu 等[5]将相似性、信任和关系结合到推荐中,以提高电子商务中的推荐准确性,并指出通过挖掘用户活动来分析用户偏好、专家声誉和关系纽带强度是他们未来的研究方向。

6.1.2 社会化信息生成信任

社会化信息是显式或隐式获得的社会化网络中的上下文信息,通常由网络行为和行为的认知动机分析挖掘而来。在教育服务网络中,用户之间通过教育服务进行交互,或者为了共同的教育或学习目标发生着各种互动联系,这些交互行为和互动联系作为显式的证据,可以在教育服务网络平台中进行收集和整理。收集的行为经过分类后,可以分析其产生信任的认知动机,生成不同的信任。例如,用户评价了某个教育服务,如果给出的评分比该用户给同类教育服务的评分都高的话,可以认为该用户对这个教育服务产生了服务信任,有相对较高的信任度。在教育服务网络的知识分享论坛,如果用户 A 始终关注用户 B 的帖子,给他的帖子点赞、关注、转发,可以分析该持续的跟帖行为是否暗含了用户 A 对用户 B 专业水平的信任。如果有另一个用户 C,与 A 有类似的关注行为和转发帖子的行为,可以推断 A 和 C 具有相似的学习兴趣和学习模式,此时,可以推荐他们成为各自的好友，并可以为他们相互推荐使用过的教育资源和服务，因为他们可能会产生基于相似度的信任。

由此可以得到，教育服务网络中用户行为产生的社会化信息可能会产生信任（当然也可能就是信任本身）。根据信任的定义，对信任的认知有不同的角度和层次，分析用户行为背后可能的信任认知，可以得到不同类型的信任，这种基于用户行为产生的社会化信息的信任生成模式可用图 6-1 展示。

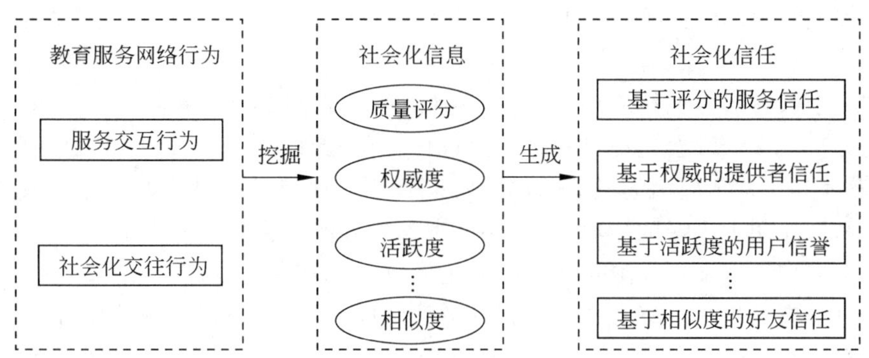

图 6-1　社会化信息的信任生成模式

根据图 6-1 所示的信任生成模式，可以依据 Zucker[16] 提出的三种建立信任的机制（基于特征的信任，基于制度的信任和基于过程的信任），把一些常见的教育服务网络行为推断为不同认知角度的信任，示例了一部分在表 6-1 中。

表 6-1　教育服务网络中常见的基于社会化信息的信任

网络行为	社会化信息	认知动机和倾向	信任建立类型	信任
常年发布领域内的精华帖，答复领域问题	权威性	对领域知识熟悉，能引领领域知识学习，能给出高质量答复的信念	基于特征和过程的信任	专家信任
多个用户具有相同的发帖、跟帖、关注、转发、答复等行为	相似性	有相似的经历和共同的兴趣的信念	基于特征和过程的信任	好友信任或推荐信任
直接服务交互的高评分	质量评分	基于直接交互的体验而产生对服务质量的信念	基于过程的信任	直接服务信任
被网站标记为星级用户或积分排名高	信誉	基于激励机制的贡献的信念	基于制度的信任	信誉

产生信任的认知过程受不同应用主体语义理解的影响和控制，其中，通过最小粒度的语义认知获得的信任可以通过一定语义组合获得更大粒度的信任，不同粒度和视角的信任在不同上下文的教育服务网络中实施不同的服务应用并产生不同的作用效果。我们把由不能再语义分割的社会化认知产生的社会化信息生成的信任称为元信任。

教育服务网络中，具有相似教、学风格和偏好的用户之间可能产生基于属性特征相似度的信任，具有共同或特定教、学行为的用户之间可能产生基于行为相似度的信任，具有直接服务交互和评价的用户之间可能产生基于评分的信任，这些都是基于某种细粒度语义认知的元信任。

6.1.3 融合社会化信息的信任生成模式

如果在相似应用场景下，教育服务网络可能会由社会化信息生成多个元信任，这些元信任是某个更细粒度上下文中某个信任认知的产物，它们在教育服务网络应用中发挥着不同的作用。如在教育服务网络的问答论坛中，权威性生成的元信任可以为用户推荐专家型回答者，相似性生成的元信任可以为用户推荐学习伙伴以及学习伙伴参与的学习活动。

在同一个教育服务网络应用平台中，多个社会化信息必然存在某种语义联系，可以通过融合的方法把多个社会化信息融合成生成信任的全面的证据，生成比元信任更大粒度的信任，发挥其在特定应用场景下的作用效果。社会化信息的融合既要考虑其内在的语义相关性和对应用上下文的情境认知，还要考虑融合的社会化信息本身的特点。

在某个应用上下文 C_I，在可用的社会化信息中选取某个社会化信息为主信息，记为 MZ，主信息具有与语义上下文语义最强烈的认知联系。其他相关的可被融合的社会化信息为辅信息，记为 $NZ_k(k=1,2,\cdots,n-1)$。融合主信息和辅信息的融合社会化信息记为 RZ_{C_I}，则有

$$RZ_{C_I}=MZ\oplus NZ_k \tag{6-1}$$

即，融合社会化信息由主信息和辅信息按一定的融合策略结合在一起，在特定的应用上下文，发挥各个社会化信息的最大贡献。$\oplus$为相应的融合运算符。

社会化信息的融合遵从上述融合机制，其中，主信息的选择以及相应融合运算符的设置具有决定意义。社会化信息的融合策略与模型由社会化信息产生和应用的上下文语义、对相应服务应用的作用以及社会化信息的数据特征决定。

在教育服务网络中，存在多个能产生信任的认知语义，产生多个生成信任证据。在不同上下文和认知语义下，社会化信息能生成元信任，也能通过融合机制生成融合信任。元信任体现了某种信任生成依据下某个原子粒度的信任，它具有明确、特定的理论依据，但往往具有一定的局部性和片面性。融合信任考虑多种社会化信息对信任的影响，按一定的融合策略，生成某种综合语义下的融合信任。

在融合社会化信息的信任生成模式（如图 6-2 所示）中，社会化信息和信任的生成依据某种信任生成理论，社会化信息的生成条件在特定的教育服务网络中能够获得。社会化信息及信任生成依据构成融合信任的基础，根据融合信任的要求和特点，以及具体教育服务网络的特点，可以有多种融合策略对一个以上社会化信息进行融合处理，以生成具体

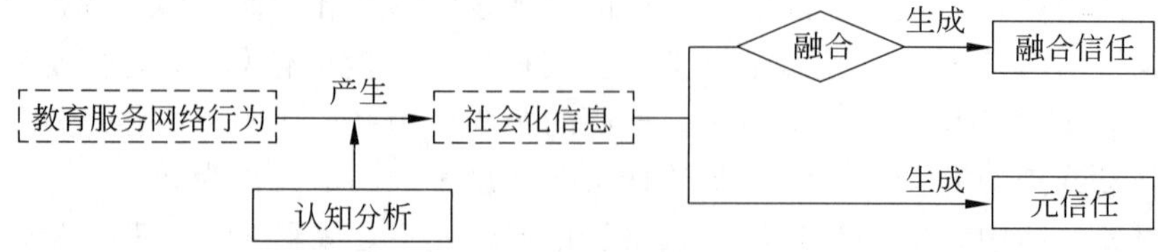

图 6-2 融合社会化信息的信任生成模式

应用情境下的综合的融合信任。

6.2 问答系统中面向答复者推荐的信任生成模式

在教育服务网络中,学习者相互学习、交换知识和经验,形成社会化关系,产生的社会化信息可以帮助学习社区管理者了解学习者和学习服务的隐含属性,进而设计相应的服务措施促进学习活动的有效开展和学习效果的达成。

在不同类型的教育服务网络和教育服务网络应用中,社会化信息产生的机理和结果不同,生成的信任的种类和作用也不尽相同。因此,需要对特定的教育服务网络进行系统分析,有目的和针对性地发掘社会化信息、生成对系统有贡献的各种信任。

6.2.1 问答系统及其教育服务网络架构

近年来,基于网络的问答系统发展迅速。网络问答系统最早从虚拟社区的论坛剥离出来,形成专门用于提问和回答的网络社区或网络空间。在教育服务网络应用平台中,问答系统是一种有效提供知识问答的虚拟场所,深受网络学习者的喜爱。问答系统为网络学习者提供了一个请求和应答各种知识问答服务的网络学习社区,问答社区中的用户可以提问,也可以回答别人的问题,还可以对现有的问题及其回答进行投票以表达自己对该问题或回答是否认可。问答系统中的用户在发起和提出问题、参与问题的解决、浏览和关注问题及其回答等行为中学习到他们希望得到的知识,结识了与自己志趣相投的学习伙伴、专业达人,形成以学习交流为主要特征的社交圈。问答系统也因为大量用户的参与和贡献,不断丰富问答社区的共有知识,形成集体智能[17]。

网络问答系统的网络空间也称为问答社区,或社会化问答社区。问答社区是自治的网络学习社区,用户自主参与问答服务,自我管理、共同维护问答社区中的管理事务,对网络问答社区的秩序和可持续发展贡献自己的力量。为了保证问答社区的正常运营,问答系统往往提供一些必要的网络应用服务,如,用于完成问答事务的问答服务、投票服务,用于行为规范和激励的信誉机制、积分机制、徽章机制等。同时,为了提高问答社区的运营效率,有些网络问答系统还设计了一些特别的网络应用服务,如相似问题推荐、回答推荐、回答者推荐、学习伙伴(好友)推荐、专家推荐等。

网络问答系统是一种典型的以"解惑"为目的的教育服务网络应用系统,参与教育服务交互的用户包括提问者、回答者和投票者,其核心的教育服务是为提问者提出的问题提供回答服务,参与教育服务提供、使用和评价的都是网络问答系统的用户,他们平等公开地参与问答教育服务,并共同维护问答教育服务的顺畅、有效实施。

网络问答系统中,问题提问者是教育服务请求者,问题回答者是教育服务提供者,投票者是教育服务的评价者,他们亦是教育服务交互的促进者。请求者发布一定主题的问题,请求合适的回答服务,回答者作为回答服务的提供者完成问题的回答和解决,促进者虽然不能提供回答服务,但可以通过关注、投票等活动促进问题被发现、被回答以及好的回答被发现、被讨论,促进问答服务向更深入的知识建构的方向发展。在问答社区中,不同角色的用户通过问题发布、问题搜索、问题回答、问题推荐等网络教育服务相互协作地完成教育服务(知识)交互活动,达成共同学习、合作完成知识建构的教育或学习目标。图 6-3 展示了问答系统的教育服务网络架构。

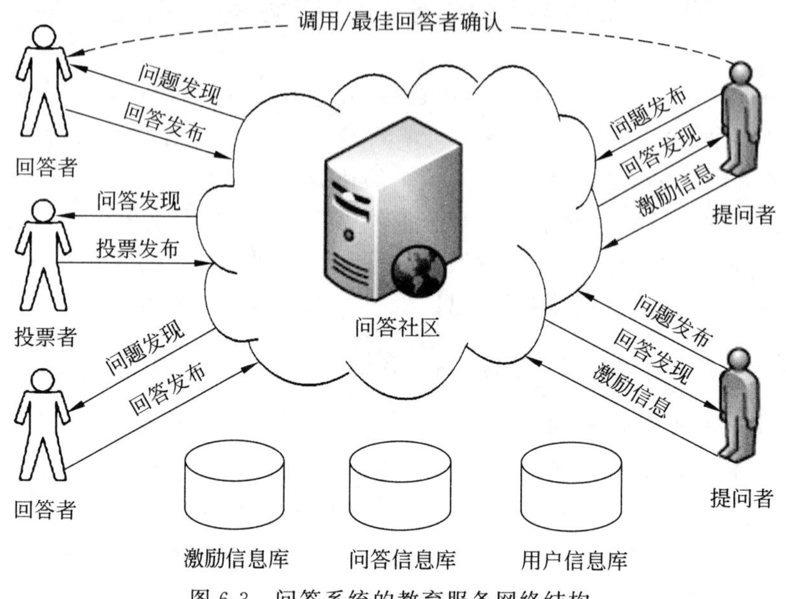

图 6-3 问答系统的教育服务网络结构

从现实世界的学习者到教育服务网络中的教育服务请求者,甚至教育服务提供者,实现了基于网络空间的主动和协作学习。表 6-2 列出了教育场景中的不同实体在不同世界的称谓的比较。

表 6-2 教育场景下不同世界的实体称谓对应关系

现 实 世 界	网 络 世 界	教育服务网络	问 答 系 统
学生	学习者	请求者	提问者
教师	指导者、促进者	提供者	回答者
教学场所	虚拟学习社区	教育服务社区	问答社区
教学资源	网络教学资源	教育服务	问题-回答

问答系统是一种典型的开放型服务网络,所有用户既可以是提问者,也可以是回答者,共同参与问答社区的管理和服务事务,在日积月累的问答服务过程中,形成问答系统独有的学习模式和知识体系、知识仓库,形成问答型教育服务网络特有的网络结构和服务模式。

6.2.2 问答系统中基于社会化信息的信任生成模式

在问答系统的问答服务中,用户之间存在多种双边、多边交互行为,构成问答型教育服务网络的用户行为库。在问答系统的管理服务中,记录用户的个人行为并设置激励措施,累计用户好的和不好的行为,实施一定的奖惩,用于规范用户行为,促进社区自治。

问答系统管理服务中记录各种用户的特征属性和行为数据，构成问答型教育服务网络的系统属性库，这些数据信息可以通过时间积累的方式有目的地获得，是问答型教育服务网络用于用户管理、服务管理、系统管理的数据基础。

根据对典型问答系统的分析，问答系统常见的属性信息有用户的兴趣领域、问题的专业领域、用户提问的问题、用户参与回答的问题等；常见的行为数据有用户提问、用户回答、用户投票、用户评选最佳回答等；常见的管理数据有用户等级或积分、用户信誉、用户徽章等。在理解这些属性和行为背后的语义后，可以从某个或某些数据中获得生成信任的证据。

以问答系统中常见的服务应用——答复者推荐为例，在数量众多的用户中识别哪些用户是最可能提供正确答案的答复者是问答系统一个非常重要的系统服务，这个应用可以使用基于信任的答复者筛选来进行推荐。此处的信任是对问题答复者的信任，可以有多种语义的信任，如基于对答复者专业权威性的信任、基于对答复者专业领域相似度的信任、基于对答复者历史交互行为的信任、基于对答复者信誉的信任等。因此，从教育服务网络中的属性和行为数据，到对答复者信任语义的构建，可以形成对答复者直接信任、用户相似信任、权威信任、领域相似信任以及信誉，这些信任都从某个方面构成对答复者用户的某个语义的信任，是元信任。这些元信任的生成又基于一些不同的社会化信息，如用户相似信任基于相似度这个社会化信息，用户的相似度又是由用户之间的属性和行为的相似计算获得的。

在实际问答系统中，对答复者的信任既可以是单一的元信任，也可以是综合的融合信任。在使用融合信任的场景下，可以通过融合 2 个或 2 个以上的社会化信息来获得对答复者的综合的融合信任。在不同语义的上下文中，可以由多种融合策略，生成综合的对答复者的融合信任可能有不同的作用效果。在本章后面章节，将对元信任、融合信任在答复者推荐的应用语境下的作用效果进行实验验证。在图 6-2 的基础上，图 6-4 给出了问答系统中基于融合社会化信息的信任生成模式。

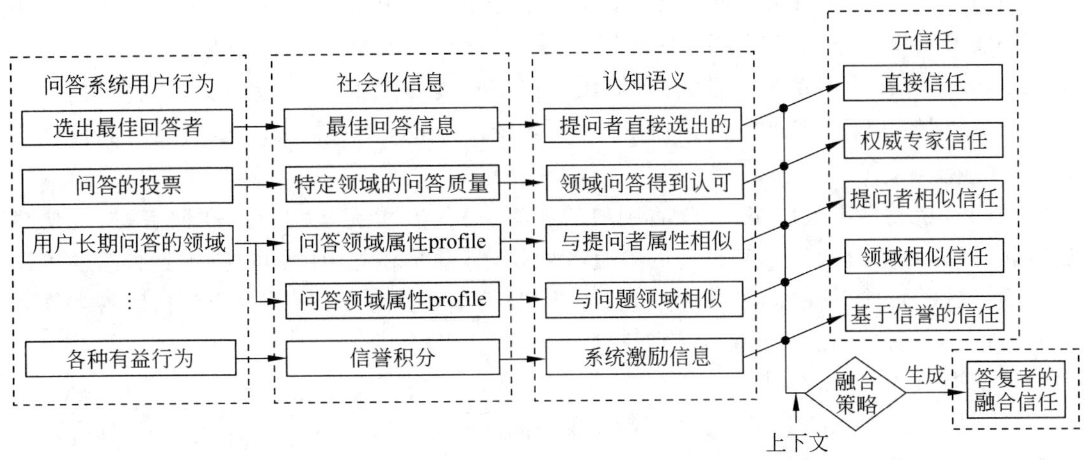

图 6-4　问答系统中基于融合社会化信息的信任生成模式

图 6-4 罗列了问答系统中的一些典型的用户行为和常用的社会化信息，这些数据和信息在问答系统的系统数据库中保存，必要时，根据情况进行调用。在答复者推荐的应用情境下，根据社会化信息生成的认知语义，可以生成一个或多个元信任，也可以根据融合策略，以某个社会化信息为主，融合其他 $1\sim n$ 个可用社会化信息，生成更综合的答复者融合信任。元信任和融合信任根据各自生成语义和上下文的不同，在答复者推荐的应用中有不同的作用。

6.3　面向答复者推荐的信任生成计算模型

6.3.1　问答系统答复者推荐应用的描述

问答信息中存在大量的用户行为数据，这些数据真实反映了用户的社区意识和认知形态，通过这些行为数据的收集和处理，依据一定的认知语义，可以获得有用的社会化信息，包括一些元信任信息。为了方便记述，用下列形式化语言表示问答社区中常见的数据形式。

问答社区 QA 由用户 U 和问题 Q 构成，记为 QA(U,Q)。其中，用户的集合 $U=\{u_1,u_2,\cdots,u_i,\cdots,u_I\}$，问题集合 $Q=\{q_1,q_2,\cdots,q_j,\cdots,q_J\}$。每个问题有若干个表示其所属知识领域的标签，问答社区所有知识领域的标签集合 $\text{Tag}=\{\text{Tag}_1,\text{Tag}_2,\cdots,\text{Tag}_k,\cdots,\text{Tag}_K\}$。

当新问题 q_j 被提出时，由提问者 u_{q_j} 为问题设置知识领域标签，新问题的标签集合记为 Tag_{q_j}。每个问题有 0 到多个回答，某个问题 q_j 的回答列表记为 $A^{q_j}=\{a_1,a_2,\cdots,a_l,\cdots,a_L\}$，每个回答包含回答者信息以及其他用户投给这个回答的支持和反对票的票数信息。除了新用户，只要参与了问答社区的问答活动，用户参与的问题的知识领域标签将记录在该用户的用户文件中，某用户 u_i 曾经参与的知识领域标签集合记为 Tag_{u_i}。

所有用户（包括新用户）都有或多或少的信誉值记录在用户文件中，用户的信誉值由问答系统维护，反应用户对问答社区的有用程度，某用户 u_i 的当前信誉值记为 Reputation_{u_i}。在问答系统中，回答者提供的回答可能得到其他用户的支持或反对，某个回答者 u_i 回答了某个问题 q_j 的回答得到的支持反馈记为 $\text{positive}F_{u_i\to q_j}$，反对的反馈记为 $\text{negative}F_{u_i\to q_j}$。

在问答型教育服务网络中，随着用户的聚集，每天产生大量的提问和回答，造成信息过载问题，即新的提问找不到合适的答复者回答，有意愿和能力的用户找不到合适的可以回答的问题。目前，解决问答社区信息过载问题的主要方法是推荐，主要包括回答者推荐和问题推荐，其中，回答者推荐是为新提问推荐回答者。

本章提出的答复者是问答型教育服务网络的一个典型应用，它以回答者推荐为根本，还外延到推荐新问题的关注者、投票者等参与问题讨论和知识建构的合适人员，具有比回答者推荐更广义的推荐内容。

在问答系统中，所谓的“答复者”是能够对提问有反映或反馈或回答的人。根据答复者的认知语义，针对一个新问题，有以下三种类型的用户可能会成为新问题的答复者：

①与新问题提问者有特殊关系的用户，如新问题提问者信任的领域专家、好友等；②具有与新问题知识领域相关的特征用户，如新问题知识领域内的专家等；③在问答社区中具有良好信誉的用户或积极回答问题的活跃用户。每种类型的可能回复者都可以使用从特定用户行为和行为认知中挖掘出来的社会化信息来生成，并且每种答复者都与新问题产生某个层面的信任。例如，新问题提问者信任的领域专家考察的是与提问者有历史交互的用户的权威性社会化信息，生成了基于权威型的直接信任；新问题提问者的好友关注的是与提问者有相同问答兴趣和行为的用户，即与提问者有较高相似性的用户，进而生成基于相似度的好友信任。

为了促进新问题的解决(包括回答以及讨论)，可以推荐一种或多种答复者。当推荐一种答复者时，可以使用社会化信息生成的某个元信任作为答复者推荐的依据，如只推荐提问者直接信任的领域专家；当推荐多种答复者时，可以融合相关的社会化信息，根据一定的融合策略，生成融合的信任，进而推荐多样化的答复者。

无论是基于一种还是多种答复者推荐，其中需要使用的社会化信息和信任都需要逐个定义，并给出明确的计算模型。下面在针对新问题进行答复者推荐的应用背景下，介绍社会化信息、基于社会化信息的信任的计算模型，以及基于该元信任的答复者集合。

6.3.2　基于回答质量的领域权威度、基于领域权威度的信任、领域专家

在问答系统中，领域专家具有很高的回答质量，是可以信赖的答复者。但在问答系统中，不存在第三方机构对用户的领域权威性进行认证，因此，只能通过收集和分析用户的相关行为，如回答问题的质量，来挖掘用户在不同知识领域的权威性。具有较高领域权威度的用户是领域专家，能提供相关领域内高质量的回答。

1. 基于回答质量的领域权威度

若用户 u_i 在过去的问答行为中，在某个特定的知识领域有高质量的回答行为，可以称 u_i 为该知识领域的领域专家，并用权威度来表示 u_i 在某领域的权威程度。若问答社区中所有知识领域用标签表示，根据权威度的认知理解，用户 u_i 在某个知识领域标签上的权威度是其在包含该知识领域标签的问题上历史回答质量的总和。

设用户 u_i 在一定时间窗口内回答的问题的集合为 Q_{u_i}，每个问题涉及若干个知识领域，设问题集合 Q_{u_i} 涉及的知识领域集合用标签集合表示为 $\mathrm{Tag}_{Q_{u_i}}$，用户 u_i 在某个标签 $t_k(t_k \in \mathrm{Tag}_{Q_{u_i}})$上的基于回答质量的权威度信息表示成$(u_i, t_k, \mathrm{AA}_{u_i \to t_k})$，其中 $\mathrm{AA}_{u_i \to t_k}$ 是用户 u_i 在知识领域标签 t_k 上的权威度。权威度 $\mathrm{AA}_{u_i \to t_k}$ 由 u_i 在回答涉及知识领域标签 t_k 的问题时，其回答得到的所有支持反馈与反对反馈计算获得，此时的支持反馈和反对反馈是用户回答质量的一种度量。

$$\mathrm{AA}_{u_i \to t_k} = \sum_{t_k \in \mathrm{Tag}q_j \wedge q_j \in Q_{u_i}} \text{positive } F_{u_i \to q_j} - \sum_{t_k \in \mathrm{Tag}q_j \wedge q_j \in Q_{u_i}} \text{negative } F_{u_i \to q_j} \tag{6-2}$$

2. 基于领域权威度的信任

在问答系统中，新问题往往涉及若干个知识领域，即有若干个知识领域标签标识，则用户对新问题的基于领域权威度的权威信任度(简称“权威信任度”)由用户对新问题的所有知识领域的权威度共同决定，不妨定义如下：用户 u_i 对新问题q_j 的权威信任度是用户

u_i 对新问题 q_j 的所有涉及的知识领域权威度的和，记为 $EQ_{u_i \to q_j}$，且

$$EQ_{u_i \to q_j} = \sum_{t_k \in Tag_{q_j}} AA_{u_i \to t_k} \tag{6-3}$$

一个用户对某个新问题的权威信任度反映了该用户能为新问题提供某种质量的回答。与新问题相关的具有较高权威信任度的用户，可能是回答该新问题的权威专家，为新问题提供一个高质量的回答；或者和新问题兴趣相关，能为新问题及新问题的已有回答进行投票。

3. 基于权威信任度的领域专家

对某个问题 q_j，具有权威信任度 $EQ_{u_i \to q_j} \neq 0$ 的用户 u_i 是问题 q_j 潜在的领域专家答复者。一般地，某问题 q_j 的领域专家答复者表示成集合

$$E_{q_j} = \{(u_i, EQ_{u_i \to q_j}) \mid (EQ_{u_i \to q_j} \neq 0) \wedge (u_i \in U) \wedge (q_j \in Q)\}$$

6.3.3　知识领域相似度、基于相似度的信任、问题领域相似用户

一个新问题必然属于某种或几种相关的知识领域，新问题所属知识领域信息保存在新问题的描述中，通常用标签标识。对某些知识领域擅长、感兴趣的用户，在其历史问答记录中，可能参与(包括问、答、投票等参与行为)这些知识领域相关的问题的问答和讨论。问答系统中，用户参与问答的知识领域信息保存在其用户文件中，可能存在多个用户具有相似的擅长、感兴趣的知识领域，他们是问答系统中的相似用户，或者可以被系统标识为彼此的“好友”。同样，新问题知识领域标签信息和用户擅长知识领域标签信息的对比可能产生基于相似特性的信任。

1. 问题知识领域相似度和基于相似度的信任

若用户参与问答的知识领域与新问题的知识领域相同或相似，则新问题对用户产生基于知识领域相似的信任，或称用户为新问题的问题领域相似用户。在这个语义下，计算新问题和用户之间知识领域的相似度，生成相似信任度来度量用户作为新问题潜在答复者的可能性。

设新问题 q_j 的知识领域标签集合为 Tag_{q_j}，问答社区中的某个用户 u_i 参与了问答社区的问答活动，其参与的问题的知识领域标签集合为 Tag_{u_i}，若 $Tag_{u_i} \cap Tag_{q_j} \neq \varnothing$，则用户 u_i 与新问题 q_j 具有知识领域相似度，产生基于知识领域相似度的信任关系，记为(u_i，q_j，$TS_{u_i \to q_j}$)，其中，$TS_{u_i \to q_j}$ 是用户 u_i 与新问题 q_j 的问题相似信任度，且

$$TS_{u_i \to q_j} = \frac{NUM(Tag_{u_i} \cap Tag_{q_j})}{NUM(Tag_{q_j})} \tag{6-4}$$

其中，NUM( )是集合元素计数的函数。

在该公式中，采用用户与新问题知识标签的差集的标签个数和新问题所有知识标签个数的比值计算相似度及相似信任度。如果用户拥有新问题的所有知识标签，则相似度为 1，此时表明，用户的历史问答行为涵盖了新问题所有的知识领域，具有最高相似度，能够作为答复者参与新问题的答复。

相似度和相似信任度是反映用户参与新问题问答的可能性，具有较高问题相似信任度的用户可能为新问题提供一个回答或进行投票。

2. 问题领域相似用户

对某个问题 q_j，社区中所有用户 u_i 与 q_j 有或大或小的问题相似信任度。一般地，某问题 q_j 的问题领域相似答复者表示成集合

$$\mathrm{TF}_{q_j}=\{(u_i,\mathrm{TS}_{u_i\to q_j})\mid(\mathrm{TS}_{u_i\to q_j}>0)\wedge(u_i\in U)\wedge(q_j\in Q)\}$$

6.3.4　提问者知识领域相似度、基于相似度的好友信任度、提问者好友

作为新问题的提问者，除非是一个新用户，他在问答系统中有或多或少感兴趣的知识领域的记录。问答系统中的其他用户与新问题提问者之间的知识领域可能相同或相似，从而产生由相似度大小度量的基于相似度的好友信任，与提问者产生好友信任的用户是提问者的好友。

1. 提问者知识领域相似度和基于相似度的好友信任度

新问题 q_j 的提问者 u_{q_j} 的用户文件中记录了他参与的知识领域标签集合，记为 $\mathrm{Tag}_{u_{q_j}}$，问答社区某个用户 u_i 的知识领域标签集合为 Tag_{u_i}。若 $\mathrm{Tag}_{u_i}\cap\mathrm{Tag}_{u_{q_j}}\neq\varnothing$，则用户 u_i 与新问题 q_j 的提问者 u_{q_j} 产生基于提问者知识领域相似的信任关系，记为(u_i，u_{q_j}，$\mathrm{US}_{u_i\to u_{q_j}}$)，其中，$\mathrm{US}_{u_i\to u_{q_j}}$ 是用户 u_i 与新问题 q_j 的提问者 u_{q_j} 的知识领域相似度，也作为他们好友信任的好友信任度，且有

$$\mathrm{US}_{u_i\to u_{q_j}}=\frac{\mathrm{NUM}(\mathrm{Tag}_{u_i}\cap\mathrm{Tag}_{u_{q_j}})}{\mathrm{NUM}(\mathrm{Tag}_{u_{q_j}})}\tag{6-5}$$

好友信任度的计算公式同样采用集合个数的比值，这里不难看出，用户 u_i 与提问者 u_{q_j} 的知识领域相似度 $\mathrm{US}_{u_i\to u_{q_j}}$ 和提问者 u_{q_j} 与用户 u_i 的知识领域相似度 $\mathrm{US}_{u_{q_j}\to u_i}$ 是不同的，即 $\mathrm{US}_{u_i\to u_{q_j}}\neq\mathrm{US}_{u_{q_j}\to u_i}$。例如，提供者有 a、b、c 三个知识领域标签，某用户有 a、b、c、d、e、f 六个知识领域标签，根据上述公式，提供者对该用户的知识领域相似度(好友信任度)是 0.5，该用户对提供者的知识领域相似度(好友信任度)是 1。这反映了两个用户之间的好友信任度并不是对称的。

提问者好友信任度与问题相似信任度同属于知识领域相似度，其测量方法类似，都是用参与双方知识领域标签覆盖率(Overlap of the tags)来计算参与双方的相似度[18]的，进而获得相应信任度的度量。两种信任产生的模式相同，但参与者不同，使得两种信任有不同的认知语义。

提问者好友信任度度量的是新问题提问者的“好友”(特别是间接的好友)，他们会关注该提问者提出的问题，进行投票，甚至提供一个回答。

2. 提问者好友

对某个问题 q_j，社区中所有用户 u_i 与 q_j 的提问者 u_{q_j} 有或大或小的好友信任度。一般地，某问题 q_j 的提问者好友答复者表示成集合

$$\mathrm{UF}_{q_j}=\{(u_i,\mathrm{US}_{u_i\to u_{q_j}})\mid\mathrm{US}_{u_i\to u_{q_j}}>0)\wedge(u_i\in U)\wedge(u_{q_j}\ \text{is the questioner of}\ q_j)\wedge(q_j\in Q)\}$$

6.3.5　基于直接交互的信任、直接可信答复者

信任是施信者对受信者的能力和意愿的信念。在问答系统中，对提问者来说，他信

赖的能提供准确回答、客观投票的用户可能是领域专家（基于对其领域知识和回答质量的信任）、共同志趣的好友（基于相似经历和特征的信任）、社区高信誉用户（基于对问答社区管理制度的信任），但最切实的信任来自于提问者曾经直接选出最佳回答者的经历。

1. 基于直接交互的信任

如果新问题的提问者曾经提问过问题，并得到一些回答，按问答系统的一些规定，提问者可以对回答进行评判，选出最佳回答或可接受回答。提问者做出选择后，将一部分信誉或积分值转给被选中的最佳回答的回答者，以表彰他提供的满意回答。从社会认知的角度，只有提问者真心认为和接受某个回答者的回答，才会付出个人资本来进行最佳回答者选择。因此，当提问者选中一个回答者的回答作为最佳回答，那么提问者表现出对该回答者的回答能力的一种信任，当某个提问者和某个回答者之间发生多次这样的最佳回答选择操作，则他们之间的信任将会加强。

在问答系统中，用户之间存在的直接信任关系表示为$(u_j,u_i,T_{u_j\to u_i})$，其中，直接信任度$T_{u_j\to u_i}\in(0,1)$表示施信者u_j对受信者u_i能提供高质量回答的回答能力和质量的信念的程度，直接信任度越大，施信者对受信者越信任。

当问题提问者u_j第一次选择用户u_i提供的回答作为最佳回答时，提问者u_j和用户u_i之间就建立起信任关系，其中，提问者作为施信者，最佳回答的回答者作为受信者，信任度由一个系统指定的信任初始值来赋予。当该施信者u_j和受信者u_i之间再次发生最佳回答选择操作时，则他们之间的信任度会增强，直至极限值 1。定义信任值增加的公式如下：

$$T'_{u_j\to u_i}=T_{u_j\to u_i}+\delta\cdot(1-T_{u_j\to u_i}) \tag{6-6}$$

其中，$T_{u_j\to u_i}$表示施信者u_j和受信者u_i之间直接信任度的初始值，$T'_{u_j\to u_i}$表示施信者u_j和受信者u_i之间直接信任度的增强值；δ是一个实验因子，用于约束回答信任度增强值增加的幅度。在后续的实验中，我们取直接信任度初始值为 0.7，$\delta=0.5$。

随着问答社区中提问者选择最佳回答者操作的进行，提问者与最佳回答者之间建立了信任关系，并逐步形成信任网络。我们把提问者 A 和受信者 B 之间的信任关系表示为集合：$\mathrm{TL}=\{(A,B,T_{A\to B})\mid(A,B\in U)\wedge(A\neq B)\wedge(T_{A\to B}\in(0,1))\}$。按照前文的定义，表示问答社区中的信任网络为一有向图$G=(N,E)$，其中，$N\in U$，$E=\{e\mid e\in\mathrm{TL}\}$。需要指出的是，问答社区中通过最佳回答选择操作建立起来的信任网络非常稀疏，因此，我们采用信任传递的方法[19-20]，让更多用户有一个可信受信者或让用户有更多的可信受信者。

$$\begin{gathered}(((A,B,T_{A\to B})\in\mathrm{TL})\wedge((B,C,T_{B\to C})\in\mathrm{TL}))\Rightarrow\\(((A,C,T_{A\to C})\in\mathrm{TL})\wedge(T_{A\to C}=\mathrm{MAX}((T_{A\to B}\times T_{B\to C}),T_{A\to C})))\end{gathered} \tag{6-7}$$

提问者直接信任的最佳回答者可能会关注提问者提出的新问题，并继续给出一个高质量的回答，由信任网络传递信任得出的可信受信者可能会关注和回答提问者的问题。

2. 直接可信答复者

在问答社区中的信任网络中，与某问题q_j的提问者u_{q_j}有信任关系$(u_{u_{q_j}},u_i,$

$T_{u_{q_j} \to u_i}$）的用户 u_i，是问题 q_j 的提问者的直接可信答复者，$T_{u_{q_j} \to u_i}$ 是提问者 u_{q_j} 信任 u_i 的直接信任度。一般地，某问题 q_j 的直接可信答复者表示成集合

$$T_{q_j} = \{(u_i, T_{u_{q_j} \to u_i}) \mid (u_i, u_{q_j} \in N) \land ((u_{q_j}, u_i, T_{u_{q_j} \to u_i}) \in \mathrm{TL}) \land (u_{q_j} \text{ is the questioner of } q_j)\}$$

6.3.6　信誉、基于信誉的信任、高信誉答复者

在问答系统中，因为用户的积极参与和诚实问答，促进了问答系统的健康持续发展[21]。作为一种激励机制，问答系统记录了用户的各种参与行为，并对好的行为予以增加信誉的奖励，对不好行为予以降低信誉的惩罚。根据信誉机制的制订策略，用户信誉反映了用户参与问答的积极程度、有用程度和可靠程度，高信誉用户可以是新问题积极的参与者，包括投票、关注、回答。信誉由问答系统收集和维护，保存在用户文件中，某用户 u_i 的当前信誉值记为 $\mathrm{Reputation}_{u_i}$。

问答系统的信誉是一种社会化信息，它可以由问答系统通过系统功能收集数据统一计算，也可以由用户按信誉的语义自行计算。在大多数问答系统中，有相关的计算信誉的系统功能，可以借用系统维护的信誉值来实施基于信誉的信任。

在大多数问答系统中，信誉一般表示用户的活跃度和贡献度，具有较高信誉的用户是问答社区值得信任的对象，因为高信誉用户活跃度高、在问答系统中有累计的贡献，因此是所有问题潜在的答复者。在新问题答复者推荐的应用情境下，提问者对高信誉的社区用户能产生基于信誉的信任，信任度为用户的信誉值。一般地，问答社区所有问题 Q 的高信誉答复者表示成集合

$$R_Q = \{(u_i, \mathrm{Reputation}_{u_i}) \mid (\mathrm{Reputation}_{u_i} \geqslant \tau) \land (u_i \in U)\}$$

其中，$\mathrm{Reputation}_{u_i}$ 是用户 u_i 的信誉值；τ 是一个极限阈值，表示信誉的最低值。即只有信誉达到阈值以及阈值之上的用户，才是问题的潜在答复者。

高信誉答复者可能会关注新问题，为新问题及其回答投票，甚至会参与问题的回答。

上述 5 种潜在答复者都是从不同语义下的信任产生出来，而不同语义的信任由基于用户行为和特征数据的社会化信息生成。上述信任是基于某个细粒度认知的元信任，产生的潜在答复者分别是从新问题的知识领域、新问题的提问者、问答系统的激励机制三个角度实施基于特征、基于过程、基于制度的信任的用户。

5 种元信任的语义是独立的，是对象某个特定视角的语义认知，同时它们之间又有一定的联系，例如，权威信任度与问题相似信任度、好友信任度都属于与新问题知识领域相关的信任；问题相似信任度、好友信任度都是基于相似度特征的信任，仅仅是参与对象不同；权威信任度和直接信任度的获得都依赖于最近一段历史问答记录，是基于短期问答数据的信任，而另外 3 种信任都来源于用户长期的问答行为，是基于长期问答数据的信任；直接信任度和好友信任度度量的是两个用户之间的信任/好友关系，是强调社会化关系的信任；所有信任都基于用户长期或短期的社会化行为和关系，是用户真实社会化状态的体现。

由元信任定义的 5 种新问题答复者都可以是新问题的潜在回答者或推动者，分别反映了他们在促进新问题满意解决的某方面具有的能力和可能性。5 种类型的答复者构成一个集合，集合之间的元素可能相交，即有些用户既是新问题的领域专家也是提问者的直

接可信答复者。答复者集合之间的这种交叉关系并不影响后续的推荐计算。

6.3.7 问答社区元信任的性质

在问答系统的答复者推荐应用中，通过社会化信息和信任语义认知得到的元信任大多是与问题的特征密切相关的。元信任不同的语义认知和挖掘方式，导致其具有不同的特点。表 6-3 列出了上述 5 种元信任的不同性质和特点。

表 6-3 5 种元信任的不同性质和特点

信任	性质		
	取值范围	答复者集合规模	挖掘算法复杂度
权威信任度	$[-\infty,\infty]$	中等	与用户历史回答问题规模成正比（通常规模中等）
问题相似信任度	[0,1]	接近于社区用户总数	与社区用户规模成正比（通常规模较大）
好友信任度	[0,1]	接近于社区用户总数	与社区用户规模成正比（通常规模较大）
直接信任度	(0,1)	极少	与提问者历史提问问题规模成正比（通常规模较小）
信誉	$[\tau,\infty]$	接近于社区用户总数	直接获取

另外，问答社区普遍存在冷启动现象，即有些问题是新用户提出的，或者问题涉及新的知识领域，此时，根据冷启动的类型，各种元信任的生成可能性不同，得到可用的答复者不同。表 6-4 列出了不同冷启动情况下各种答复者可用情况。

表 6-4 不同冷启动情况下各种答复者可用情况

冷启动类型	答复者类型				
	领域专家	问题知识领域相似用户	提问者好友	直接可信答复者	高信誉用户
提问者为新用户	√	√			√
问题标签为新标签			√	√	√
提问者为新用户且问题标签为新标签					√

各种元信任的不同性质对后续的信任融合以及基于信任的答复者推荐方法设计有影响，相应的信任融合方法和推荐算法需要考虑不同元信任的不同特点。

元信任体现的是不同的认知语义，相应的认知语义对促进问答社区问题的满意解决的作用是本章研究的重点之一。为了验证问答系统中元信任在促进新问题解决服务应用中的不同作用，逐个使用元信任实施答复者推荐，对比不同元信任的作用。不同元信任在促进问题解决的服务应用中的作用，将在实验中实施和发现。

6.3.8　问答系统中社会化信息的融合策略

问答系统中的 5 种元信任均来源于不同的社会化信息，社会化信息是某个认知场景下用户的交互行为和社会关系的结果信息。一些具有相似认知背景的社会化信息之间可以进行融合，以更准确描述复杂上下文情境下信任生成和信任计算的语义，并在相应的应用上下文中共同作用，提高相关服务应用的效果。

在问答系统答复者推荐的应用背景下，根据社会化信息产生可信答复者的认知语义，设计了 6 种社会化信息融合策略。

1. 融合策略 F

在 5 种元信任中，问题相似信任度和好友信任度是两种具有类似认知语义的信任，它们都是对用户长期参与知识领域问答行为数据的再加工获得的针对新问题知识领域和新问题提问者知识领域的相似度信息。在能同时获得这两种相似度数据的场景下，可以融合问题相似度（简称 QF）和提问者好友相似度（简称 AF）以完备知识领域基于相似度的信任的语义，实施相应的推荐服务。

2. 融合策略 AE-T

权威度（简称 AE）和直接信任度（简称 T）是两种基于用户回答质量的社会化信息，分别产生基于权威的信任和直接信任，它们都是基于过去一段历史问答行为，反映对回答质量的信任。它们的数据挖掘可以基于同一段历史问答记录，分别从回答的投票数和回答的被选中最佳回答行为中，得到用户权威度和直接信任。融合这两种社会化信息可以完备对回答质量的认知语义，实施基于回答质量特征的推荐服务。

3. 融合策略 AF-T

提问者的好友相似度和直接信任都是以提问者为主导并体现其社会关系的社会化信息。融合这两种信任，可以完备对问题提问者社会关系的相关语义，用于推荐与问题提问者有特殊关系的答复者。

4. 融合策略 AE-QF

权威度和问题相似度都是面向问题知识领域的社会化信息，它们分别反映了用户在知识领域上的回答质量和感兴趣程度，是基于过去问答行为之上的社会化信息。融合权威度和问题相似度可以完备针对新问题知识领域的相关语义，用于推荐与新问题知识领域相关的答复者。

5. 融合策略 AE-QF-R/AE-F-R

在具有冷启动的应用场景下，需要通过问答系统的激励机制来推荐缺省的通用答复者。在激励信息中，如果信誉被问答系统严密定义并且容易获取，则使用信誉（简称 R）来增强其他融合策略在解决冷启动问题时的适应性，在保证推荐服务效果的同时，应对可能出现的冷启动问题。

上述社会化信息的融合策略如图 6-5 所示，每种策略的适用上下文与参与的社会化信息的特征都由表 6-5 给出。

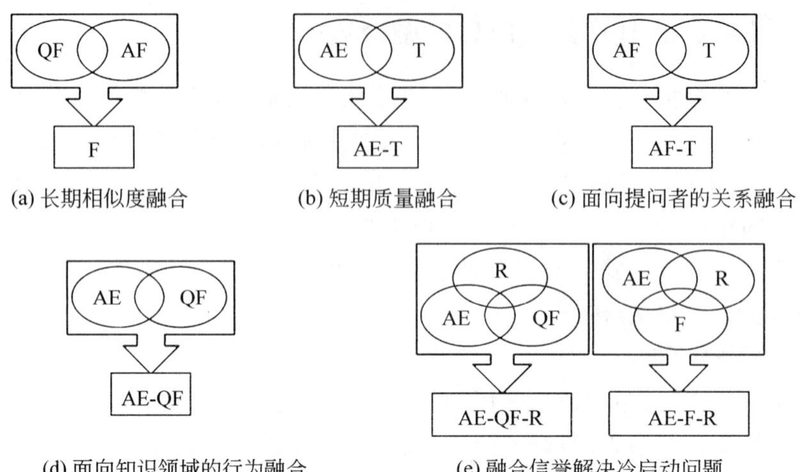

图 6-5　社会化信息的融合策略示意图

表 6-5　元信任融合策略的应用信息表

融合策略名称	适用的上下文描述	融合的社会化信息
F(QF-AF)	长期积累的相似度信息可用并被强调	相似度
AE-T	短期的行为和关系信息可用并被强调	权威度 & 直接信任
AF-T	提问者相关的关系信息可用并被强调	相似度 & 直接信任
AE-QF	问题知识领域行为信息可用并被强调	权威度 & 相似度
AE-QF-R/AE-F-R	激励信息可用且冷启动问题被强调	权威度 & 相似度 & 信誉

6.4　融合社会化信息的信任生成应用——答复者推荐

6.4.1　问答系统的信息过载问题

问答系统是网络教育应用中重要的一种教育服务系统，主要提供知识问答方面的支持和服务。问答系统集聚了大量的学习者，每个学习者都可以发布问题，并回答别人的提问。问答系统中的学习者还参与完成问答系统的部分管理工作，形成自主、自治的问答社区。在问答系统中，每天都产生大量的新问题，新问题不断覆盖还没有得到解决的老问题，使很多问题没能得到及时、有效的回答和解决，严重影响提问者的积极性，阻碍了问答社区的持续健康发展。大量问题和大量潜在回答者的难以配对是问答系统中一个典型的信息过载问题。一方面大量问题等待潜在的回答者提供答案；另一方面，学习者在不断增加的海量提问中很难找到自己感兴趣并擅长的问题，导致很多本来可以被回答的问题淹没在问题的海洋中。针对问题超载问题，其他服务应用系统（如电子商务系统）的研究和实践表明，推荐是解决信息过载问题的一种有效方法[9]，可以设计和实施推荐系统来促进问答系统中问题的快速有效解决。

针对日益严重的问题超载问题，问答系统提供了三大类推荐服务：回答者推荐（Answerer Recommendation）、问题推荐（Question Recommendation）、回答推荐（Answer Recommendation）。

回答者推荐的任务是为新问题推荐合适的回答者，以促使新问题的快速解决。最常推荐的回答者是问题的领域专家，可以使用基于图的方法（Graph-based Approaches）和基于属性的方法（Feature-based Approaches）发现问题的领域专家。基于图的方法主要是通过构建问、答交互图，通过图运算获得用户的领域权威度，实施相应的专家推荐[22]。基于属性的方法是较常使用的方法，在该方法中，诸如用户的领域权威度、用户的相似性等信息被广泛应用在回答者推荐中。Zhang 等[23]综合应用新问题和用户关键字的相似性、专业知识和提交时间、问题的回复的差别来发现新问题的回答专家。Liu 等[24]通过跟踪和综合考虑用户的回答历史、用户兴趣、行为和专业权威度来确定新问题的最佳回答者，并进行最佳回答者的推荐。Weichen Kao 等[25]设计了一些混合的专家回答者发现方法，他们推荐的最佳方法 ExpertScore 中，不仅考虑了知识的相似性，还综合考虑了用户的信誉和专业权威性。他们通过实验验证了这种专业回答者推荐的效果，当设置知识相似度、信誉、专业权威度的权重分别为 0.72、0.08、0.2 时，推荐性能达到最优。

回答者推荐是问答系统推荐研究的重要方向，对促进问答系统中问题的解决具有显著的作用，取得了一定的实践成效，但由上述研究可以看出，目前的回答者推荐还不能为不同应用场景设计统一的推荐模型，推荐效率和效果还难以一致和稳定。在实际推荐中，通过回答者推荐的问题回答者常常是一个小团体，集中在社区中活跃度高、信誉度高的用户，这个小团体的用户往往因为精力和时间有限，很难为相关新问题一一答复，造成实际的答复率并不高。

除了为新问题推荐回答者外，另一个影响问答系统问题解决的因素是用户的参与度不高。问答系统的用户规模常常破百万，但实际的活跃用户仅仅数十万，有时间和精力每天参与问答的用户不到万人。问答系统用户参与度不高的一个原因是用户难以发现合适的可以回答的问题，问题推荐提供的为用户推荐合适问题的服务有助于用户提高参与度，提高用户的参与度可能会促进问答社区问题的解决。Ni 等[26]在问答系统中建立了一种基于主题的用户兴趣模型，通过挖掘用户曾经提问的问题、曾经参与的问题类别来获取用户的兴趣，再根据用户的兴趣模型为用户推荐合适的问题，以此来支持用户积极参与社区的问题解答。Li Baichuan 等[27]对用户进行分类，根据用户的前期问题回答绩效，把不同的问题分配给不同的回答者，以促进问题的回答。Szpektor Idan 等[28]在推荐中发现，除了考虑根据用户兴趣推荐相关问题外，还考虑增加推荐的多样性和新颖性，提高推荐的性能的同时，对用户的一些促进回答的行为（如参与投票）也有显著的正面影响。

问题推荐的难点在于用户兴趣模型的构建，当用户的兴趣模型比较模糊和聚集度不够时，推荐给用户的问题的类型和数量都将是不确定的或巨大的，因此，问题推荐可以一定程度提高用户的活跃度，但可能因为定位模糊、推荐数量过大，导致用户的反感情绪，不利于问题的最终解决。

目前，很多成熟的问答系统，利用前期问答知识库中问答信息和知识的积累，为一些新问题提供回答推荐[29]。但回答推荐的实现，依赖于问答系统强大的知识库组织、管理和检索能力,不是所有问答系统都具有这样的能力。

在上述推荐方法中,各种社会化信息被广泛使用,有些社会化信息包括信任或能够产生信任。例如,用户权威度可生成基于专业权威性的信任,常用于回答者推荐;相似度可生成基于属性特征的信任,常用于问题推荐等。但不同认知获得的信任可能具有不同作用,它们的联合使用作用如何,这些问题还没有相关研究给出明确的证据和结论,有必要对相关问题进行更进一步的研究和验证。

6.4.2 问答系统答复者推荐设计

问答系统是一个独具特点的教育服务网络应用系统,在问答系统的问答活动中,问题提问者是回答服务的请求者,问题回答者是回答服务的提供者;问题提问者对多个回答者的回答进行评价,有的系统还会选出最佳回答。从上述分析可以看出,答复者推荐是一种典型的服务提供者推荐,推荐有意愿、有能力、有时间回答提问者问题或促进提问者问题解决的用户。根据对问答服务交互实体意愿和交互行为的认知分析,可以推荐如下几种类型的答复者,以促进新问题的解决: ①针对新问题的知识领域,推荐与新问题知识领域相同或相近的领域专家; ②针对新问题的提问者,推荐与提问者有相同偏好或历史问答交互的用户,如相关领域的好友、提问者曾经选中的最佳回答者等; ③从系统角度,问答服务社区中一些具有特殊能力和信誉的用户可以作为推荐答复者的候选人。根据这些候选答复者选择的思路,结合问答系统中问答行为的模式,构建了如图 6-6 所示的答复者推荐模型。

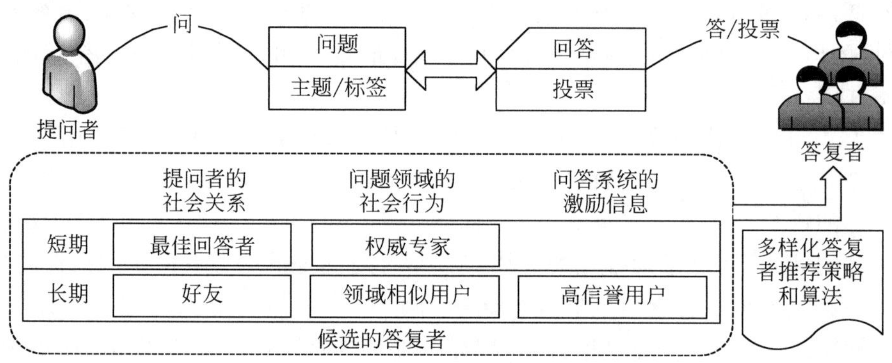

图 6-6 问答系统答复者推荐模型

从图 6-6 中可见,从提问者基于历史交互获得的社会关系,可以选择提问者曾经直接选定的最佳回答者和具有相似经历的好友作为新问题的答复者。最佳回答者可从提问者近期历史问答记录中发掘,提问者好友可从提问者和社区用户长期的问答行为中获得。

针对新问题涉及的专业知识领域,有两类候选答复者: 领域专家是在短期历史回答行为中,在新问题的知识领域有较高回答质量的专家,他们是新问题潜在的回答者或投票者;知识领域相似用户是与新问题有相似知识领域的用户,这些用户感兴趣的知识领域记录在用户文件中,是用户的长期特征之一,领域相似用户可以作为新问题的关注者、投票者或回答者。

问答系统提供的激励机制记录了用户在问答社区的活跃度、参与度、有益度等信息，用用户积分、徽章、信誉等形式呈现。具有较高正面激励的用户是社区的高质量用户，他们能作为新问题热心的推动者或回答者。

上述不同类型的答复者是不同认知角度下不同数据和信息证据筛选的潜在用户，这些答复者对促进问题回答的作用不同。问答系统作为一种开放的服务网络，对答复者信任的认知有不同角度和层次，答复者信任生成的证据不同，基于的建立模式不同，是一种汇聚多种、多源数据和信息的汇聚信息，具有多样性的特点。表 6-6 展示了不同答复者类型的生成过程。

表 6-6　各种类型答复者的认知过程和生成过程

答复者类型	信　　任	社会化信息	认知倾向	信任建立模式
领域专家	权威信任度	权威性	基于回答质量的信念	基于特征和过程的信任
问题知识领域相似用户	问题相似信任度	相似性	基于相似经历的信念	基于特征和过程的信任
提问者好友	好友信任度	相似性	基于相似经历的信念	基于特征和过程的信任
直接可信答复者	直接信任度	回答质量	基于直接交互而产生的信念	基于过程的信任
高信誉用户	信誉	信誉	对问答系统激励机制的信念	基于制度的信任

在问答社区实施答复者推荐，或同时推荐多种类型的答复者，提高推荐多样化，改进推荐性能，促进问题的满意解决。

6.4.3　基于融合信任的答复者推荐算法

基于融合信任的答复者推荐是为新问题推荐包含不同类型答复者的推荐答复者列表，答复者对新问题进行回答、关注、投票等，以促进新问题尽快、全面解决。在基于融合信任的答复者推荐中，一种或多种社会化信息通过一定的融合策略生成具有复合语义的融合信任，产生多种类型的答复者。因此，答复者推荐首先需要确定，在特定的问答系统应用场景下，哪种或哪些答复者被推荐？也即选择哪种形式的融合信任生成多种答复者？还是使用基于某种元信任的单一答复者？在问答系统中，融合哪些信任和使用哪种元信任由应用上下文以及可获得的信任的认知语义决定。例如，在具有冷启动的应用上下文中，使用融合策略 AE-QF-R，利用融合的三种社会化信息为新问题确定三种类型的答复者。在推荐的答复者中，可能包含新问题的领域专家、问题知识领域相似用户及问答社区高信誉用户。

基于融合信任的答复者推荐要明确的第二个问题是，在答复者推荐列表中，哪些用户会被推荐为新问题的答复者？推荐哪种类型的答复者由相应的信任融合策略决定，推荐的答复者列表中存在多种类型的答复者用户，这些答复者用户中哪些被推荐？按照答复者推荐的任务，当答复者用户与新问题的关联度大或/和答复者用户与新问题存在更多种关联时，该答复者用户成为新问题的答复者的概率更大。因此，本章使用答复者用户的推荐值作为量化的值来计算和对比用户成为新问题答复者的可能性，答复者用户的推荐值由用户与新问题各种社会关联对应的信任度共同决定，通过比较答复者列表中每个答复者用户对新问题的推荐值，可以为新问题推荐具有更高推荐值的答复者用户，作为新问题的答复者。

有研究表明，用户与新问题的关联类型不同，对新问题的回答帮助不相同。例如，在Kao等[25]和Liu等[20]的研究中，根据不同社会化信息对新问题解决的关联度大小，赋予他们不同的影响权重。在这个研究中，赋予用户知识相似度、信誉、专业权威度的影响权重分别是0.72、0.08、0.2，即认为用户与新问题的知识相似关联度比用户的权威度和信誉更重要；Zheng等[30]的研究中，把用户的兴趣相似关系和用户的回答权威度的重要性设置成0.6∶0.4，即相似性的作用更大。这些研究都认为用户与问题的知识相似关系最重要，给出了更高的影响权重，但不同的研究给出的是不同的权重。由此产生了答复者推荐要解决的第三个问题，即如何确定与新问题有不同关联关系的不同答复者推荐的比例？或者说，如何为各种融合的社会化信息确定影响的权重？在不同的应用系统和场景中，权重往往有不同的取值。

社会化信息的融合策略对答复者推荐有重要影响，需要对社会化信息的融合策略进行理论模型的建构。

在问答系统的应用场景中，依据应用上下文和需求，确定某个社会化信息融合策略S，S中融合的社会化信息在认知语义、规模、作用等方面有各自的特点。在S中，按照社会化信息的融合模式，选择与应用上下文语义最强、数据规模较大、促进问题回答的作用更强的社会化信息作为主信息，其他社会化信息作为辅信息。社会化信息的权重由以下原则设置：当融合的社会化信息类型相同、规模相当、作用接近时，各社会化信息的权重占比相同；当融合的社会化信息类型不同、规模和作用有较大差异时，设置其中规模和作用大的社会化信息为主信息，其他为辅信息，因为主信息占绝对优势，辅信息作为主信息的语义补充，主要用于提供多种答复者的推荐选择，此时可以设置辅信息和主信息具有相同的占比，以达到提供多种答复者推荐均衡的目的；当融合的社会化信息类型不同、规模相当时，需要按具体应用场景设置各社会化信息的占比权重，以使每种社会化信息物尽其用。

针对问答系统不同应用上下文的5种社会化信息融合策略，按照社会化信息的融合模式，$\mathrm{RZ}_{C_l}=\mathrm{MZ}\oplus\mathrm{NZ}_k$，得出相应的社会化信息融合模型，如表6-7所示。

表6-7　问答系统5种社会化信息融合模型

融合策略	融合模型		
	主信息	辅信息	社会化信息融合公式
F(QF-AF)	QF，AF		$\mathrm{RZ}_1=\mathrm{QF}\oplus\mathrm{AF}$
AE-T	AE	T	$\mathrm{RZ}_2=\mathrm{AE}\oplus\mathrm{T}$
AF-T	AF	T	$\mathrm{RZ}_3=\mathrm{AF}\oplus\mathrm{T}$
AE-QF	QF	AE	$\mathrm{RZ}_4=\mathrm{QF}\oplus\gamma_1\mathrm{AF}$
AE-QF-R/AE-F-R	QF(F)	AE，R	$\mathrm{RZ}_5=\mathrm{QF(F)}\oplus\gamma_1\mathrm{AF}\oplus\gamma_2\mathrm{R}$

表6-7根据问答系统5种融合策略中不同社会化信息的情况，给出了不同的社会化信息融合公式，其中有些公式中有一些权重系数，这些权重系数并不是一个固定值，它依

赖于不同的问答系统数据情况，需要由实验来确定。

在文献[20,25,30]中，多个推荐影响因素的综合效用采用对各因素值的加权平均计算获得，并以这个综合效用值作为推荐依据进行排序和推荐。在问答系统中，不同社会化信息的数据取值范围、对应答复者数量及社会化信息挖掘的复杂度等各不相同。采用加权平均的融合计算方法显然不适合问答系统的数据特点。为此，首先，采用数据归一化的方法，消除不同社会化信息数据的取值范围的不一致性，然后，设计一种基于集合社会化信息融合计算的推荐算法，把相关用户及其推荐值在一个共用集合中进行融合计算，选择具有最高推荐值的 N 个用户作为问题的答复者进行 TOP N 推荐。

设 $\mathrm{MV}_{u_i \to q_j}$ 是某用户 u_i 对某新问题 q_j 经过归一化后的主信息的值，$\mathrm{NV}_{(k,u_i \to q_j)}$ 是经过归一化后的辅信息的值，其中 $k=1,2,\cdots,l$；l 是辅信息的个数，k 是某个辅信息的序号。使用函数 $f(x)$ 对信任的值进行归一化，使它们具有相同的分布区间[0,1]，以在相同的尺度上进行计算。

$$f(x)=\frac{x-\mathrm{MIN}(x)}{\mathrm{MAX}(x)-\mathrm{MIN}(x)} \tag{6-8}$$

式(6-8)中，x 是关于某用户 u_i 对某新问题 q_j 的各个社会化信息生成的元信任的值，如 6.3 节定义的 $T_{u_j \to u_i}$，$\mathrm{US}_{u_i \to uj}$，$\mathrm{TS}_{u_i \to q_j}$，$\mathrm{EQ}_{u_i \to q_j}$ 或 $\mathrm{Reputation}_{u_i}$。

如果 $u_i \in U$ 与某个问题 q_j 有一个以上的社会关联，则用户 u_i 的推荐值 $\mathrm{RV}_{u_i \to q_j}$ 由 u_i 对 q_j 所有元信任值的聚合值决定

$$\mathrm{RV}_{u_i \to q_j}=\mathrm{MV}_{u_i \to q_j}+\gamma_k \cdot \mathrm{NV}_{(k,u_i \to q_j)} \tag{6-9}$$

其中，γ_k 是辅信息生成的元信任值 $\mathrm{NV}_{(k,u_i \to q_j)}$ 的权重系数，$\mathrm{RV}_{u_i \to q_j}$ 是用户 u_i 对问题 q_j 的基于融合信任的推荐值。

相应地，我们设计了一种基于集合的答复者推荐算法，其中，一个用户的推荐值由他的元信任值或融合的信任值决定，与新问题有关联的所有用户及其推荐值混合在集合中，并按用户进行推荐值的聚合，最终形成每个用户一个综合推荐值的集合形式。按用户的综合推荐值进行相应的 Top N 答复者推荐，完成后续的推荐操作。基于集合的答复者推荐算法描述如下。

Algorithm 6-1：Set-Based Repliers Recommender Algorithm

Input：$N, u_i \in U, q_j \in Q, \mathrm{MV}_{u_i \to q_j}, \mathrm{NV}_{(k,ui \to q_j)}, \gamma_k, l$

Output：Top N recommended repliers

Defined sets：$\mathrm{PS}=\{(u,P_{u \to q_j}) \mid u \in U \wedge P_{u \to q_j} \in (0,1]\}$，$\mathrm{RS}=\{(u,R_{u \to q_j}) \mid u \in U \wedge R_{u \to q_j} \in (0,l+1]\}$

Begin
With set PS do
　　For $i=1,2,\cdots$ do
　　　　If $\mathrm{MV}_{u_i \to q_j}$!=0 then insert into PS value(u_i, $\mathrm{MV}_{u_i \to q_j}$)
　　　　For k=1,2,⋯ do
　　　　　　If $\mathrm{NV}_{(k,ui \to q_j)}$!=0 then insert into PS value(u_i, $\gamma_k \times \mathrm{NV}_{(k,u_i \to q_j)}$)
End with
With set RS do
　　For $i=1,2,\cdots$ do

续表

If exists(PS.u_i) then insert into RS value(PS.u_i, SUM(PS.$P_{u_i \to q_j}$))
End with
Return and recommend top N users in RS ordered by $R_{u \to q_j}$
End

后期的实验表明,该算法能随着应用上下文的变化,在无法预期的数据量情况下有稳定一致的表现,特别是当答复者类型不同、数据规模不相当时有较好的表现。

6.5 问答系统基于融合信任的答复者推荐的实证

为了验证基于融合社会化信息的答复者推荐应用具有可行性和适用性,证明社会化信息生成融合信任的作用,使用基于真实问答系统的实验方法。实证实验共分成两大部分。

(1) 对不同社会化信息生成的元信任的作用的探究和验证。即为新问题分别推荐不同类型的答复者,每种答复者由一种元信任生成,观察和比较不同类型答复者推荐的效果,得出不同元信任(社会化信息)对促进新问题解决的不同作用。

(2) 使用不同社会化信息融合模型,生成融合信任,分别实施基于融合信任的答复者推荐,观察和比较不同融合模型下答复者推荐的效果,明确社会化信息融合模型中的权重系数,探究不同社会化信息融合策略对答复者推荐的影响和作用。

无论是一种答复者推荐还是多种答复者推荐,它们都是典型的 Top N 推荐。因此,使用召回率、准确率、$F1$ 这三个 Top N 推荐最常使用的测量指标[9]对推荐效果进行评价。这三个指标的定义如下。

$$\text{recall}=\frac{1}{M}\sum_{i=1}^{M}\left(\frac{\text{NUM}(R_i \cap A_i)}{\text{NUM}(A_i)}\right) \tag{6-10}$$

$$\text{precision}=\frac{1}{M}\sum_{i=1}^{M}\left(\frac{\text{NUM}(R_i \cap A_i)}{\text{NUM}(R_i)}\right) \tag{6-11}$$

$$F1=\frac{2\times \text{recall}\times \text{precision}}{\text{recall}+\text{precision}} \tag{6-12}$$

其中,R_i 是为问题 i 推荐的答复者集合,A_i 是问题 i 的答复者集合,M 是实验数据集中问题的数量。

6.5.1 应用场景描述和数据集

实验使用真实的问答系统数据。选择了著名的问答系统 Stack Overflow 作为实验的应用场景,使用其中的数据进行分析实验。

1. 问答网站 Stack Overflow 简介

Stack Overflow 网站[31]是一个典型的社会化问答系统,它也是一个专业型问答社区,是计算机专业人士和发烧友自主学习和交流的网络学习社区,社区用户自我管理、自由问答、相互学习,构造了一个运营良好的问答社区[21,32]。Stack Overflow 有相对完善的机制来保证它的正常运营,其中与本章有关的几个管理机制概况如下。

（1）社区所有用户都可以发布新问题，回答别人的问题，为别人的问题或其回答投支持/反对票，少数信誉高的特殊用户可以编辑别人的问题和回答，以使社区的问答更规范，知识表达更严谨。

（2）网站使用标签 tag 来寻找和定位问题。当新问题被提出时，提问者为新问题设置不超过 5 个标签来标志该问题所属的知识领域，其他用户可以通过标签来寻找感兴趣的问题及其回答。标签由问答系统维护。

（3）一个问题的回答会按投票数降序排序供提问者或社区用户浏览。提问者可以选择其中的一个回答作为“已接受的回答”，已接受的回答由特别的标记标识，已接受回答的回答者会因为提供的这个高质量回答得到特别的积分奖励。

（4）网站用户信息文件中保存了详细的用户特征和行为信息，其中包括用户的信誉、所拥有的徽章、感兴趣的知识领域信息（标签）等。

（5）提供比较全面的激励机制，其中，用户信誉是问答社区对一个用户信任程度的一种大致度量。用户通过为社区提供有益的信息和实施帮助行为而获得信誉，同时，也会因为其言行被其他用户投反对票而失去一定的信誉。

Stack Overflow 是一个活跃的问答社区，每天平均有近万条新问题，超过 4000 名用户参与社区的问答。然而，与其他问答社区类似，Stack Overflow 依然存在问题解决率不高的问题，有 97％以上的问题只有 3 个或以下的回答，58％的问题仅仅只有 1 个回答，还有很多问题还没得到 1 个回答就被更新的新问题所覆盖。因此，如何促进问题解答是 Stack Overflow 以及其他问答系统的一个核心问题。

2. 实验数据集的获取和整理

从 Stack Overflow 网站爬取了 1 个月的问答数据和网站管理数据，以数据表的形式保存在数据库中，构成初始数据集。图 6-7 所示是相应的数据关系图。

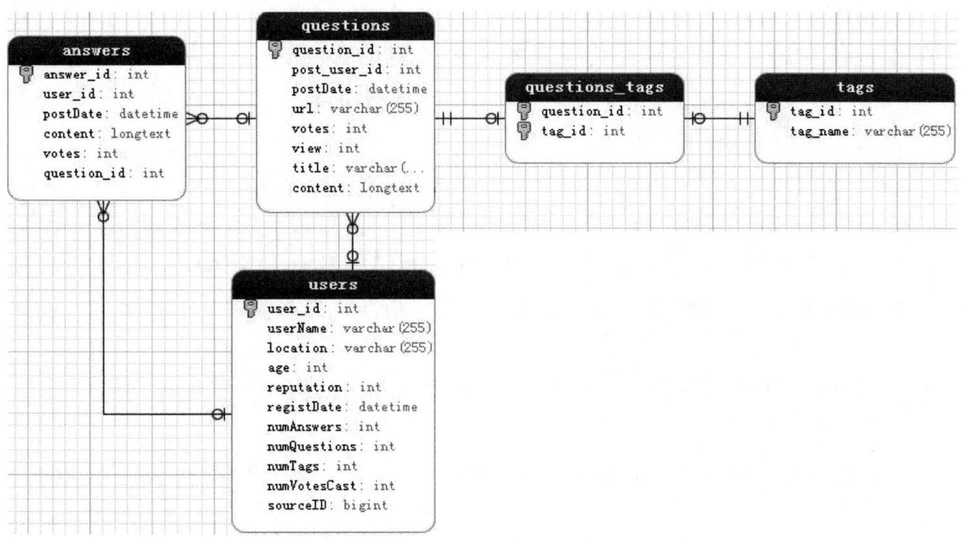

图 6-7　Stack Overflow 实验数据集中数据关系

在经过清理可保证数据的完整性和一致性的原始数据集中，很多问题的回答数极少。

因此，踢出不能使用的问题及相关数据，选取有 4 个或 4 个以上回答数的问题及其对应的回答、用户、标签信息作为实验数据集。原始数据集和实验数据集的数据信息描述，如表 6-8 所示。

表 6-8 实验数据集的规模情况

数据集	问题数	回答数	用户数	标签数
原始数据集	166 478	275 750	121 899	32 548
实验数据集	9342	42 849	22 344	23 429

在社会化信息的挖掘和元信任生成中，权威信任度和直接信任度是两个需要通过挖掘历史问答数据而生成的信任。为此，把实验数据集进一步处理，按问题提问时间的先后，分为训练数据集和验证数据集，训练数据集包含 80%的先提问的问答数据，验证数据集包含剩下的 20%的后提问的问答数据。为了降低实验的复杂度，对验证数据中的包含 4 个回答的数据进行了剔除，剩下的问答数据都是包含 5 个或 5 个以上的回答数据。重组织的实验数据集的信息，如表 6-9 所示。

表 6-9 实验数据集的子集情况

数据子集	问题数	回答数	用户数
训练数据子集	7473	34 241	18 861
验证数据子集	128	742	752

6.5.2 Stack Overflow 中元信任的生成和作用验证

在问答系统中，通过问答数据和其他相关数据可以产生多种社会化信息，社会化信息在一定的信任认知语义下，生成元信任。本实验的目的是在 Stack Overflow 问答社区环境下，使用真实的数据，挖掘多种社会化信息，生成多种元信任，观察和验证不同类型的元信任对问答系统中问题解决的作用。

针对相关数据集，进行相关的社会化信息挖掘以及相应的元信任度计算。

(1) 在实验数据集中，利用好友信任度、问题相似信任度计算公式，计算出每两个用户之间的好友信任度以及用户和验证子集中问题的问题相似信任度，从而得到验证集中每个问题的提问者好友、问题知识领域相似用户两种类型的答复者，分别以答复者集合的形式保存。

(2) 从用户文件中得到用户的信誉信息，进而得到验证子集中所有问题的高信誉用户集合。

(3) 在训练子集中，通过权威信任度的挖掘，可以得到验证子集中每个问题的领域专家答复者集合。

(4) 在训练子集中，通过直接信任度的挖掘，构建基于直接信任关系的信任网络，得出验证子集中每个问题的提问者直接(或间接)信任答复者集合。

至此完成从 Stack Overflow 问答数据到社会化信息、社会化信息生成的元信任的值的计算，以及完成由元信任生成的不同类型答复者的数据挖掘和答复者发现过程。

在元信任生成过程中，不同元信任信任度的计算复杂度相差很大，得到的答复者数量也不尽相同，表 6-10 列出了不同元信任生成的时间花费以及基于元信任得到的答复者集合中元素的数量。可以看出，计算相似度生成的元信任是花费最大的，基于专业权威性生成的元信任花费相对最小。当然，表中没有列出基于信誉的元信任的花费，因为信誉值取自 Stack Overflow 系统维护的数据，使用信誉进行排序推荐的答复者，具有几乎可以忽略的花费。

表 6-10　元信任生成和答复者发现的花费和结果信息

元信任信任度	时间花费/秒	结果集的个数	问题平均答复者数
好友信任度	101 045.310	86 905	678.945
问题领域相似信任度	35 262.946	58 356	455.906
直接信任度(信任网络)	269.696	9355	2.305
权威信任度	80.106	72 686	113.781

经过社会化信息挖掘、信任生成以及答复者集合排序确定，得出验证集中每个问题的提问者好友(AF)、问题领域相似用户(QF)、领域专家答复者(AE)、提问者直接可信答复者(TR)、社区高信誉答复者(R)5 种答复者列表后，分别为验证子集中的每个问题都推荐不同数量的答复者，考察推荐的答复者在问题回答者列表中的命中个数，计算相应的召回率、准确率和 $F1$。其中，AF、QF、AE、R 4 种答复者推荐的结果如图 6-8 所示。从召回率、准确率、$F1$ 的对比图中可以看出，QF 推荐具有绝对最优的推荐性能，性能稍差的依次是 AE、AF 推荐，R 推荐显然具有相对最差的性能。

从图 6-8 还可以看出，因为实验数据集的回答列表中回答数量较少，准确率和 $F1$ 在 $10<N<30$ 区间有较大的下降趋势。造成这个下降趋势的原因在于，Stack Overflow 是一个严谨、内聚的专业型问答网站[32]，其中的问题专业性强，只有少数专业对口的专业权威才能提供回答，这样的专业权威大多集中在前 10 的答复者集合中。在推荐超过 10 的答复者推荐中，随着答复者个数的增加，不一定有更高的命中率，因此，在 10 之后准确率和 $F1$ 下降幅度较大，直到 30 后，趋于平稳。数据集中，问题的平均回答个数仅为 6，因此，推荐的准确率和 $F1$ 指标不高。

针对提问者直接信任答复者(TR)推荐，设计了一个特别的实验，因为对每个问题来说，其可能有的直接信任答复者数量太少(平均 2.305 个)，难以在同一推荐个数下与其他答复者推荐进行比较。为此，把验证子集中的问题按其拥有的直接信任答复者的数量进行纵向分割，得到 11 个不相交的问题子集，每个问题子集中的问题有相同数量的直接信任答复者。图 6-9 表示分别具有 1、2、3、…、8 个以上直接信任答复者的问题子集中问题的数量。

分别在这 11 个问题子集中，推荐与问题拥有直接信任答复者数量相同的 QF、AE 和 TR，得到图 6-10 所示的召回率对比结果。从图中可以看出，当推荐个数小于等于 5 时，QF 和 AE 的推荐召回率比 TR 的稍好；当推荐个数大于 5 时，因为问题子集的个数较少，

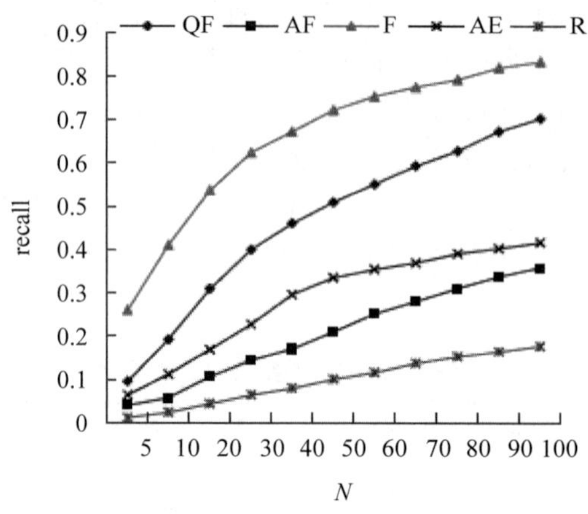

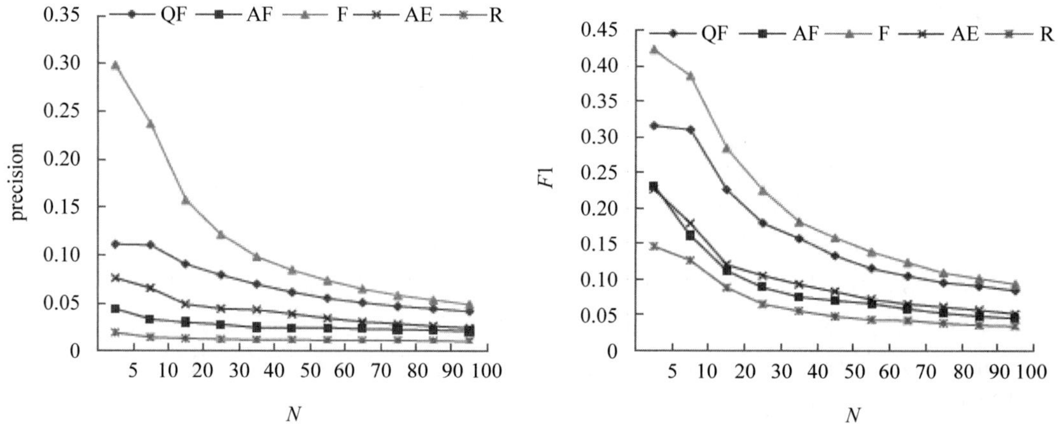

图 6-8 各种类型答复者推荐的效果对比(含多样化答复者推荐 F)

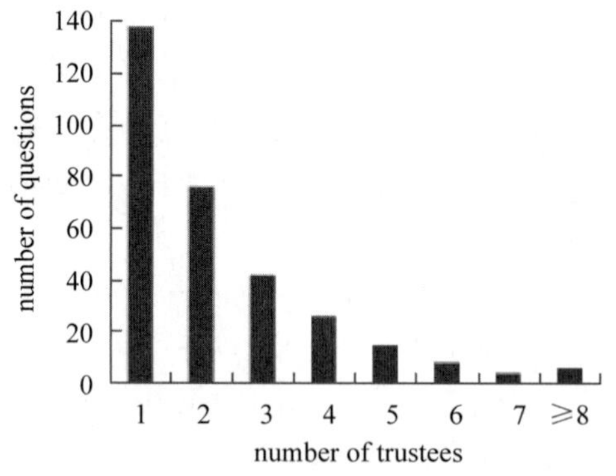

图 6-9 验证集中具有相同直接信任答复者的问题数

有些推荐甚至没有命中数,召回率的数据变得稀疏不全。但从仅有的几个召回率数据可以得出一个不太严谨的结论,即 TR 的召回率性能与 AE 的接近或稍差于 AE。关于直接信任答复者推荐的验证实验受制于信任网络的稀疏,但仅有的数据和实验大体能展示直接信任答复者在促进问题回答方面的作用。

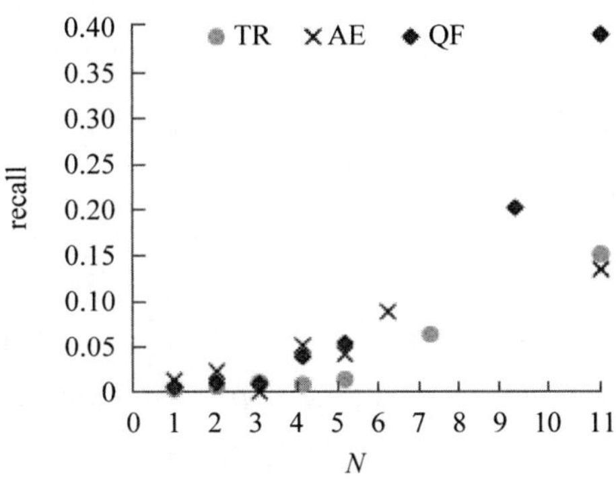

图 6-10　TR 推荐与 AE、QF 推荐的召回率

上述答复者推荐实验验证了不同类型元信任生成的情况以及它们分别在促进问题回答方面的作用。由推荐的召回率等推荐效果测量指标的对比不难发现，不同类型的元信任对促进问题解决的作用不同。

问题相似信任度的作用最大，其次是权威信任度，虽然好友信任度与问题相似信任度的建立模式类似，但作用比问题相似信任度差，只比信誉好。直接信任度的验证实验受数据集稀疏性的影响，不能在同一个推荐规模与其他元信任的作用对比，但从仅有的实验数据中，可以大致得出直接信任度对促进问题解决的作用稍差于权威信任度，和提问者好友信任度的作用接近。

如果考虑不同类型元信任生成的成本，权威信任度有相对适中的计算花费和较好的促进问题解决的作用，是一个性价比较高的可用于答复者推荐的元信任；基于相似度的元信任有较大的数据挖掘复杂度，在两个基于相似度的元信任中，问题相似信任度有更好的作用和较小的挖掘花费；信誉虽然作用最差，但因为它是最容易获得的信息，因此，在一些特别场景下，当其他信任不可得时(如冷启动的情境下)，利用信誉推荐的答复者可以作为缺省的答复者实施推荐；直接信任度是一种语义明确、作用较好的信任，但需要进一步扩大数据的挖掘范围以获得更多的直接信任证据。

6.5.3　Stack Overflow 中融合信任的作用效果验证

不同类型的元信任具有不同的促进问题回答的作用，在一定场景下，不同社会化信息融合后生成的融合信任是否具有比单个元信任更好的作用？不同的融合策略生成的融合信任有没有不同的作用效果？本实验的目的是观察和验证不同融合策略下的融合信任对促进问题回答的效能，使用答复者推荐比较这些不同的作用效果。

值得指出的是，基于融合信任的答复者推荐是一种多样化的推荐，即为目标问题推荐多种类型的答复者，提高推荐的多样新和新颖性。

1. 基于融合策略 F 的答复者推荐

问题相似信任度和提问者好友信任度是相似语义、相同类型的信任，它们有相当的数据规模和挖掘复杂度。在社会化信息融合模型中，设置 $\gamma_1=1$ 并运用基于集合的答复者推荐算法实施推荐。

基于融合策略 F 的答复者推荐(简称 FR)的推荐召回率、准确率和 $F1$ 指标与 6.5.2 节推荐实验的性能指标进行了比较(如图 6-8 所示),可以发现,融合问题相似信任度和提问者好友信任度的答复者推荐比单个答复者推荐的性能更好,是目前所有推荐中性能最好的一种推荐。

2. 基于融合策略 AE-T 和 AF-T 的答复者推荐

在 Stack Overflow 的实验数据集中,由直接信任构建的信任关系数量较少,因此,AE-T 和 AF-T 两种社会化信息融合策略可以另外理解成,在相应的应用场景下使用直接信任来增强权威信任或好友信任的语义。在答复者推荐模型中,设置 $MV_{u_i \to q_j} = f(EQ_{u_i \to q_j})$,$NV_{(1,u_i \to q_j)} = f(T_{u_j \to u_i})$,$\gamma_1 = 1$ 以及 $MV_{u_i \to q_j} = f(US_{u_i \to q_j})$,$NV_{(1,u_i \to q_j)} = f(T_{u_j \to u_i})$,$\gamma_1 = 1$,即以 AE 或 AF 作为主信息,T 为辅信息,用不多的直接信任答复者丰富推荐列表中答复者的多样性,验证这种信任增强的融合信任是否对推荐效果有帮助。

图 6-11 展示了分别使用 AE-T 和 AF-T 两种社会化信息融合策略的答复者推荐方案的推荐效果,可以看出,直接信任度在两种推荐方案中的作用是不同的:增强信任语义的 AE-T 比单独使用 AE 的推荐性能有所改善,而使用增强信任语义的 AF-T 比单独使用 AF 的推荐性能没有明显的改善。由此可以看出,社会化信息的融合并不都能带来推荐性能的改善,需要合理、指导性地实施社会化信息的融合及其应用。

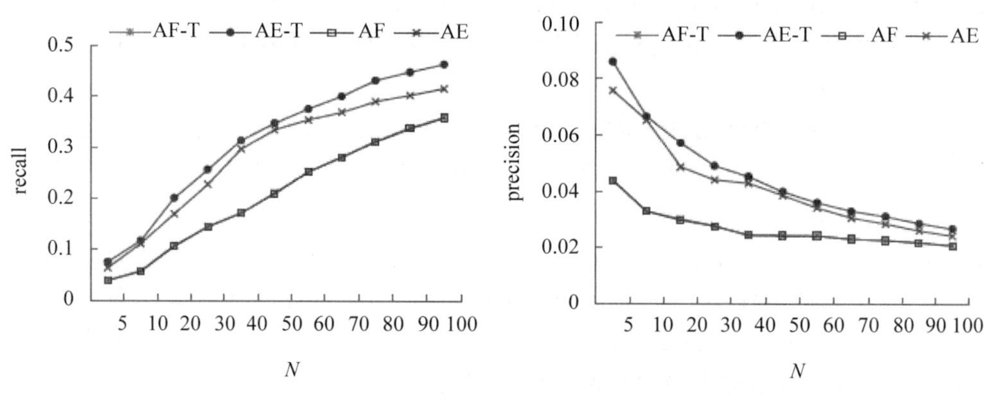

图 6-11 信任增强的答复者推荐(AE-T 和 AF-T)效果

3. 基于融合策略 AE-QF 的答复者推荐

在基于融合策略 AE-QF 的社会化信息融合模型中,QF 比 AE 有相对较大的数据规模和相对较大的作用,因此,在答复者推荐的推荐值计算公式中,设 $MV_{u_i \to q_j} = f(TS_{u_i \to q_j})$,$NV_{(1,u_i \to q_j)} = f(EQ_{u_i \to q_j})$,并且需要通过实验的方式来确定权重系数 γ_1 的大小。

分别设置 $\gamma_1 = 0, 0.1, 0.2, \cdots, 0.9, 1$,实施 TOP 5、TOP 10 融合 AE、QF 的答复者推荐,相应的召回率和准确率的变化如图 6-12 所示。可见召回率和准确率随 γ_1 的变化而变化,其中,当 $\gamma_1 = 0.1$ 和 $\gamma_1 = 0.2$ 时,相应的召回率和准确率值达到最大。最终,选择 $\gamma_1 = 0.2$ 作为 AE 的权重系数实施融合 AE-QF 的答复者推荐。

Zheng 等[30]曾提出和实践一种类似的回答者推荐方法,他们使用用户感兴趣的回答

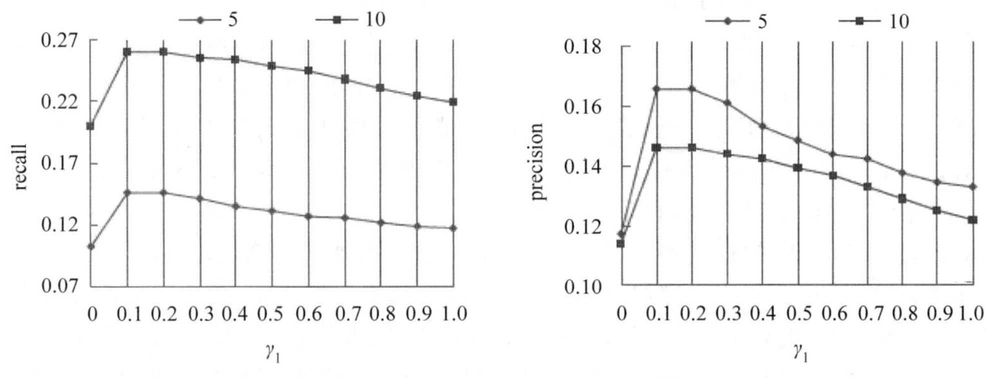

图 6-12　权重系数的变化对基于 AE-QF 的答复者推荐性能的影响

主题和回答质量来筛选回答者实施推荐。我们在数据集中重做了他们的实验并把推荐结果与 AE-QF 的答复者推荐结果进行对比。

在对比图 6-13 中，当 $N=5$ 时，AE-QF 和 Zheng's 有比只推荐单一的答复者推荐 AE、QF 更好的推荐性能；但当 $N>5$ 时，AE-QF 依然保持着较高的推荐性能，而 Zheng's 的性能不断下降；当 $N>20$ 时，已经明显比 QF 推荐的性能低。分析推荐列表发现，造成这种现象的原因是，Zheng's 采用两个因素值的加权平均作为推荐值，但数据集中很多用户并不能具有足够多的可以获得的对等数量的两种因素值，由两种因素值加权平均达到的推荐值及按推荐值的推荐，可能遗漏一些虽然只具有一种社会化联系，但这种社会化联系对应的值较大这样的用户。当 N 越大，这种问题越明显。因此，采用基于集合的融合社会化信息的答复者推荐算法的推荐，随着 N 的增大，其推荐性能的稳定性较好，而采用加权平均的方法，随着 N 的增大，实际推荐数可能不足，而导致推荐性能的降低。

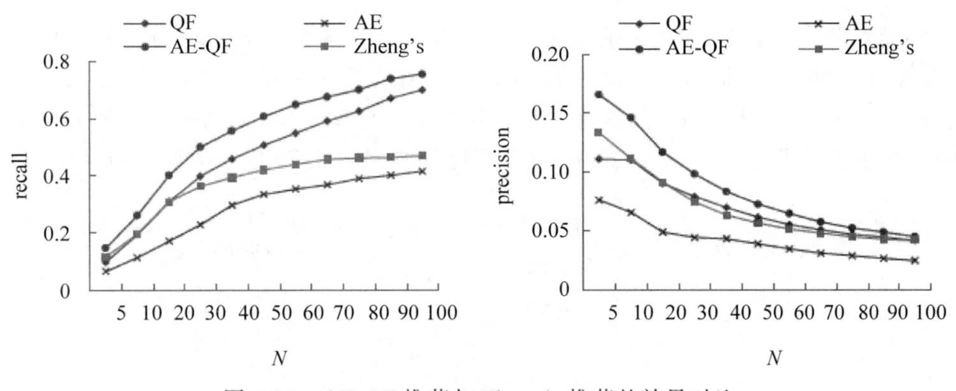

图 6-13　AE-QF 推荐与 Zheng's 推荐的效果对比

该对比实验说明：①社会化信息融合策略中最佳权值系数的设置与具体的应用环境和数据集相关；②采用基于集合的答复者推荐算法比使用加权平均计算推荐值的推荐方法对数据的适应性更强，在实际数据集中有更稳定的表现；③合理融合多种社会化信息生成的融合信任比使用一种社会化信息生成的信任的作用更好。

4. 基于融合策略 AE-QF-R 和 AE-F-R 的答复者推荐

在 Stack Overflow 中，信誉是系统维护的、可以方便获得的一种社会化信息[21]。使用信誉可以解决冷启动问题[33]，因此，融合策略 AE-QF-R 和 AE-F-R 是在融合回答质量(AE)和相似度(QF/F)两个社会化信息的基础上，增加信誉信息的融合，以提高基于其上的推荐模型对冷启动问题的适应度。AE-QF-R 是在 AE-QF 上增加信誉信息的融合，即以 QF 为主信息，以 AE 和信誉为辅信息，$NV_{(1,u_i\to q_j)}=f(EQ_{u_i\to q_j})$，$NV_{(2,u_i\to q_j)}=f(Reputation_{u_i})$，相应的权值参数为 $\gamma_1=0.2$，γ_2 的值需要另外确定。

同样，使用实验的方法确定权重系数 γ_2 的最佳取值。设置 γ_2 的值从 0 到 1 变化，分别实施 top 5、top 10、top 20 的基于 AE-QF-R 的答复者推荐，得到的推荐性能变化如图 6-14 所示。可见，当 γ_2 增加时，推荐的性能持续变差，说明信誉信息的融入对推荐的性能是不利的。但是，AE-QF-R 的融合策略是应对具有冷启动的应用上下文，因此，在需要信誉信息的融合来解决冷启动的应用场景下，选择 $\gamma_2=0.1$ 以使较小权重的信誉在能解决冷启动问题的前提下，不显著影响推荐性能。

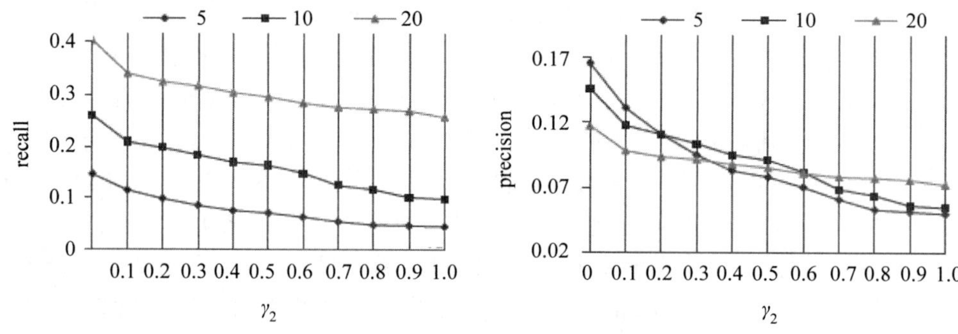

图 6-14　权重系数的变化对基于 AE-QF-R 的答复者推荐性能的影响

当明确了两个辅信息的权重系数 $\gamma_1=0.2$ 和 $\gamma_2=0.1$ 后，分别以 QF 和 F 作为主信息，实施答复者推荐，实验结果如图 6-15 所示。在图中，当 $N<40$ 时，F(融合两种相似度的推荐)具有最好的推荐性能，其次是 AE-F-R 推荐；当 $N\geqslant 40$ 时，AE-F-R 和 F 具有相似甚至更好的推荐效果表现。AE-QF-R 的推荐性能和 AE、QF 相比有明显的优势，但没有

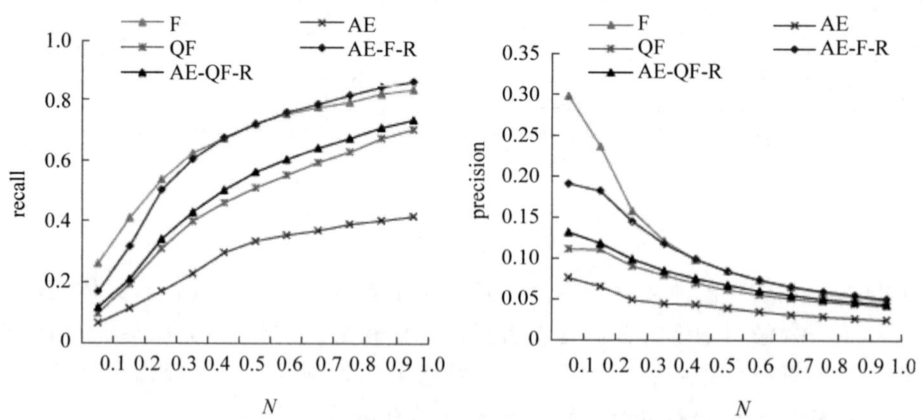

图 6-15　解决冷启动问题的答复者推荐 AE-QF-R 和 AE-F-R 的性能

AE-F-R 的推荐性能好。因此,融合更多的信任除了可以解决一定的应用需求问题外,对推荐效果的提升可以有一定的帮助。

Kao 等[25]和 Liu 等[20]提出的回答者推荐模型 ExpertScore 中,使用知识领域相似度(K_score)、回答权威度(A_score)及用户信誉来综合考量用户对问题的推荐度,采用的推荐度计算方法是加权平均法,并设置 3 个因素的权重系数分别为 0.72、0.2、0.08。在实验数据集中重做 ExpertScore 并与类似的推荐 AE-QF-R 和 AE-F-R 进行推荐效果对比,性能对比如图 6-16 所示,ExpertScore 的推荐性能比 AE-QF-R 和 AE-F-R 差,一部分原因是其使用了 HITS 算法通过问答图计算的回答权威信息 A_score,另一部分原因是其使用的权值设定和加权平均推荐值计算方法并不适合现实复杂的数据集。

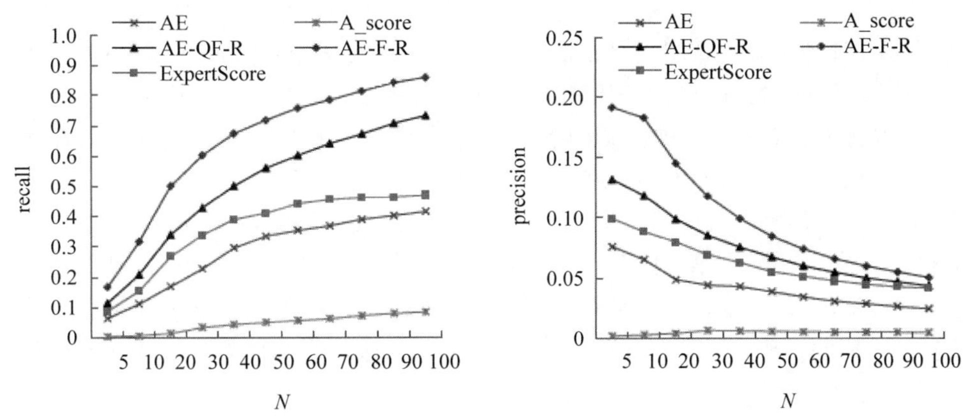

图 6-16　答复者推荐 AE-QF-R 和 AE-F-R 与 ExpertScore 的推荐性能对比

本次实验进一步证实:合理融合多种社会化信息进行融合信任的生成,除了可以与相关的应用上下文契合外,还因推荐了多样化的答复者,对推荐性能有较大的提高。

5. 多样化答复者推荐的推荐列表多样化组成分析

为了进一步了解基于融合信任的答复者推荐中答复者类型的多样化以及各种答复者类型的比例,对 AE-F-R 多样化答复者推荐的推荐列表中答复者组成进行分析。在 AE-F-R 的 top 10 和 top 50 推荐中,计算每个问题答复者推荐列表中答复者的来源和类型,可以发现:由主信息得出的答复者平均占比超过一半(超过 50%),辅信息得到的答复者平均占比相对较少(不到 10%),有约三分之一(37.73%和 32.29%)的答复者具有多重类型,即这些答复者具有多种社会化信息的蕴涵。图 6-17 展示了各种类型答复者在答复者推荐列表中的各种占比。

这种基于融合信任的答复者推荐的列表中包含多种基于各种元信任的答复者类型,用集合的形式相互聚合,进一步增加了一些具有多种特征的答复者的推荐值,使得推荐列表中答复者的多样性提高,促进了推荐的性能以及解决了应用上下文中一些特殊的问题,提高了问答社区问题解决的满意度。

6.5.4　实验总结与讨论

实际问答系统中的信息、数据及应用上下文动态、繁杂,需要根据应用需要,有针对性

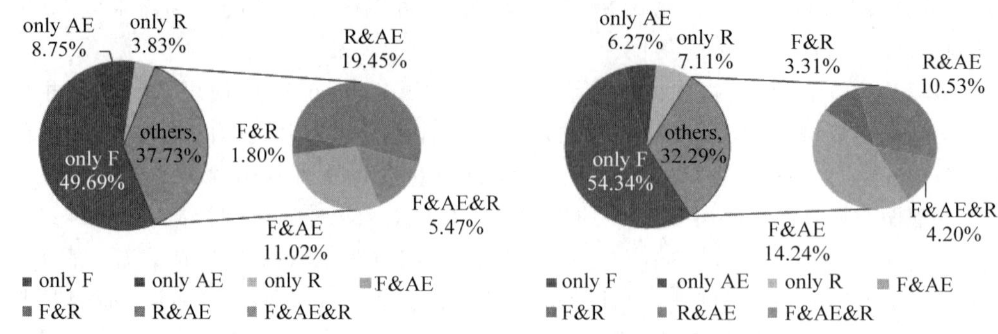

图 6-17 答复者推荐 AE-F-R 中答复者类型的占比情况(左 Top 10,右 Top 50)

地加以采集和利用。本实验使用 Stack Overflow 问答网站中真实的问答数据,按照元信任的不同认知语义生成可用的 5 种元信任用于答复者推荐,分别对比了每种元信任(答复者)在促进问题解决应用中的作用;然后,验证和分析了不同社会化信息融合策略下基于融合信任的答复者推荐的效果,对本章提出的社会化信息融合策略、元信任和融合信任的生成、基于元信任和融合信任的答复者推荐等理论模型进行落地实施和效果验证。

实验首先验证了 5 种元信任对促进问答系统问题回答的不同作用,得到的作用大小依次为 QF＞AE(T)＞AF＞R。如果考虑信任挖掘的成本,则 AE 和 QF 是较好的性价比选择;如果考虑应用上下文的特殊需求,R 可用于具有冷启动问题的应用场景下答复者推荐的实施。

其次,验证了融合多种社会化信息的融合信任能否对答复者推荐的性能有所帮助。实验发现,合理进行多种社会化信息的融合并用于答复者推荐,可以得到比单种社会化信息更好的推荐效果。其中,融合哪些社会化信息以及每种社会化信息的权重的决定是影响推荐效果的重要因素。实验发现,针对不同上下文的不同社会化信息融合策略下的不同答复者推荐具有不同的推荐性能,社会化信息权重也与实际使用的数据集相关,需要动态合理地设置。

从答复者推荐结果来看,在 Stack Overflow 数据集中,融合两种基于相似度信息的推荐(F)具有最好的推荐效果,但因为相似度的计算复杂度较高,因此,融合权威信任度和问题相似信任度的推荐(AE-QF)可能具有更高的性价比。当冷启动问题被考虑时,信誉将作为解决方案融合到权威信任度和相似信任度的推荐中,实施 AE-QF-R 或 AE-F-R,可能有针对冷启动的较好的效果。

本章小结

本章提出了一种基于社会化信息的信任生成模式。在具有丰富网络交互、社会化关系和情境语义的教育服务网络中,通过挖掘多样化的社会化信息,可以生成具有最小信任语义的多种元信任,也可以通过社会化信息融合生成融合信任。

在问答型教育服务网络中,针对答复者推荐的应用场景,本章对其中的问答行为和数据以及相应的社会化信息进行了整理和分析,给出基于社会化信息的元信任计算模型以及融合社会化信息的融合模型和策略，进而基于元信任生成不同类型的答复者。最后，在Stack Overflow 问答社区应用环境下，在真实的数据集上，实施社会化信息挖掘、元信任和融合信任生成，并基于元信任、融合信任实施答复者推荐，对比不同元信任、融合信任在促进问题解决方面的作用。

不同元信任和融合信任具有不同的计算花费、作用效果和应用针对性，在问答系统中，合理运用一种或多种社会化信息，实施基于信任的答复者推荐，可以有效提高问答系统信息过载问题。同时，从网络交互行为和社会化关系挖掘出来的多样化社会化信息是特定教育服务网络可用的、全面的生成信任的证据，本章应用实践和验证实验对基于社会化信息的信任生成模式的适用性和有效性进行了验证，为在相似教育服务网络中开展社会化关系和行为的数据挖掘生成信任提供了理论和实践的参考。

参考文献

[1] DASCALU M L, BODEA C N, LYTRAS M, et al. Improving e-learning communities through optimal composition of multidisciplinary learning groups[J]. Computers in Human Behavior, 2014, 30: 362-371.

[2] MORENO J, OVALLE D A, VICARI R M. A genetic algorithm approach for group formation in collaborative learning considering multiple student characteristics[J]. Computers & Education, 2012, 58(1): 560-569.

[3] YUAN Y, RUOHOMAA S, FENG X. Addressing Common Vulnerabilities of Reputation Systems for Electronic Commerce[J]. Journal of Theoretical and Applied Electronic Commerce Research, 2012, 7(1): 1-20.

[4] SHAMBOUR Q, JIE L. A trust-semantic fusion-based recommendation approach for e-business applications[J]. Decision Support Systems, 2012, 54(1): 768-780.

[5] LI Y M, WU C T, LAI C Y. A social recommender mechanism for e-commerce: Combining similarity, trust, and relationship[J]. Decision Support Systems, 2013, 55(3): 740-752.

[6] AL-OUFI S, KIM H N, SADDIK A E. A group trust metric for identifying people of trust in online social networks[J]. Expert Systems with Applications, 2012, 39(18): 13173-13181.

[7] JIANG M, CUI P, WANG F, et al. Scalable Recommendation with Social Contextual Information [J]. IEEE Transactions on Knowledge & Data Engineering, 2014, 26(11): 2789-2802.

[8] VERBERT K, MANOUSELIS N, OCHOA X, et al. Context-Aware Recommender Systems for Learning: A Survey and Future Challenges[J]. IEEE Transactions on Learning Technologies, 2012, 5(4): 318-335.

[9] BOBADILLA J, ORTEGA F, HERNANDO A, et al. Recommender systems survey [J]. Knowledge-Based Systems, 2013, 46: 109-132.

[10] KLEEF G A V, DREU C, MANSTEAD A. An interpersonal approach to emotion in social decision making: the emotions as social information model[J]. Advances in Experimental Social Psychology, 2010, 42(42): 45-96.

[11] BISCHOFF I, EGBERT H. Social information and bandwagon behavior in voting: an economic experiment[J]. Journal of Economic Psychology, 2013, 34: 270-284.

[12] BALDWIN, MARK W. Relational Schemas and the Processing of Social Information [J]. Psychological Bulletin, 1992, 112(3): 461-484.

[13] KALMAN Y M, SCISSORS L E, GILL A J, et al. Online chronemics convey social information [J]. Computers in Human Behavior, 2013, 29(3): 1260-1269.

[14] SHAMBOUR Q, LU J. A hybrid trust-enhanced collaborative filtering recommendation approach for personalized government-to-business e-services [J]. International Journal of Intelligent Systems, 2011, 26(9): 814-843.

[15] ABEL F, BITTENCOURT I I, COSTA E, et al. Recommendations in Online Discussion Forums for E-Learning Systems[J]. IEEE Transactions on Learning Technologies, 2010, 3(2): 165-176.

[16] ZUCKER L G. Production of Trust: Institutional Sources of Economic Structure[J]. Research in Organizational Behavior, 1986, 8(2): 53-111.

[17] GANG W, GILL K, MOHANLAL M, et al. Wisdom in the Social Crowd: An Analysis of Quora [C]. Proceedings of the 22nd International Conference on World Wide Web, 2013: 1341-1352.

[18] Bogers T, Bosch V A. Collaborative and Content-based Filtering for Item Recommendation on Social Bookmarking Websites[C]. Acm Recsys'09 Workshop on Recommender Systems & the Social Web, 2009: 9-16.

[19] CARCHIOLO V, LONGHEU A, MALGERI M. Reliable peers and useful resources: Searching for the best personalised learning path in a trust-and recommendation-aware environment [J]. Information Sciences, 2010, 180(10): 1893-1907.

[20] LIU D R, CHEN Y H, KAO W C, et al. Integrating Expert Profile, Reputation and Link Analysis for Expert Finding in Question-Answering Websites [J]. Information Processing & Management, 2013, 49(1): 312-329.

[21] MOVSHOVITZ-ATTIAS D, MOVSHOVITZ-ATTIAS Y, STEENKISTE P, et al. Analysis of the reputation system and user contributions on a question answering website: Stack Overflow [C]//2013 IEEE/ACM International Conference on Advances in Social Networks Analysis and Mining (ASONAM 2013). IEEE, 2013: 886-893.

[22] JURCZYK P, AGICHTEIN E. Discovering Authorities in Question Answer Communities by Using Link Analysis[C]. Proceedings of the 16th ACM Conference on Information and Knowledge Management, 2007: 919-922.

[23] ZHANG J, ACKERMAN M S, ADAMIC L A, et al. Qume: A Mechanism to Support Expertise Finding in Online Help-Seeking Communities [C]. Proceedings of the 20th Annual ACM Symposium on User Interface Software and Technology, 2007: 111-114.

[24] LIU M, LIU Y, YANG Q. Predicting Best Answerers for New Questions in Community Question Answering [C]. International Conference on Web-Age Information Management. Springer, Berlin, Heidelberg, 2010: 127-138.

[25] KAO W C, LIU D R, WANG S W. Expert Finding in Question-Answering Websites: A Novel Hybrid Approach[C]. Proceedings of the 2010 ACM Symposium on Applied Computing, 2010: 867-871.

[26] NI X, YAO L, QUAN X, et al. User Interest Modeling and Its Application for Question Recommendation in User-Interactive Question Answering Systems[J]. Information Processing & Management, 2012, 48(2): 218-233.

[27] LI B, KING I. Routing Questions to Appropriate Answerers in Community Question Answering

Services[C]. Proceedings of the 19th ACM International Conference on Information and Knowledge Management，2010：1585-1588.

[28] SZPEKTOR I，MAAREK Y，PELLEG D. When Relevance Is Not Enough：Promoting Diversity and Freshness in Personalized Question Recommendation [C]. Proceedings of the 22nd International Conference on World Wide Web，2013：1249-1260.

[29] SURYANTO M A，LIM E P，SUN A，et al. Quality-aware collaborative question answering：methods and evaluation[C]. Proceedings of the 2nd ACM International Conference on Web Search and Data Mining，2009，142-151.

[30] ZHENG X，HU Z，XU A，et al. Algorithm for recommending answer providers in community-based question answering[J]. Journal of Information Science，2011，38(1)：3-14.

[31] Stack Overflow[OA]. [2015-04-08]. http://stackoverflow. com.

[32] ANDERSON A，HUTTENLOCHER D，KLEINBERG J，et al. Discovering Value from Community Activity on Focused Question Answering Sites：A Case Study of Stack Overflow [C]//Proceedings of the 18th ACM SIGKDD International Conference on Knowledge Discovery and Data Mining，2012：850-858.

[33] CHEN C C，WAN Y H，CHUNG M C，et al. An Effective Recommendation Method for Cold Start New Users Using Trust and Distrust Networks[J]. Information Sciences，2013，224：19-36.

第7章　虚拟学习社区基于用户行为的信任生成模式

从Web 2.0到Web 3.0，虚拟社区日渐成为交流、分享、交互信息和服务的重要网络空间。第46次中国互联网络发展状况统计报告显示，截至2020年6月，我国网民规模达9.4亿，其中超过1.32亿人在使用论坛/BBS等虚拟社区，相当一部分人在使用以学习交流、资源共享、知识问答为基本目的的虚拟学习社区的资源和服务[1]，数字原住民是这些虚拟社区的忠实用户。

虚拟学习社区是一种常见的"去中心化"教育服务网络应用形式，在教育和学习领域发挥着重要的作用。本章针对虚拟学习社区这一教育服务网络场景中存在的资源过载、信任危机等问题，从分析虚拟学习社区用户行为出发，结合信任相关理论，梳理用户行为数据与信任的联系，进而提出基于用户行为的信任生成模式。与此同时，借助因子分析法构建虚拟学习社区知识贡献者信誉评价指标体系，从数理角度明晰用户行为数据与信任生成的具体关系和计算模型，为信任生成模式的落地应用奠定基础。最后，在基于用户行为的信任生成模式的指导下，选取典型的虚拟学习社区进行基于用户行为的信任生成实验应用，验证该信任生成模式的可操作性和有效性。

7.1　虚拟学习社区的挑战与进路

虚拟学习社区归根结底是一种自主学习社区，即用户以自发自治的方式在网络上进行自主协作学习，是一种典型的"去中心化"教育服务网络应用形式。在"去中心化"的虚拟学习社区，没有约定的专家以及集中的教育服务质量管理，致使虚拟学习社区中存在诸如教育资源过载、信任危机等问题和挑战，严重影响着其教育服务价值的发挥。为了促进虚拟学习社区的健康发展，亟须寻找相应的破解之道。

7.1.1　虚拟学习社区的应用现状与挑战

虚拟学习社区的一项基本功能是为社区中的用户提供学习资源分享和交流的服务。所有用户可以发布资源，并查看和使用社区中已经发布的资源。在缺失集中监管的"去中心化"虚拟学习社区中，资源的质量参差不齐，用户的可信度难以评估，用户在选择教育资源时，很难得到高信誉度用户提供的高质量可信教育资源。具体来说，虚拟学习社区目前存在以下主要问题，限制了虚拟学习社区的健康持续发展。

1. 教育资源质量和用户水平参差不齐

虚拟学习社区与其他类型的社区有相似之处，如社区用户之间彼此陌生，他们为了共同的兴趣和需要聚集到一起，希望得到相关信息、资源的共享或情感的支持。虚拟学习社区是教育和学习领域重要的网络应用平台，有着与其他网络社区和现实中的学习组织不同的特点。

首先，在角色结构上，虚拟学习社区是一个典型的“去中心化”教育服务网络社区，其用户一般只分为学习者和管理者，并无教师这一角色的明确划分，这使得学习者在相互学习或自主学习的过程中容易误入歧途，多走弯路[2]。

其次，在资料来源上，赵旭[3]指出，网络社区中的信息主要来自两方面，一是网络社区资源总库的信息源，二是网络社区成员的信息。虚拟学习社区低壁垒的参与性导致社区中用户和教育资源的数量众多、良莠不齐。与现实世界的学习组织不同的是，虚拟学习社区的用户常常处于无政府状态，用户的身份以及能力水平难以辨认，充斥大量难以为社区做出贡献的“潜水者”“灌水者”，以及一定数量的恶意用户，用户之间的信任度低，较难实现有组织的学习和讨论。社区中的资源主要由身份莫辨的社区用户所发的帖子构成，这些帖子数量众多、形式各异，质量很难保证。

用户的身份难以辨认，资源质量难以保证，低水平用户和低质量资源大量存在，恶意用户和虚假信息对社区的正常运营存在有意无意的破坏，这些问题阻碍了虚拟学习社区的进一步发展。

2. 资源选择困难和用户信任危机

大量低质量教育资源充斥虚拟学习社区的学习空间，由于资源筛选机制和用户管理机制的缺失，虚拟学习社区的用户和资源问题又进一步导致用户的资源选择困难以及影响用户对社区的信任，尤其使得专业水平较低的新用户（简称新手）在快速获得可信赖的高价值学习资源上存在困难。首先，在人员识别上，新手除了对一些社区管理员比较信任，多半对其他普通用户缺乏信赖。但与众多的普通用户相比，管理员的人数少、任务重，很难满足所有用户的需求。其次，在优质资源推荐上，虽然当前的很多虚拟学习社区通过设置“热门帖”“最新回帖”“精华帖”等功能向用户推荐一些资源，在一定程度上对优质资源进行了筛选，但这类帖子往往数量稀少，远不能满足用户的需求。

资源的质量和可信度难以保证、用户之间的信任度低，这些问题使得虚拟学习社区的运营活动步入恶性循环。

7.1.2　虚拟学习社区的发展契机

正如前文所言，虚拟学习社区中存在“精华帖”“热门帖”等资源的标识和推荐，却因为涉及的资源过少无法改变整个社区的应用现状。值得注意的是，标识确实是区分资源质量的有效途径，而资源又都来源于用户，因此，由对资源进行标识变为对用户进行标识，则能够把标识覆盖整个社区的实体，可能对虚拟学习社区的问题现状有所改变。

对用户层面的标识能鼓励用户提高所贡献知识的质量，又能帮助用户进行资源选择。因此，为了解决虚拟学习社区中存在的资源选择难题，有必要从普通用户中发掘一些“教师”或“助学者”，即发掘一些在某学习领域值得信赖的用户，作为可信用户参与社区的资源管理和助学助教。可信用户一般是乐于分享学习资源、能够提供权威有价值的学习资源、能够帮助其他用户解答难题的高信誉高能力用户，他们还有为虚拟学习社区的正常运营和持续发展贡献力量的意愿。

目前，虚拟学习社区缺乏对“可信用户”的深度识别和准确标识。在天涯论坛等大型虚拟学习社区中，对用户进行了排名，但大多数虚拟学习社区对用户排名的方法过于简单，一般只是根据用户的发帖量、平均发帖量或者查看与回复量来排序，还不能有效鉴别出真正的“可信用户”。另外，当前虚拟学习社区研究中对“可信用户”的研究还比较少，只涉及一些“意见领袖”的研究。与“可信用户”不同的是，“意见领袖”是指在人际传播网络中经常为他人提供信息，并对他人施加影响的“活跃分子”。在虚拟学习社区中，意见领袖一般见多识广、行为活跃，但在某个特定知识领域不一定精通，这与本章提出的“可信用户”有一定的区别。“可信用户”比“意见领袖”在领域的专业性方面更有权威性，“可信用户”在具有较强专业学习背景的虚拟学习社区更加具有价值，是“意见领袖”难以替代的。因此，在虚拟学习社区中，识别、标识和推荐真正的“可信用户”具有重要意义，是虚拟学习社区得以改变和发展的契机。

7.1.3　虚拟学习社区的进路探索

总的来说，虚拟学习社区中的学习者经历着诸如网络迷航、选择困难、资源过载和信任危机等问题，迫切需要健全的虚拟学习社区管理机制简化资源和服务选择流程，构建互信互惠的学习环境。

在虚拟学习社区中，用户围绕学习产生多种行为，如发帖分享学习资源、在问答中回答问题等。在本研究中，提供学习资源是一个广义的概念，不仅包括分享资源，也包括对他人资源做出回复和评论，以及问答中提供问题的回答等。借鉴赵欣等对知识贡献行为的研究，本研究将虚拟学习社区中的知识贡献者定义为发布信息、提供资料和回答问题的用户[4]。根据以往的研究经验，可以通过知识贡献者的信誉评价帮助社区或学习者识别权威可信的知识贡献者及其贡献的学习资源，简化社区知识选择机制，提升知识贡献者的外部动机和成就感，促进其知识贡献行为[4]，构造健康可信的社区环境。

虚拟学习社区中有关知识贡献者信誉的研究由来已久，大多是界定用户信誉概念、建立用户信誉模型和分析用户信任机制，较少涉及用户信誉的具体量化评价，因此很难在具体虚拟学习社区落地。目前，大多数社区还沿用定制的积分制标记有价值、可信任的用户，积分计算方式单一、简单，难以合理地体现用户的权威性和可靠性。鉴于此，本章借鉴虚拟学习社区中识别意见领袖和预判资源质量的相关研究，采用文献分析法确定虚拟学习社区中用户信任知识贡献者的主要影响因素，在此基础上，通过问卷调查法构建虚拟学习社区知识贡献者信誉评价指标体系，收集知识贡献者的相关行为数据，计量其信誉，以标记其权威性和可靠性，为其他学习者提供可以参考的资源或服务选择依据，促进虚拟学习社区的健康发展。

7.2　虚拟学习社区的信任研究

网络信任和信誉研究随着网络技术和在线服务的发展而逐渐兴起，成为网络环境下一种新的安全与评价机制。信任生成是由此到彼的转换，暗含着因果的意蕴，其关键在于明晰信任的产生机制和影响因素。具体来说，信任与上下文密切相关，即具有情境性。在不同场景中，信任的具体概念特征不同，产生机制各异，进行信任生成的路径自然需要“量身定做”。为了揭示基于用户行为生成信任的逻辑和依据，梳理了虚拟社区中信任的影响因素和论述了相关的理论基础。同时，从虚拟学习社区环境下可能存在片面信任而导致信息迷航问题的角度，阐释进行信任生成研究的意义和合理性。

7.2.1 虚拟学习社区的研究现状

随着网络技术的发展和交流需求的增长，网络中出现了备受用户喜爱的各类虚拟社区(Virtual Community，VC)。VC的提出者认为，VC是当足够多的人们带着饱满的情感长期进行公开讨论，以期望在赛博空间中形成个人的关系网时，在网络中所出现的社会集合体[5]。虚拟学习社区(Virtual Learning Community，VLC)是虚拟社区的一大门类，是指以学习、研究、讨论为目的，以互联网为基本平台，以各种网络工具为中介进行人际交互、知识分享而联结成的群体[6]，如天涯论坛、小木虫社区等。

虚拟学习社区的研究内容广泛，可以分为宏观层面与微观层面。早期的研究主要集中在宏观层面，从理论基础[7-8]、设计开发应用[9]、评价反思[10]等方面对虚拟学习社区的理论问题与实践应用进行探索。近期的研究则聚焦于微观层面，对用户分类、专家推荐和知识共享影响因素等进行研究。例如，谷斌等[11]从知识共享中心度和用户价值两个维度构建专业虚拟社区用户分类矩阵模型，并在中国人民大学的人大经济论坛中将学习者划分为核心用户、咨询者、信息获取者和边缘用户四类。胡昌平等[12]运用SEM方法构建了包含个人、情境、知识、成员行为四个维度的虚拟知识社区知识共享影响因素模型。赵文军[13]和蔡小筱等[14]分别从价值驱动、认知驱动、资本驱动、情境驱动四种驱动效应和个人、人际、社区三个方面对虚拟知识社区的知识共享驱动机制和影响因素研究进行了综述。

在虚拟学习社区精细化微观问题的研究中，信任和信誉作为一种研究视角或潜变量，常被作为作用于用户之间的社会交互和知识共享的中介要素，来提高知识组织与创新的效率[15]。而从研究的目的与方法来看，虚拟学习社区中知识贡献者的信誉研究是用户分类和专家推荐研究中的一部分，能够帮助学习者识别可信用户与资源。

7.2.2 虚拟学习社区信任影响因素研究综述

关于虚拟社区中用户信任的影响因素，一些学者进行了专门的探索。包敦安[16]以交易类社区为研究对象，使用混合研究方法得出结论：发帖者信息特征及自身特征方面的因素均会影响浏览者对发帖者的信任，其中信息特征方面因素的影响高于自身特征方面因素的影响。Soto等[17]认为在知识分享虚拟社区中，新手通过用户的身份、专业知识和自身直观感受做出信任判断。Luhmann[18]指出个体一般将信任对象过去的表现和当下声誉作为是否给予信任的判断依据。郭晓科等[19]在Luhmann观点的基础上以艾滋病论坛为例，用个体的发帖内容、专业程度和发帖频率来衡量历史表现，用论坛等级和称号等表征当下声誉。王淑娟等[20]认为信誉高的用户更能取得他人的信任，而这种信任主要表现为身份认同、能力认同、行为认同。高俊波等[21]发现某些拥有较高威望值和身份等级的版主、高级会员、志愿者个体常获得他人的信任，证实了权威性的重要程度。

梳理文献发现，虚拟学习社区中用户信任的影响因素主要包括两大方面，即用户的权威性和专业知识能力。权威性指由用户身份或角色特征无形中带给他人的一种可信感，例如管理员易于获得他人的信赖，其本质上体现的是活跃度与关爱度。专业知识能力主要指在某个知识领域，用户表现出来的总体专业知识水平。从某种意义上来说，专业知识能力和权威性分别对应着 Luhmann 提出的用户过去的表现和当下声誉两个信任判断依据。因此，综合考量用户的权威性和专业知识能力，能够识别权威可信的资源提供者。

7.2.3 虚拟学习社区中的信誉评价

信任作为一种社会复杂性的重要简化机制，各领域的研究者从不同视角探讨了其内涵、类型和机制。从心理学与社会学的视角来看，信任是具有认知能力的实体对另一实体的关于能力、善意、可靠性和诚信等的一系列信念。为了更具操作性，计算机领域将信任分为基于身份的信任（Identity Trust）和基于行为的信任（Behavior Trust），并利用可信计算（Trust Computing）理念来解决日趋严重的互联网安全问题[22]。可信计算的研究和应用在电子商务平台或虚拟交易社区中较为深入与成熟，典型的 TMSB、EigenTrust、PowerTrust 和 PeerTrust 信任模型便是根据实体或节点的交互过程和交易关系来直接、间接或综合性地度量局部或全局信任值，以确保服务的可靠性。

网络信任和信誉具有复杂的关联性，信誉是信任的某个属性证据，信任是信誉计量的一方面数据来源。当在网络环境中产生选择困难和信任危机等问题时，早期的研究借鉴可信计算的理念采用用户驱动的信誉评价策略来解决，即综合用户的评价数据（一般为用户评分）来表征用户的可信度或信誉，著名的学术 Wiki 平台 WikiGenes 即采用此种策略。但这种方式过度依赖于评分用户的主观判断，难以准确度量动态化的用户信誉。基于此，近期的研究采用内容驱动的信誉评价机制，即更多地探索基于用户行为的信誉评价机制和基于用户信誉等级的内容质量预判模型等。例如，雷雪[23]总结出用户信誉评价的步骤分为事件监控、指标量化和结果呈现，并以此探索运用“用户评分”“内容添加”“内容修改”“内容删除”和“版本回退”等行为数据来评价学术 Wiki 社区用户信誉的策略。李慧等[24]针对 Wikipedia 中词条编辑的特点，将作者的“插入”与“删除”操作细分为 6 个具体行为指标后对其信誉进行评价。金燕等[25]综合运用用户驱动和内容驱动的信誉评价策略，提取出直接和间接影响 UGC 内容质量的“创建”“评论”和“转发”等 7 种行为，并运用通过专家评分法得到的指标体系获取信誉得分，并据此预判不同信誉区间用户在表现期所产生内容的质量高低。

基于上述分析可知，聚焦于虚拟学习社区中的信任与信誉研究逐渐增多，且倾向于根据系统监控到的各种历史行为来评价用户信誉。虽然对知识贡献者信誉的研究已经较为深入和全面，但是仍需更多基于不同评价维度和针对不同细分对象的研究来对其进行丰富与拓展。因此，将信任与信誉融入虚拟学习社区中，并基于行为数据对知识贡献者的信誉进行评价具有可行性。

7.2.4 虚拟学习社区信任生成的理论基础

1. 受信方三大特质

A 信任 B 是施信方 A 和受信方 B 之间的一种单向关系，其中，施信方会依据其对受信方品质特征的评判而做出信任与否和信任强弱的抉择。Mayer 等[26]认为受信方应该具备三种特质：能力、善意和正直，现已成为信任领域中的共识。具体而言，虚拟学习社区中知识贡献者的能力反映着其在某个知识领域具备的专业知识水平；善意体现于其是否出于使其他用户获得正确有用知识的动机来贡献资源；正直表现在其能否遵照普遍接受的准则参与社区活动。考虑到虚拟学习社区的用户都是基于知识交流目的来贡献知识，学习资源通常免费提供，故一般不存在因恶性竞争而衍生出虚假信息的情况。因此，虚拟学习社区中能力这一特质是评价知识贡献者是否可信的最重要指标，而善意和正直两个方面的作用效果较小。

2. 精细加工可能性模型

精细加工可能性模型(ELM)由 Petty 提出，其基本思想为：当信息接收者在处理来自态度客体的说服性信息时，会因为接收者评估该信息主要优点时的动机和能力不同而存在一个精细加工可能性区间，即人们越有动机且越能够评估说服性信息的主要优点、缺点，则越能努力地审查所有可获得的细节，并以此做出理性的判断[27]。

当精细加工可能性高时，信息接收者会对态度客体的关键特征或优点做出深思熟虑的总体评价和态度判断，此为中心路径。当精细加工可能性低时，接收者更可能试着基于粗浅的分析得出一个对态度客体的简单推论性态度，此为外围路径。Sussman 等[28]认为在虚拟社区中，精细加工可能性模型有两个关键组成部分：信息质量和信源可靠性。其中，信息质量对接受者的信息采纳发挥中心影响，而信源可靠性则发挥外围影响。

3. 双重加工理论

为了解释心理的推理过程，英国普利茅斯大学著名推理心理学家 Evans 提出了“双重加工理论”[29]。在该理论的发展过程中，其与 Evans 教授提出的另一个“双因素理论”相互交织、彼此印证，共同成为推理决策领域的重要理论模型。简而言之，他们认为人类的思维分为感性思维和理性思维，两种思维的区别在于判断依据与响应速度。具体而言，感性思维是依据个人情感倾向及偏好做出决策的过程，速度较快、过程自动化；而理性思维则体现为慎重、基于规则的思考与决策，过程缓慢、需要工作记忆的参与。运用双重加工理论，可以从感性和理性两个角度探究用户产生信任的过程和机制。

不难看出，精细加工可能性模型与双重加工理论的逻辑如出一辙，都强调用户做出决策时会表现出两条截然不同的路径。就虚拟学习社区而言，信息质量指的是资源的内容和质量对资源使用者的劝说强度，体现了知识贡献者的能力，而信源可靠性指的是资源使用者对知识贡献者本身权威性的感知。也就是说，学习者在选择学习资源时会受到资源质量和知识贡献者权威性的影响。然而，当不具备准确判断资源质量的条件(即精细加工可能性低、基于感性思维)，学习者会很大程度上依据知识贡献者的个人信息(如角色、身份级别和积分)做出判断和选择。由于审视的片面性，学习者往往难以判断和获得高质量资源，因此，辅助学习者进行抉择的信誉评价机制显得尤为重要。虚拟学习社区现有的积分和身份等级从一定程度上体现了用户的可信程度，但还不能全面合理地反映知识贡献者的信誉，为学习者提供一种综合信息质量和信源可靠性的信誉值可以增加其选中高质量资源的可能性。

根据受信方三大特征和两个信任加工理论，本研究认为，在虚拟学习社区中信任的影响因素主要包括两方面,即个体的权威性和专业知识能力。权威性指由用户身份或角色特征无形中带给他人的一种信赖感,例如管理员易于获得他人的信赖,他们的“发言”更权威可靠。很多研究证实了权威性的重要性,高俊波和杨静[21]认为那些拥有较高威望值和身份等级的版主、高级会员、志愿者个体常获得他人的信任。权威性在一定程度上反映了用户的活跃度、友好度。专业知识能力主要指在某知识领域中,用户表现出的总体专业知识能力水平。例如,提供一些原创的具有很高专业价值的帖子、在问答中提供比较专业的解决方案的虚拟学习社区用户具有比较高的专业知识能力,更能获得他人信任。

需要注意的是,信任的以上两个因素共同影响学习者的信任判断。专业知识能力强的用户不一定活跃、友好,这样的用户很容易让社员反感、产生不好的心理感受;同样,只是活跃、对他人友好,但专业知识能力很差,也不能获得学习者的信赖。所以,只有将用户的权威性和专业知识能力综合起来,才能更易获得学习者的信赖,而这样的用户提供的学习资源也较有价值。

7.3 基于用户行为的信任生成模式

7.3.1 虚拟学习社区的典型用户行为

虚拟学习社区用户参与学习活动的主要行为就是提供学习资源,故用户的许多特质能够从提供学习资源的行为中获得,如用户的专业知识能力水平、分享资源的意愿性等。虚拟学习社区用户对资源提供者的不同行为产生不同感受,好的感受和体验将产生信任。

本章通过资源提供者的行为来识别“可信用户”,并给出生成信任的行为要素和计算模式。经过观察与思考,在“计算机技术论坛”这类虚拟学习社区中,用户最常见的行为便是发帖和回帖行为。在有些虚拟学习社区中,有问答区和资源共享区两个不同学习活动区域,因此,可以将发帖和回帖行为进一步细分,即把用户在两个区域的发帖和回帖统计为不同的行为,蕴含不同的行为动机和作用效果。更进一步地,对帖子按其质量进行划分,用“精华帖”“热门帖”“好评帖”来标记有价值的帖子,进而把发帖行为做进一步的细分。通过对虚拟学习社区用户在不同学习区域的不同行为的识别和分类,逐步形成虚拟学习社区的用户行为结构图,如图 7-1 所示。

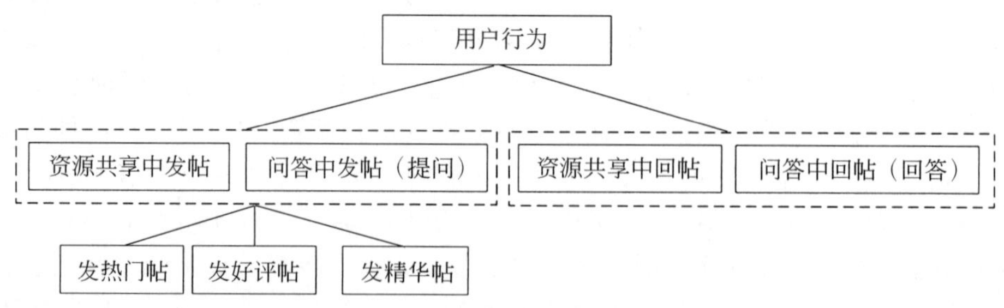

图 7-1 虚拟学习社区的用户行为结构图

用户的发帖行为包括用户自己发起话题(简称发主题帖)和用户对他人的帖子进行回复(简称回帖)。“好评帖”主要指广大用户对知识贡献者提供的比较好的帖子进行评价并奖励,如对帖子点赞和加分、以文字标识等;"热门帖"是用户浏览、跟帖数量较多的主题帖,代表帖子的受欢迎程度;"精华帖"是管理员对质量较好的帖子所进行的标识,其主题往往是较为常见或涉及的知识较为实用的。本研究正是基于这些细分的用户行为,根据精细加工可能性模型和双重加工理论对其进行组合与处理,再借助数理统计方法形成度量用户信任和信誉的计算程式,以达到对知识贡献者进行信任评价的目的。更进一步地,为了从实践层面证实该评价方式的合理性和有效性,本研究爬取了"计算机技术论坛"中的真实用户数据,将其与论坛中常用的积分评价方式进行实验对比,以支持本研究的可行性和有效性。

7.3.2　虚拟学习社区信任生成模式

在对虚拟社区信任影响因素和用户行为进行分析的基础上,依据信任生成的理论基础,构建出虚拟学习社区中基于用户行为的信任生成模式,如图 7-2 所示。上文在对虚拟学习社区中的信任的产生机制进行分析后,得出了虚拟学习社区中信任的影响因素主要包括权威性和专业知识能力两大部分。而对虚拟学习社区中的用户行为进行归纳后,总结出用户发帖、回帖、提问和回答等主要的用户行为。基于此,得到信任生成的主要证据来源和证据的相关性,接下来的关键任务便是描述和梳理信任两大影响因素和四种用户行为的关系。

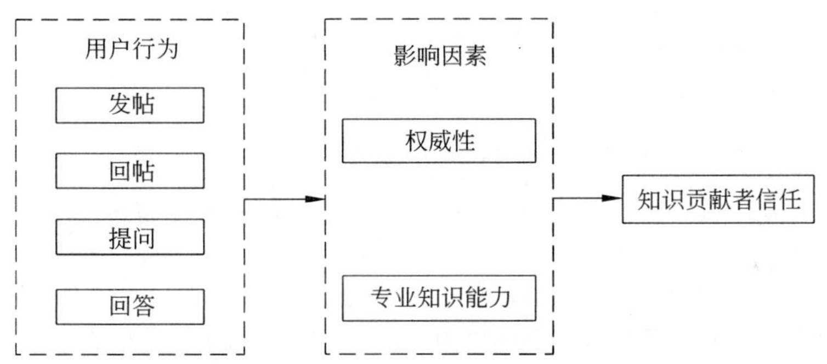

图 7-2　虚拟学习社区中基于用户行为的信任生成模式

图 7-2 描述了通过用户行为进行信任生成的路径。在这个模式中,用户行为作为记录学习者知识贡献和信息交流的客观属性,是信任生成的基础和本源证据。然而,用户行为的繁杂异构,难以在信任与用户行为之间建立直接的联系,需要将虚拟学习社区中的信任具体化,衍生出信任影响因素这一中介变量。信任影响因素与信任有直接的联系,如果明晰各个影响因素与各种用户行为的关系,就可实现用户行为与信任的关联。由此可见,基于用户行为的信任生成模式可以看作一条路径,在这条路径中,用户行为与信任影响因素直接相关,信任影响因素与信任直接相关,因此,借助信任影响因素这一中介变量实现了从用户行为到信任的生成转变。

虚拟学习社区用户有相互独立、异步、并发的各种行为,虚拟学习社区系统通过收集和分析用户行为,可以获得虚拟学习社区系统对该用户在知识贡献方面的信任,这种信任是全局的信任,可以在虚拟学习社区系统中以信誉的形式标识在用户的属性文件中,用于对用户的信任标识。虚拟学习社区的用户都有这样的信任标识,并可以相互查看其他用户的信任标识，作为对其知识共享的权威性和专业能力的信赖的参考。

为了更加准确、具体地描述虚拟学习社区中的信任生成过程，对信任生成模式进行细化，得出如图 7-3 所示的信任生成流程。信任生成流程主要包括两大部分：信任本身和信任情境。其中，信任情境是信任本身所在的具体上下文语境，体现信任情景化特征。基于用户行为的信任生成实现，本质上是基于应用情境与相关理论的信任与信任证据、影响因素之间的映射化、具体化。

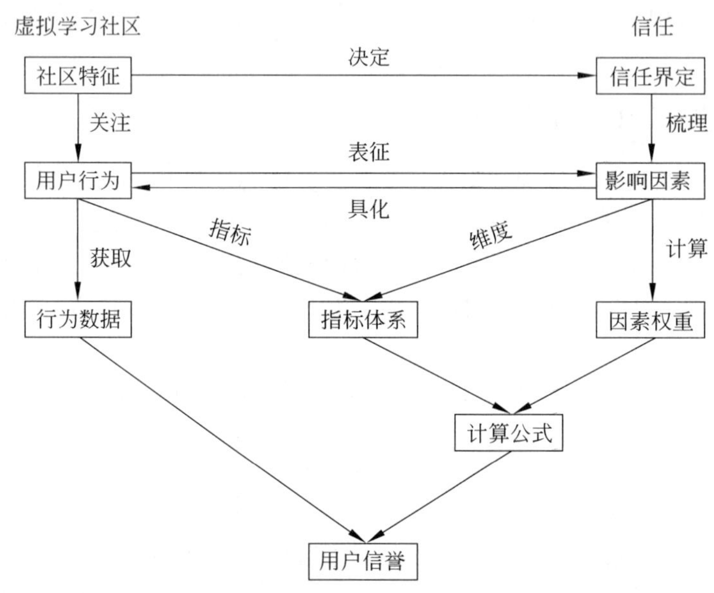

图 7-3　虚拟学习社区中基于用户行为的信任生成流程

首先，在虚拟学习社区与学习活动相关的情境中，相关社区特征影响着信任的具体定义；其次，由信任的具体内涵结合相关理论可以梳理出信任的主要影响因素，同时，归纳虚拟学习社区中的用户行为，将社区中的关键用户行为与信任的影响因素形成对应关系，建立从用户行为到信任生成最基本的逻辑联系的线路；再次，获取准确的用户行为数据，利用统计技术将影响因素转换为具体的指标体系和指标权重，量化指标与用户行为的关系，构建影响因素与用户行为的计算模型；最后，基于这种确定的运算关系，将获取的虚拟学习社区中具体的行为数据代入模型，实现信任的生成。

7.3.3　基于用户行为的知识贡献者信誉计算

1. 知识贡献者信誉评价指标构建

信任与信誉联系紧密，前者是局部概念，代表建立在历史经验基础上，一个实体对另一个实体具有某种能力的一种主观判断；后者具有全局性，代表一个实体由系统中所有实体形成的总的、综合的信任评价。总的来说，虚拟学习社区中知识贡献者的信任是系统通过观察用户的过往行为，通过一定的信任生成方法，对用户的知识贡献可信度加以评定而得出的综合期望值，反映着虚拟学习社区系统（包括其中的所有用户）对其信任的集合[27]。因此，知识贡献者的信任是虚拟学习社区系统收集证据生成的关于知识贡献者综合的信任,从系统的角度,可以称这种信任为知识贡献者的信誉。

1) 关键用户行为的初步确定

由文献梳理部分的结果可知,“权威性”和“专业知识能力”是影响信任的两大影响因素。在虚拟学习社区中,用户的权威性反映了用户的活跃度、友好度,对用户权威性的表征可以转化为对其活跃度和友好度的度量。在虚拟学习社区的交互行为中,用户的发帖和回帖是其参与交互、沟通交流、分享知识的典型行为,是用户活跃度、友好度的直接体现。因此,评价知识贡献者在权威性方面的信誉可以通过发帖和回帖行为的数据挖掘获得。

相比“权威性”的度量,“专业知识能力”这一评价要素在细化时相对复杂。在虚拟学习社区中,很少对资源(帖子)设置评分功能,而回帖内容多是“跟风”或随意点赞,用户的专业知识能力程度不能直接根据其他用户的综合评价获得。因此,确定虚拟学习社区中的某些标识性行为或关键性行为,才能实现对知识贡献者“专业知识能力”的度量。在图 7-1 所示的用户行为中,由论坛标识的发精华帖和回答问题等行为对发起者的知识要求较高,可以作为计算机专业知识能力的关键行为的数据来源。

另外,研究者对数名经常使用虚拟学习社区的用户进行访谈,主要是询问他们“在使用虚拟学习社区时有没有特别关注的用户以及为什么会关注”“会从哪些方面去判断一个用户是否有信誉或其提供的知识是否可靠”“一个用户哪些行为会让你觉得其比较可信”等问题。借鉴已有研究成果并结合访谈结果初步确定与专业知识能力相关的评价指标,包括用户发帖、回帖、发精华帖、发热门帖、发好评帖和问答中的回答问题等。

2) 可信性行为的初次调查与指标的确定

为了获得准确的与专业知识能力相关的指标,进一步确定虚拟学习社区中用户信誉两大组成部分的权重,以及各部分的具体评价指标及指标权重,采用问卷调查法,设计了一份调查问卷。初始问卷共有 20 道题目,包括 16 道单选题、3 道多选题和 1 道排序题,其中主要可信行为重要性调查单选题项部分使用李克特式 5 点级量表,表 7-1 所示是问卷的部分题项。为了保证问卷的内容效度,先发放了 86 份预测试问卷,以了解被调查者在问卷填写中存在的问题、开展信效度分析和进行相应的调整。

表 7-1　测试问卷部分题项

编　号	题　　项
b1	你对“VLC 中权威性高的人能够提供权威可信的学习资源”这个说法赞同吗
b2	你对“VLC 中在某知识领域专业能力强的人能够提供权威可信的学习资源”这个说法赞同吗
b3	你认为 VLC 中有必要推选出提供权威可信的学习资源的人(简称可信用户)吗
b4	你认为 VLC 中对于“可信用户”具备的所有属性中,权威性这一因素重要吗
b5	你认为 VLC 中对于“可信用户”具备的所有属性中,专业知识能力这一因素重要吗
b6	你认为 VLC 中在某知识领域一个经常发主题帖者的专业知识能力如何
b7	你认为 VLC 中在某知识领域一个经常回帖者的专业知识能力如何
…	……

因为问卷由研究者自行编制，可能缺乏可靠性和准确性，需要考察所设计的问卷是否可信、是否有效，也就是进行问卷信度和效度分析。信度与效度的概念来源于心理测量中关于测验的可靠性和有效性的研究。效度(Validity)是指测量工具能测出其所要测量的特质的程度，主要评价量表的准确度、有效性和正确性。信度(Reliability)指测量结果的一致性或稳定性，主要评价量表的精确性、稳定性和一致性。在正式问卷形成与发放之前对问卷进行效度和信度分析，可以据此删除或修改部分题项以达到较好的调查效果。

对问卷而言，一般先进行效度分析再进行信度分析。在效度分析中常进行结构效度分析，结构效度指问卷所要测量的概念能显示出科学的意义并符合理论上的设想，评价结构效度常用的统计方法是因子分析。本研究选择 SPSS18.0 对问卷中的主要题项进行因子分析。表 7-2 显示了 KMO 和 Bartlett 的检验结果，由 KMO 大于 0.5 的结果可知，问卷适合做因子分析。另外，通过 Bartlett 球形检验(Bartlett Test of Sphericity)的结果小于 0.05，也同样说明问卷适于进行因子分析。

表 7-2　KMO 和 Bartlett 的检验结果

取样足够度的 Kaiser-Meyer-Olkin 度量		0.744
Bartlett 的球形检验	近似卡方	272.201
	df	55
	Sig.	0.000

同时，经过因子抽取共获得三个公因子，解释的总方差情况如表 7-3 所示。为了更清晰获得每个公因子包含的层面，利用 SPSS 中的转轴功能，得到 3 个层面各包含的题项，分别是：第一个层面包括 b1、b2、b3 和 b4，第二个层面包括 b5、b8、b9 和 b11，第三个层面包括 b6、b7 和 b10。但同时发现，第二个层面和第三个层面均与“专业知识能力”有关，第一个层面与“专业知识能力”的关系相对较弱，与“权威性”关系较大，因此，可以基于内容理解进一步将因子归为两大类。依据每个层面包含的题项可知，该问卷基本上达到了预测的目的。

表 7-3　解释的总方差　　%

成　分	初始特征值			提取平方和载入			旋转平方和载入		
	合计	方差的百分比	累积百分比	合计	方差的百分比	累积百分比	合计	方差的百分比	累积百分比
1	4.854	44.124	44.124	4.854	44.124	44.124	2.831	25.739	25.739
2	1.781	16.189	60.313	1.781	16.189	60.313	2.697	24.523	50.262
3	1.082	9.836	70.150	1.082	9.836	70.150	2.188	19.888	70.150
4	0.749	6.805	76.955						
5	0.590	5.366	82.320						
6	0.553	5.025	87.345						

续表

成　分	初始特征值			提取平方和载入			旋转平方和载入		
	合计	方差的百分比	累积百分比	合计	方差的百分比	累积百分比	合计	方差的百分比	累积百分比
7	0.442	4.020	91.365						
8	0.383	3.482	94.847						
9	0.231	2.100	96.947						
10	0.214	1.941	98.889						
11	0.122	1.111	100.000						

信度分析常进行内部一致性信度(Internal Consistent Reliability)检测,它反映了条目间相关的程度,因此,效度分析后,进一步对问卷的整体信度和各层面的信度分别进行分析。通过信度分析得到整体的信度系数是 0.867,说明内部一致性很好。在进行项目总体相关系数检验时发现,b7 与整体的相关系数比较低,仅为 0.355,应考虑删除该题项,这说明用户经常回帖的行为不能有效评价用户的专业知识能力。通过以上分析,再次对剔除 b7 后的第二、三层面主要题项(b5、b6、b8、b9、b10、b11)进行因子分析,只提取出一个公因子,这说明对专业知识能力的评价与 b6、b8、b9、b10 和 b11 相关,即对专业知识能力的评价可以从这五方面进行。通过上述调整后,再次使用 SPSS18.0 中的可靠性分析,分别得到第一个层面(包括 b1、b2、b3 和 b4)的信度系数为 0.856,第二个层面(包括 b5、b6、b8、b9、b10 和 b11)的信度系数是 0.768。问卷的整体信度和各层面信度均达到 0.7 以上,说明问卷整体的信度系数比较理想。综上分析,通过对预测问卷的效度、信度等分析,删除了题项 b7,并对个别题项在表述上进行修改,形成一份正式问卷,名为"虚拟学习社区中知识贡献者可信性调查"。

结合上述分析结果和前文的文献梳理可知,知识贡献者的信誉确实可以从"专业知识能力"和"权威性"两部分进行评价,其中"专业知识能力"部分的具体评价指标为在资源共享部分发主题帖、发精华帖、发热门帖、发好评帖和问答中回答问题。由此,确定信誉为一级指标,权威性和专业知识能力为二级指标,而它们的具体评价参数为三级指标,用户行为与信任影响因素对应关系,如图 7-4 所示。

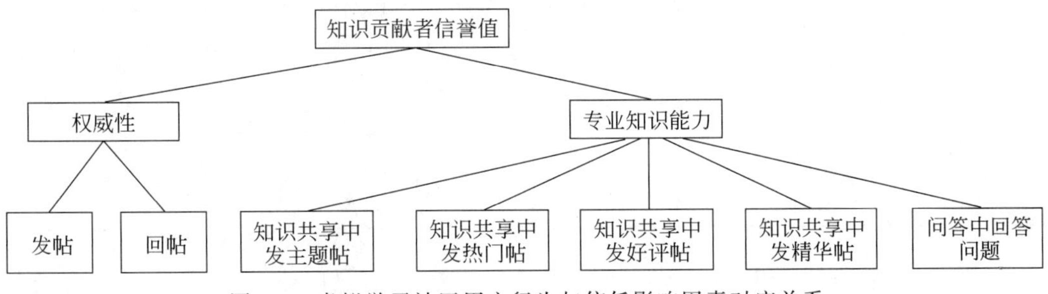

图 7-4　虚拟学习社区用户行为与信任影响因素对应关系

3）各指标重要性认知程度描述统计

面向虚拟学习社区的用户进行正式问卷的发放和收集，获得用户对各个指标重要程度的认知(从非常不重要到非常重要，分别计 1～5 分)的线上与线下问卷共计 261 份，其中有效问卷 217 份，问卷有效率为 83.14%。

为了从描述统计的角度初步感知二级指标设置的必要性和专业知识能力下五个三级指标的相对重要程度，对权威性、专业知识能力、发主题帖、发精华帖、发热门帖、发好评帖和回答问题 7 个指标或行为的用户感知重要性进行展示与分析。表 7-4 所示是用户对可信知识贡献者所具备权威性的重要程度认知，可以看出，有 34.1%的用户认为权威性的重要性“一般”，有 37.8%的用户认为权威性“重要”，有 17.5%的用户认为权威性非常重要。选择一般、重要或非常重要的用户居多，而认为非常不重要或不重要的寥寥无几，这在一定程度上说明了“权威性”这一指标不仅在理论上是影响信任/信誉的重要因素，同时也是众多用户进行知识贡献者信誉判断的实际考量要素。因此，将知识贡献者权威性作为信任生成或信誉计算的因子比较合理和必要。

表 7-4　权威性的重要性程度 %

重要性统计		频　率	百　分　比	有效百分比	累积百分比
有效	非常不重要	3	1.4	1.4	1.4
	不重要	20	9.2	9.2	10.6
	一般	74	34.1	34.1	44.7
	重要	82	37.8	37.8	82.5
	非常重要	38	17.5	17.5	100.0

对“专业知识能力”这一指标的用户认知重要程度的统计结果如表 7-5 所示(部分选项无人勾选，故不在表格中呈现，下同)，有 42.9%的用户认为专业知识能力“重要”，有 37.3%的用户认为“非常重要”，这两者居多。从其统计结果来看，绝大部分用户认为专业知识能力是衡量知识贡献者信誉的重要参考指标，印证了上文理论分析的结果。

表 7-5　专业知识能力的重要性程度 %

重要性统计		频　率	百　分　比	有效百分比	累积百分比
有效	非常不重要	3	1.4	1.4	1.4
	一般	40	18.4	18.4	19.8
	重要	93	42.9	42.9	62.7
	非常重要	81	37.3	37.3	100.0

将用户对“权威性”和“专业知识能力”的重要性认知程度进行对比发现，“专业知识能力”重要程度的平均得分较高，且在“重要”和“非常重要”上的分布较多，这说明用户认为“专业知识能力”相较于“权威性”更能影响他们对知识贡献者信誉的判断。“专

业知识能力”和“权威性”可以看作对应着 Luhmann[18] 提出的用户过去的表现和当下信誉两个信任判断依据，用户过去的表现是知识贡献行为和能力的连续、直接的体现，而当下信誉则与使用时间、次数、熟悉程度具有更高的关系，由此看来统计结果与一般性理解具有一致性。

在对“权威性”和“专业知识能力”两大影响因素进行分析后，将“专业知识能力”下的五种用户行为重要性进行了调查。表 7-6 所示是用户对经常发主题帖者的专业知识能力程度的认可结果。从各选项分布情况和平均值大小来看，多数用户认为经常发主题帖的行为与专业知识能力有一定关系，但并不能很大程度地表征知识贡献者的专业知识能力。因此，发主题帖可能更加能够体现关爱度和活跃度，也就是更能表征用户的权威性。也就是说，相比衡量专业知识能力，发主题帖这一行为或许对于衡量知识贡献者的权威性更具重要性。

表 7-6　发主题帖者的专业知识能力认知程度　%

能力程度统计		频　率	百　分　比	有效百分比	累积百分比
有效	不重要	10	4.6	4.6	4.6
	一般	110	50.7	50.7	55.3
	重要	94	43.3	43.3	98.6
	非常重要	3	1.4	1.4	100.0

为探索发精华帖对专业知识能力的表征程度，获得表 7-7 所示的统计结果。在虚拟学习社区中，23.0%的被调查者认为经常发精华帖者的专业知识能力“一般”，有 61.3%的用户认为经常发精华帖者的专业知识能力“重要”，15.7%的用户认为“非常重要”。针对用户认为其重要性均在一般及以上这一统计结果，可以发现发精华帖是专业知识能力极为重要的体现。精华帖需要具备很高的质量，得到 VLC 管理员的认可和认证，因此，产出精华帖的知识贡献者较大概率具备非常高的专业知识能力。

表 7-7　发精华帖者的专业知识能力认知程度　%

能力程度统计		频　率	百　分　比	有效百分比	累积百分比
有效	一般	50	23.0	23.0	23.0
	重要	133	61.3	61.3	84.3
	非常重要	34	15.7	15.7	100.0

用户认知的发热门帖重要程度统计结果如表 7-8 所示，被调查者中，有 47.0%的用户认为经常发热门帖者的专业知识能力“一般”，有 46.1%的用户认为经常发热门帖者的专业知识能力“重要”，有 1.8%的用户认为“非常重要”，由此看来，被调查者对发热门帖的用户的认可度比较高。热门帖是受广大 VLC 使用者阅读和推崇的主题帖，具备言之有物、言之有理、言之有趣等特点，此类热门帖的贡献者较大概率具备较高的专业知识能力。

表 7-8　发热门帖者的专业知识能力认知程度　　%

能力程度统计		频　率	百　分　比	有效百分比	累积百分比
有效	不重要	11	5.1	5.1	5.1
	一般	102	47.0	47.0	52.1
	重要	100	46.1	46.1	98.2
	非常重要	4	1.8	1.8	100.0

对发好评帖的重要程度进行统计，结果如表 7-9 所示，被调查者认为发好评帖对于衡量知识贡献者专业知识能力占据“一般”及以上重要性的占比为 95.8%。获得好评帖认证本身是用户深思熟虑的判断决策结果，在这个层面上就决定了用户对好评帖和好评帖贡献者专业程度的认可和信任。

表 7-9　发好评帖者的专业知识能力认知程度　　%

能力程度统计		频　率	百　分　比	有效百分比	累积百分比
有效	非常不重要	3	1.4	1.4	1.4
	不重要	6	2.8	2.8	4.1
	一般	74	34.1	34.1	38.2
	重要	104	47.9	47.9	86.2
	非常重要	30	13.8	13.8	100.0

对于问答中经常回答问题者，统计结果如表 7-10 所示。仅有 1.4%的用户选择了认为回答问题对于衡量专业知识能力“不重要”，用户普遍比较信任和认可问题回答者的专业知识能力。这种现象不难理解，因为一个问题回答者最起码具备两个特征，即能够回答问题和愿意回答问题。显然，问题回答者一般是能够回答问题者，这也意味着其是专业知识能力较强者。

表 7-10　回答问题者的专业知识能力认知程度　　%

能力程度统计		频　率	百　分　比	有效百分比	累积百分比
有效	不重要	3	1.4	1.4	1.4
	一般	38	17.5	17.5	18.9
	重要	123	56.7	56.7	75.6
	非常重要	53	24.4	24.4	100.0

4）评价指标权重的确定

为了进行具体的信誉度量，需要借助计算评估指标权重的方法确定各个评价指标的权重系数。一般来说，类似的研究中研究者经常使用的方法有层次分析法、因子分析法和主成分分析法等。本研究选取因子分析法，即通过将解释的总方差表中因子的方差贡献率归一化后得到二级指标的权重，根据因子分析过程获得的因子得分系数矩阵中的得分系数归一化结果确定“专业知识能力”部分的三级指标权重[30]。为了将两大影响因素与公因子形成对应关系，进行指定因子数为 2 的因子分析，2 个因子可分别命名为“权威性”和“专业知识能力”，解释的总方差（只显示旋转平方和载入部分）如表 7-11 所示。分析结果中累积方差贡献率偏小，可能是因为提取的因子数量过少，但所获得的 2 个因子能与文献分析得出的两大影响因素相对应，且其他各项指标均符合要求，因此不再做进一步调整。

表 7-11　解释的总方差　%

成　分	合　计	方差的贡献率百分比	累积的方差贡献率百分比
1	2.135	30.506	30.506
2	1.606	22.941	53.447

根据题项属性和因子载荷情况将因子 1 命名为专业知识能力，因子 2 命名为权威性。将两个部分的方差贡献率归一化后，得到“权威性”和“专业知识能力”指标的权重分别为 0.4292 和 0.5708，二级指标的因素负荷问题便得到了解决。

用户的身份等级能够体现其“权威性”，而身份等级的高低是积分累积的结果，故可通过发帖和回帖行为来度量“权威性”。而在因子分析过程中可以得到一个如表 7-12 所示的因子得分系数矩阵，将其中的因子得分系数进行归一化处理，得到“权威性”部分发帖和回帖的权重分别为 0.5065 和 0.4935，“专业知识能力”部分在资源共享中发主题帖、发热门帖、发好评帖、发精华帖和问答中回答问题数量五个指标的权重分别为 0.1381、0.1413、0.2531、0.2286 和 0.2389，三级指标的因素负荷也得以确定。

表 7-12　因子得分系数矩阵

	元　件	
	1	2
a1 发帖对等级的影响	−0.120	0.586
a2 回帖对等级的影响	−0.101	0.571
a3 发主题帖者专业知识能力	0.215	0.024
a4 发精华帖者专业知识能力	0.356	−0.041
a5 发热门帖者专业知识能力	0.220	0.073
a6 发好评帖者专业知识能力	0.394	−0.178
a7 经常回答问题者专业知识能力	0.372	−0.091

撷取方法：主体元件分析
转轴方法：具有 Kaiser 正规化的最大变异法

由此，得出虚拟学习社区中知识贡献者信誉评价指标体系及各级指标权重，如表 7-13 所示。

表 7-13 知识贡献者的信誉评价指标体系及各级指标权重

一级指标 A（第一层）	二级指标 B（第二层）	三级指标 C（第三层）	基层指标因素负荷	要素指标因素负荷
信誉 A1	B1 权威性	C1 发帖	0.5065	0.4292
		C2 回帖	0.4935	
	B2 专业知识能力	C3 资源共享中发帖	0.1381	0.5708
		C4 资源共享中发精华帖	0.2286	
		C5 资源共享中发热门帖	0.1413	
		C6 资源共享中发好评帖	0.2531	
		C7 问答中回答问题	0.2389	

在现有社区的积分制度中，用户的不同发帖行为会赋予不同的积分。如在天涯社区中，用户发一个主题帖获得 30 积分，而回一个帖子只能获得 3 积分；在龙虎社区中，用户发表一个主题帖获得 3 个经验值，发表一个回帖获得 1 个经验值，被鉴定为精华帖的再获得 20 个经验值；在网易中，发表一个主题帖获 3 积分，发表一个回帖获 1 积分，精华帖获 10 积分；在计算机技术论坛中，每个帖子获 0.5 积分，发表一个精华帖获 5 积分。由此看来，发帖的重要性高于回帖，发帖被认为更能体现用户的知识贡献行为。同时，精华帖的重要程度远高于发帖、回帖行为，虚拟学习社区会给予相应用户更高的积分。基于这样的相对重要性，经因子分析法得出的指标权重与社区现有积分制度具有一定的吻合性。

然而，在不同虚拟学习社区中表现出的千差万别的用户行为重要程度关系，也在一定程度上说明了积分制度的主观性。也就是说，现存的积分制度同样存在基于用户行为度量知识贡献者权威性的思想，但是其使用的行为种类和认定的行为重要程度较为模糊。在这种影响下，用户行为数据与用户信誉间模型构建存在根本性问题，导致积分制度下计算出来的权威性有失准确性。因此，用户积分不能合理、准确地反映知识贡献者的可信度，其辅助学习者进行资源甄别时的效度大打折扣。

2. 信誉度量

本研究只从系统角度对资源提供者的信誉进行综合评价，不考虑其他用户的评价、推荐等。由于学习社区中用户的流动性比较大，所以信誉计算只对某周期内所有发帖用户的信誉进行计算，且信誉值在不同周期彼此独立，不累积获得。与积分类似，信誉值最小为 0，不设置上限，根据用户不同的行为，获得不同大小的信誉值。

信誉计算只考虑与学习活动相关的用户行为，去除社区版务讨论与管理等方面的发帖。设知识贡献者 P_i 的信誉值为 $R(P_i)$，用户信誉更新的周期为 T，更新周期的长短根据虚拟学习社区中的活跃度情况进行设置。设某个周期内，用户 P_i 在资源共享中发主题帖量为 $\mathrm{SP}(P_i)$，回帖量为 $\mathrm{RP}(P_i)$，获得的总精华帖数量为 $\mathrm{EP}(P_i)$，热门帖数量为 $\mathrm{HP}(P_i)$，好评帖数量为 $\mathrm{GP}(P_i)$。在问答中，用户 P_i 发主题帖量为 $\mathrm{SQ}(P_i)$，回帖量为 $\mathrm{AQ}(P_i)$。用

户的权威性设为 $A(P_i)$，用户的专业知识能力设为 $E(P_i)$，则在该周期内用户 P_i 的信誉值 $R(P_i)$ 为

$$R(P_i)=a_1\times A(P_i)+a_2\times E(P_i) \tag{7-1}$$

其中，a_1 和 a_2 分别是权威性和专业知识能力的权重。用户的权威性可以表示为

$$A(P_i)=b_1\times(\mathrm{SP}(P_i)+\mathrm{SQ}(P_i))+b_2\times(\mathrm{RP}(P_i)+\mathrm{AQ}(P_i)) \tag{7-2}$$

专业知识能力 $E(P_i)$ 可以表示为

$$E(P_i)=c_1\times\mathrm{SP}(P_i)+c_2\times\mathrm{EP}(P_i)+c_3\times\mathrm{HP}(P_i)+c_4\times\mathrm{GP}(P_i)+c_5\times\mathrm{AQ}(P_i) \tag{7-3}$$

a_1、a_2、b_1、b_2、c_1～c_5 等系数可根据表7-2确定，分别对应着0.4292、0.5708、0.5065、0.4935、0.1381、0.2286、0.1413、0.2531、0.2389。

7.4　虚拟学习社区知识贡献者信誉研究实证

7.4.1　应用场景描述和数据收集

计算机技术论坛（www.jsjbbs.cn）是一个与计算机知识学习相关的专业知识论坛（BBS），创建于2008年，属于中小规模论坛。该论坛有两大部分，即论坛管理和技术专区，共9个版块。其中，论坛管理的2个版块主要进行论坛正常运行的交流；技术专区则与计算机技术知识密切相关，涉及7个版块，包括“综合咨询”“菜鸟学堂”“资源分享”“个人原创”等，其中“综合咨询”为问答区，“个人原创”是用户的原创资源。各版块中设置了“精华帖”“热门帖”“好评帖”功能。

可以将论坛中技术专区的7个版块进一步分为2个区域，即“综合咨询”版块为问答区，其余6个版块为资源共享区。资源共享区的6个版块根据计算机知识领域进行了更细致的划分，如“网络技术”“操作系统”等。论坛在用户身份管理上，把用户分为管理组、普通用户组（包括游客、高级贵宾等）和晋级用户组（针对已注册用户），晋级用户的等级又划分为21个，从平民、新兵到最高等级元帅。论坛设有用户个人空间，详细记录、显示了每个用户的主题帖、回帖、用户等级、积分、威望等数量信息。其中，论坛中的积分功能是对知识贡献者贡献度的度量，但积分计算方式中掺杂着太多非知识贡献因素，难以完全合理地体现用户的实际可信度。

为了验证本研究构建的知识贡献者信誉评价指标的合理性和信誉度量方法的实用性，采用虚拟学习社区中最常用的推荐服务效果来验证。选取“计算机技术论坛”为实验数据来源，利用“八爪鱼采集器”爬取“计算机技术论坛”中资源共享区和问答区（以“综合咨询”标识）两大版块中一年的相关数据，包括用户ID、用户积分、用户等级、发/回帖时间和在两大版块的部分发/回帖情况等。将爬取的数据进行存储、清洗等预处理操作后，按照发帖或回帖的时间先后顺序分为两部分，前80%的数据用于计算用户的信誉值，后20%的数据用于验证信誉度量方式的合理性。实验数据集的信息如表7-14所示。

表 7-14 实验数据集的基本信息

数据子集	发帖次数	回帖次数	学习者人数	用 途
训练集	2306	13 793	1022	度量知识贡献者信誉值
验证集	456	3569	369	验证信誉度量方法的合理性

7.4.2 基于行为的知识贡献者信誉计算实证

论坛中的用户(尤其是新手)在浏览学习资源或遇到问题时,往往喜欢根据发帖者的身份级别或积分来选择可信的对象。因此,本实验使用基于信誉的用户推荐与基于积分的用户推荐两种方法进行比较,分别称为 R(Top)法和 S(Top)法。

进行推荐的目的是为用户推荐能提供权威可信的学习资源的可信赖用户,或帮助解决专业问题的可信用户。在问答区中回答问题的人具有很好的代表性,他们既体现了乐于分享资源的友好、活跃的一面,也体现了一定的专业知识能力。因此,借助问答中的回帖者进行效果验证。具体来说,根据爬取的数据信息,利用度量公式计算周期 T 内每个用户的信誉值。R(Top)信誉法是依据信誉值降序排序结果,选出信誉值较高的 Top K 名用户进行推荐;S(Top) 积分法,则直接根据用户的积分进行降序排序,选出 Top K 用户进行推荐。其中,K 是设定的推荐人数。比较两种方法在识别和推荐“可信用户”方面效果的流程如图 7-5 所示。

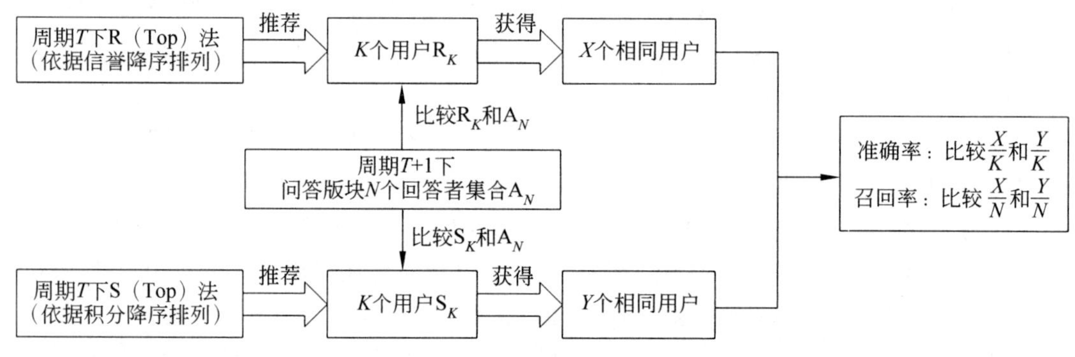

图 7-5 R(Top)法和 S(Top)法进行效果比较的流程

以上研究思路的具体实施过程是:在第一个周期,两种方法均推荐了 K 个用户,R(Top)法推荐的用户集合为$\{R_1,R_2,R_3,\cdots,R_K\}$,S(Top)法推荐的用户集合为$\{S_1,S_2,S_3,\cdots,S_K\}$。在下一个周期,将“综合咨询”问答版块中所有的回帖者(即回答者)筛选出来,假设是有 N 人的回帖者集合为$\{A_1,A_2,A_3,\cdots,A_N\}$。通过分别比较回帖者集合与 R(Top)、S(Top)推荐的用户集合,找到集合中相同用户的个数,也即命中人数,分别设为 X 和 Y。通过 X、Y、K 和 N 等几个参数,分别计算两种推荐的准确率和召回率。

在验证集中,共有 147 人在问答区回答问题。将上述 147 人与 R(Top)法和 S(Top)分别推荐的 $K(K=5,10,15,\cdots,50)$人进行比较,得到两种推荐方式在不同推荐人数时的准确率和召回率。具体结果分别如图 7-6 和图 7-7 所示。由图可知,相较于常用的积分推荐方法,根据信誉评价指标体系实施的信誉推荐方法具有更高的准确率和召回率,即R(Top)法获得了较多的能够为他人提供帮助的用户,也间接说明了基于用户行为的知识贡献者信誉度量方式比社区经常采用的积分方式有更好的表现。

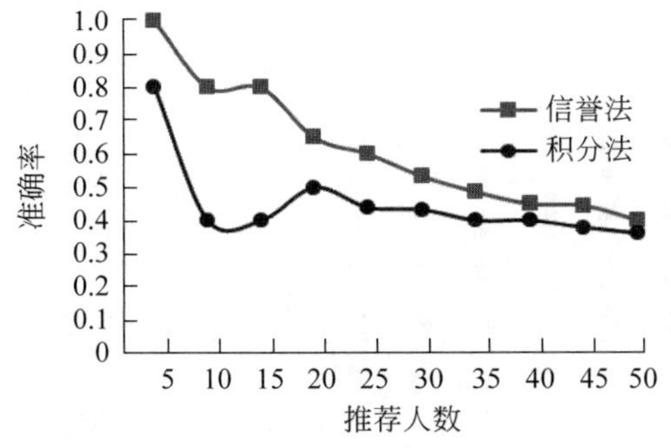

图 7-6　两种推荐方法准确率对比图

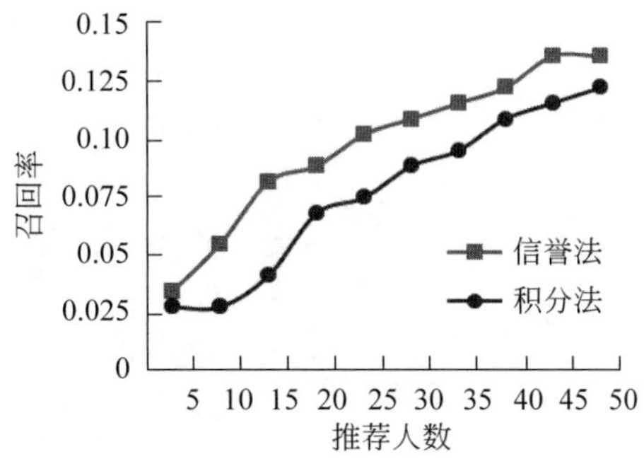

图 7-7　两种推荐方法召回率对比图

虽然推荐不同数量的用户时,R(Top) 法的推荐效果均优于 S(Top)法,但随着推荐人数的增加,两种方法的性能趋于一致。由图 7-6 和图 7-7 可知,推荐人数在 30 以内时,R(Top) 信誉法的优势较为明显。而当推荐人数大于 30 时,R(Top) 信誉法的准确率下降更快。为了探究这一现象的原因,给出不同信誉区间的用户人数分布情况,如图 7-8 所示。

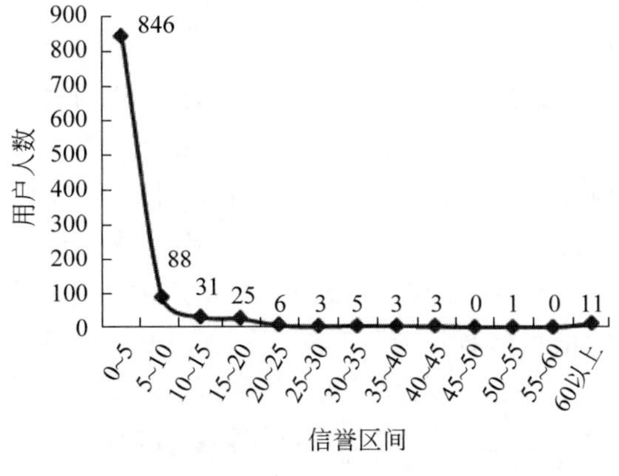

图 7-8　用户信誉分布

图 7-8 显示了信誉低的用户占了用户总数的绝大部分,符合帕累托定律分布,也在某种程度上证明了信誉度量方式所计算出来的用户信誉值分布的合理性。由图中信息可知,信誉值大于 20 的用户仅有 32 人,即高信誉用户本身不多。又由图 7-9 可知,随着推荐人数的增加,所推荐用户的信誉值非常接近,甚至有重合的趋势,这显然会影响推荐效果。鉴于此,即使用户信誉评价指标体系指导下的信誉推荐方法性能较优、信誉度量方式合理,但高信誉用户的人数和推荐人数增加时用户信誉的密集性限制了推荐性能的体现,因此导致 R(Top)信誉法的推荐性能在推荐人数大于高信誉用户人数时显得较低,甚至与 S(Top)法相差无几。虽然论坛的不活跃因素在一定程度上影响了实验效果,但综合验

证的结果后可知,考虑了用户权威性和专业知识能力的信誉评价指标体系指导下的信誉度量方法能够较好地反映用户的可信程度,具有合理性。

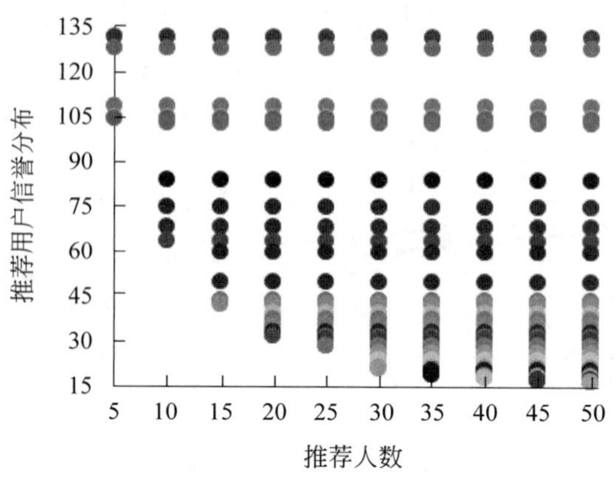

图 7-9 R(Top)法推荐用户信誉分布

7.4.3 实验总结和讨论

针对虚拟学习社区中因缺乏信任生成机制和信任管理机制而导致网络迷航、选择困难、资源过载和信任危机等问题的现状,本章提出了基于用户行为的信任生成模式,构建了包含用户权威性和专业知识能力的虚拟学习社区知识贡献者信誉评价指标体系,并用实验验证了其有效性。

(1) 通过研究发现,在虚拟学习社区中,针对学习资源的选择,信任的影响因素主要有权威性和专业知识能力两方面。权威性主要基于用户自身的一些特征,由身份角色或积分决定,权威性是影响用户直观信任的因素,如社区中的管理员更能给用户带来直观的信任。专业知识能力主要反映了资源提供者在某专业领域的专业能力及水平。专业知识能力是用户长期行为的一个综合体现,一般需要根据用户具体的行为才能获得,如用户经常发主题帖,拥有较多的精华帖数量、热门帖数量,问答中经常回答问题等。

(2) 在虚拟学习社区中,根据信任的影响因素及问卷调查确定了资源提供者信誉的评价指标。权威性在一定程度上代表了用户的活跃度,直接通过用户的发帖行为衡量,而专业知识能力主要依据用户的行为较多,如问答中回答问题,获得精华帖、好评帖、热门帖,发主题帖等,每个行为都具有不同的重要性,这种重要性在不同虚拟社区中又存在差异性。

(3) 通过已有研究基础及问卷调查与分析,对信誉的两个评价要素——权威性和专业知识能力的权重进行了确定,分别为 0.4292 和 0.5708。另外,权威性大小通过用户的发帖量来衡量,专业知识能力通过用户发主题帖量,拥有的精华帖数量、热门帖数量、好评帖数量和问答中回答的问题数量来定量评价,并确定了不同的权重系数,以此得到知识贡献者信誉的计算公式。

(4) 在计算机技术论坛中,比较了两种推荐“可信用户”方法的效果,即以使用知识贡献者信誉为基础进行推荐和以积分为基础进行推荐,结果表明基于信誉的用户推荐效果更好,更能获得可信赖的用户。该推荐实验结果说明,研究提出的知识贡献者信誉计算方式具有比传统积分更好的表征可信知识贡献者的作用。

基于用户行为数据来计算知识贡献者的信誉可以实现更客观、动态和精准的应用效果，充分体现知识贡献者的可信度和贡献度。知识贡献者信誉评价的结果既可以作为自身属性应用于“版主”或可信回答者的推荐，也可以作为一种促进群体交互产生深度信任和激励用户进行知识共享的机制，还可以动态显式地将信誉评价结果与知识贡献者共享的内容挂钩以辅助学习者判断资源质量[23]。

本章针对虚拟学习社区的研究存在不足之处，虚拟学习社区的用户行为具有复杂性和差异性，本章提出的信任生成模式和信誉度量方法专门针对用户发布分类帖子（标注热门帖、好评帖和精华帖等）的虚拟学习社区，故导致应用有所限制。有些虚拟学习社区可能没有设置好评帖功能，在进行本章研究成果应用时，应根据社区的具体功能，灵活增减一些评价指标。

本章小结

本章针对以用户生成内容（UGC）为主要特征的虚拟学习社区的特点，为解决资源质量难以辨认而造成信息迷航的问题，提出通过收集和分析行为生成用户信任和信誉来辅助用户决策的模式和思路。在该模式中，通过梳理文献得出的信任影响因素，与虚拟学习社区中的具体用户行为相结合，构建出基于用户行为的信任生成模式，通过用户行为数据驱动信任和信誉的生成和计算。本章的实验部分以“计算机技术论坛”虚拟学习社区为例，收集和分析论坛中用户产生的行为数据，进行知识贡献者信誉的度量和计算，再与论坛的积分数据对比，实施基于用户信誉的知识贡献者推荐，证明知识贡献者信誉的计算模式的有效性和可行性。

在用户自主自治的虚拟学习社区，用户间通过各种交互行为，完成知识共享和知识构建。用户的各种行为体现着其专业性、活跃度与关爱度等信息，可以作为信任计算的数据来源。这种思路引导下的信誉评价，既能为用户决策提供依据，也能激励用户进行深度交互，间接营造信任的学习环境，促进教育服务网络平台中的知识生产、流动、转换和创新。

参考文献

[1] 中国互联网络信息中心发布第 46 次《中国互联网络发展状况统计报告》[J]. 国家图书馆学刊，2020，29(6)：19.

[2] 胡世清，高长俊. 虚拟学习社区角色及组织结构研究[J]. 远程教育杂志，2013，31(1)：99-105.

[3] 赵旭，张冰. 浅析网络社区信息交流[J]. 吉林广播电视大学学报，2012，25(12)：86-87.

[4] 赵欣，黄思萌. 专业虚拟社区知识搜寻与知识贡献的前因机制比较[J]. 情报杂志，2017，36(12)：180-185,137.

[5] RHEINGOLD H. The Virtual Community：Homesteading on the Electronic Frontier[M]. Harper Perennial，1993.

[6] KOWCH E，SCHWIER R. Characteristics of technology-based virtual learning communities[J]. Retrieved July，1997(28)：1-11.

[7] RUSSELL M. Online learning communities：Implications for adult learning[J]. Adult Learning，1999，10(4)：28-31.

[8] 衷克定，梁玉娟. 网络学习社区结构特征及其与学习绩效关系研究[J]. 开放教育研究，2006(6)：69-73.

[9] 廖伟伟，赵呈领，万力勇，等. 专业虚拟学习社区的设计与应用研究[J]. 中国远程教育，2012(12)：41-46,95.

[10] 宫淑红，曹晓粉. 虚拟学习社区评价指标体系的建构[J]. 当代教育科学，2015，(5)：15-18,26.

[11] 谷斌，徐菁，黄家良. 专业虚拟社区用户分类模型研究[J]. 情报杂志，2014，33(5)：203-207.

[12] 胡昌平，万莉. 虚拟知识社区用户关系及其对知识共享行为的影响[J]. 情报理论与实践，2015，38(6)：71-76.

[13] 赵文军. 虚拟社区成员知识共享行为的驱动机制研究综述[J]. 现代情报，2015，35(11)：164-170.

[14] 蔡小筱，张敏，郑伟伟. 虚拟学术社区知识共享影响因素研究综述[J]. 图书馆，2016，(6)：44-49.

[15] 张敏，郑伟伟. 基于信任的虚拟社区知识共享研究综述[J]. 情报理论与实践，2015，38(3)：138-144.

[16] 包敦安. 虚拟交易社区浏览者与发帖者类社会互动研究[D]. 大连：大连理工大学，2010.

[17] SOTO J P，VIZCAíNO A，PORTILLO-RODRÍGUEZ J，et al. Why should i trust in a virtual community member? [C]//Proceedings of the International Conference on Collaboration and Technology. NewYork：Springer，2009：126-133.

[18] LUHMANN N. Trust：A mechanism for the reduction of social complexity[J]. Trust and Power：Two Works by Niklas Luhmann，1979：1-103.

[19] 郭晓科，李欢. 虚拟社区信任机制研究——以艾滋病友论坛求医行为为例[C]//2012 年度中国健康传播大会优秀论文集，2012：47-62.

[20] 王淑娟，刘清堂. 虚拟学习社区信任机制的研究[J]. 远程教育杂志，2007(3)：12-15.

[21] 高俊波，杨静. 在线论坛中的意见领袖分析[J]. 电子科技大学学报，2007(6)：1249-1252.

[22] 桂小林，李小勇. 信任管理与计算[M]. 西安：西安交通大学出版社，2011.

[23] 雷雪. 学术 Wiki 社区用户信誉评价研究[J]. 情报杂志，2014，33(3)：198-201.

[24] 李慧，相华婷，汤强. 基于编辑文本与结构的 Wikipedia 作者信任模型[J]. 情报学报，2015，34(7)：743-753.

[25] 金燕，闫婧. 基于用户信誉评级的 UGC 质量预判模型[J]. 情报理论与实践，2016，39(3)：10-14.

[26] MAYER R C，DAVIS J H，SCHOORMAN F D. An integrative model of organizational trust[J]. Academy of Management Review，1995，20(3)：709-734.

[27] PETTY R E，CACIOPPO J T，SCHUMANN D. Central and peripheral routes to advertising effectiveness：The moderating role of involvement[J]. Journal of Consumer Research，1983，10(2)：135-146.

[28] SUSSMAN S W，SIEGAL W S. Informational influence in organizations：An integrated approach to knowledge adoption[J]. Information Systems Research，2003，14(1)：47-65.

[29] EVANS J S B T. Heuristic and analytic processes in reasoning[J]. British Journal of Psychology，1984，75(4)：451-468.

[30] 张和平，陈齐海. 基于因子分析-DEMATEL 定权法的期刊综合评价研究[J]. 情报杂志，2017，36(11)：180-185.